两宋职官法研究

贾秋宇 著

郑州大学出版社

图书在版编目（CIP）数据

两宋职官法研究 / 贾秋宇著. — 郑州：郑州大学出版社，2022.12
ISBN 978-7-5645-9184-7

Ⅰ. ①两… Ⅱ. ①贾… Ⅲ. ①官制 - 法制史 - 研究 - 中国 - 宋代 Ⅳ. ①D922.114

中国版本图书馆 CIP 数据核字（2022）第 205551 号

两宋职官法研究
LIANG SONG ZHIGUANFA YANJIU

策划编辑	李勇军		封面设计	孙文恒
责任编辑	刘晓晓		版式设计	孙文恒
责任校对	暴晓楠		责任监制	李瑞卿

出版发行	郑州大学出版社		地　址	郑州市大学路 40 号（450052）
出版人	孙保营		网　址	http://www.zzup.cn
经　销	全国新华书店		发行电话	0371-66966070
印　刷	河南瑞之光印刷股份有限公司			
开　本	710 mm × 1 010 mm　1 / 16			
印　张	17.75		字　数	311 千字
版　次	2022 年 12 月第 1 版		印　次	2022 年 12 月第 1 次印刷
书　号	ISBN 978-7-5645-9184-7		定　价	48.00 元

本书如有印装质量问题，请与本社联系调换。

序

　　秋宇撰写的《两宋职官法研究》立论有据、条理清晰、资料丰富、文字流畅，表现了作者克服各种困难、奋志以求的精神。

　　两宋在中国法制历史上是一个重要的朝代，尤其是职官管理制度多有创新之举。本书把握了两宋职官制度建设的方方面面，并就其法律的规定进行了较为深入的分析，由于资料充实得出了必要的结论。

　　南宋虽然偏安一隅，又不断与内侵的少数民族发生战争，但不论农业、工商业，乃至于外对贸易都居于世界先列。这和官僚机构在治国理政方面发挥的作用是分不开的。

　　谨为之序。

张晋藩

2022 年 10 月 20 日

目　录

绪　论

一、选题缘起与意义

中国古代社会最突出的特征便是"人治"，而人治社会的国家治理主要有两大层次：一是形成以皇权为核心的最高统治架构。帝王居于至高无上的统治地位，因而对一切事务拥有绝对的管理权和支配权，也是一切政令的合法来源。二是形成以职官群体为中间层的管理阶层。受地理因素的制约，君主不可能实现对全国范围内人、财、物事无巨细的掌控，因而需要用一个中间媒介替君主管理国家、传达政令，而职官便是最好的选择。这些职官作为国家名义上的管理者，拥有着皇权赋予的管理事务的权限，以维护统治根基的稳固，而帝王则通过控制这些职官群体，以达控制万民之效。值得注意的是，古代君王自始至终没有离开职官集团的辅助，职官集团的地位在国家治理中也显得尤为重要。

古代中国，吏治的好与坏往往关系着王朝内部的治乱兴衰。因此对于职官的管理和约束，对于职官权、责、利的厘定就显得非常关键，而对职官行为的管理和约束是通过一系列法律规定实现的。古代中国历任君主要想实现政权的稳定，必然要不断调整、发展并完善职官法，为吏治的整顿提供法制保障。因此，纵览古代中国，诸如《除吏律》《左官律》《九品官人法》《唐六典》《庆元条法事类》《吏部条法》《钦定吏部则例》等都涉及了对职官的法律规定，职官法发达的程度首屈一指。在这些法律规定中，有对入仕途径的划分，有对职官仕进规则的确定，有事关职官考课、监察的重要内容，亦有与职官待遇息息相关的俸禄与致仕的规定，形成了十分完整的职官法架构，这套职官法成了中华法系的重要组成部分，亦成了古代中国君主实现集权统治，而念兹在兹、不舍丢弃的治官依据。

两宋是文官政治的高度发达期，亦是中华文明的重要发展期，虽不及汉唐强盛，却实实在在、真真切切地存在于中国历史版图长达三百多年，这种赵宋血脉的延续并没有因宋廷南迁而断绝，反倒是更为坚定地走过了一个多世纪的风雨。并且纵使两宋内部农民起义不断，但都未曾从根本上撼动统治根基，这在历朝中都是少有的，而在其中发挥突出性作用的便是职官集团，尤其是以文职官员为代表的职官集团，更是构成了两宋政权统治的基石力量。而为了加强对职官集团的管理和控制，两宋职官法也是相当发达的，且日臻完备，总体上形成了以强化中央集权为主线、重文轻武、防范与优遇并用的三条立法基本原则，是两宋职官法在更革中始终未变的"初心"。虽然两宋并不存在"职官法"类似的法典，但是涉及职官的法律条文非常细密，且多以律、令、格、式、（编）敕①、御笔、申明、例等法律形式表现。同时，受诸因素的影响，职官法由唐至宋，由北宋至南宋，亦发生了不小的变化，体现着宋廷君主对治官的不断思考和总结，而在对职官法变迁性的思考与分析中，亦可看出两宋君主的政治智慧。

近年来，学界对于两宋职官法的研究多是依附于两宋官制史的，而两宋职官法具体内容的梳理、唐宋职官法之间的继受与更革、由北宋至南宋职官法的变化、职官法的实施情况等基本问题，亦值得研究。因此，有必要借助现有史料，在厘清两宋职官法具体内容的基础之上，比较唐宋职官法的差异性以及由

---

① 吕志兴在《宋代法律体系与中华法系》第二章第二节脚注中认为："神宗元丰二年以后，与令、格、式并称的敕即指编敕。此间，只有哲宗元祐年间对经过编的敕，仍称编敕，如《庆元条法事类》卷16《文书门一·敕降》一条'随敕申明'规定：'元祐七年七月六日尚书省札子，检会编敕，诸敕降称劫谋故斗杀正犯，所载详备，其不载者即系杂犯，缘以杀以故杀论，并斗殴误杀旁人，既非编敕与正犯同即系杂犯，不得便引律文以者与真犯同定罪'。为与散敕区别，前加括号'编'字。"参见吕志兴：《宋代法律体系与中华法系》，四川大学出版社2009年版，第73页。

北宋至南宋职官法的变化性，并分析其中原因。同时，亦须比照具体法律条文，看南宋职官法的具体运行情况，生动展现宋廷南迁之后，职官法由北宋至南宋的继承性和变化性。

此外，历史规律告诉我们，依法治官，则官清政明；纲纪废弛，则吏治败坏。纵览两宋的发展脉络可以发现，治官严明，往往是国家鼎盛之时；治官疲软，往往是王朝没落之际。总体来看，两宋职官法虽然存在一些不可回避的缺陷与不足，但确实为国家治理、政权稳定、整顿吏治起到了重要作用。故而本书希望以两宋职官法为窗口，认真思考在当下的国家治理中如何实现良法善治贤吏之统一，使良法美意得到真正的贯彻与施行。

二、对既有研究成果的回顾与评述

（一）对既有研究成果的回顾

从目前学界的既有研究成果来看，与两宋职官法直接相关的内容并不多见，多是依附于职官制度史研究的职官法研究，其中又可具体细分为两类：一是宏观角度上，依附于职官制度通史研究的两宋职官法研究；或是依附于两宋职官制度史研究的两宋职官法研究；二是专题角度上，依附于两宋职官制度史中的某一专题研究的两宋职官法研究。因此，在既有研究成果中，以法律制度为中心对两宋官制进行研究属于相对薄弱的部分，尤其是在对两宋职官法系统性梳理并分析的基础之上，将由唐至宋、由北宋至南宋的职官法的内容进行比较，突出两宋职官法的变迁特色，辅之以具体职官的仕宦经历和法律条文相为印证的方式，对职官法的落地实施情况进行考察的研究成果为数不多。从对学界已有成果的整理分析上来看，现有研究内容主要体现在以下几个方面。

1. 宏观研究

李铁的《中国文官制度》①、邱永明的《中国历代职官管理制度》② 以通史的研究方法，纵览了中国古代的职官制度。张晋藩先生在《考课与监察：中国古代职官管理的法律传统》③ 一文中简明扼要地选取了中国古代职官管理法律中最具特色的考课和监察制度进行梳理，认为考课和监察是职官管理的两项重要制度，为我们现今的官员廉政建设提供了具有中国法律特色的历史镜鉴。

邓小南④详细勾勒了宋代文官的铨选、考课、荐举、磨勘、差遣除授等诸方面。龚延明⑤认为虽然两宋官制造成了"三冗"局面的出现，但总体而言，对于维护宋朝集权的统治是优大于劣的。江晓敏⑥总结认为，宋朝通过对中央与地方关系的不断调整，确保了地方对中央的绝对服从，使得中央集权进一步深化，而这也是其区别于唐朝的重要特征之一。苗书梅⑦认为宋代文官治国体制的建立使得贵族阶层、武将阶层对于政权的统治彻底消失于中国古代社会的历史舞台了。

上述成果，比较均衡地整理并论述了职官制度的具体内容，著述内容多集中在对官制的梳理，普遍存在较少论及职官法律制度，更未以法律制度为中心进行系统性分析的遗憾。

2. 专题研究

（1）入仕

第一，科举制度。张希清所著《中国科举制度通史·宋代卷》⑧ 呈现了宋代科举的总体面貌。此外，关于两宋科举制度的主要研究成果，多集中在以下几个方面：

---

① 李铁：《中国文官制度》，中国政法大学出版社 1989 年版。

② 邱永明主编《中国历代职官管理制度》，杭州大学出版社 1998 年版。

③ 张晋藩：《考课与监察：中国古代职官管理的法律传统》，《中国应用法学》2018 年第 5 期。

④ 邓小南：《宋代文官选任制度诸层面》，河北教育出版社 1993 年版。

⑤ 龚延明：《宋代官吏的管理制度》，《历史研究》1991 年第 6 期。

⑥ 江晓敏：《宋代中央政府对地方官员的任用、管理与监察》，《南开学报》（哲学社会科学版）1994 年第 1 期。

⑦ 苗书梅：《宋代官员选任和管理制度》，河南大学出版社 1996 年版。

⑧ 张希清：《中国科举制度通史·宋代卷》，上海人民出版社 2017 年版。

一是殿试。穆朝庆①认为，宋朝实现了以科举选才与任官的有机结合，是一次跨越式发展，但同时也造成了官冗。何忠礼②则认为，真正由皇帝亲自殿前选士则源于宋朝，文中分析了嘉祐二年（1057）殿试不黜落的原因，以及稍有提及特奏名制度，总体上认为无论是开创殿试还是特奏名，都与宋朝巩固中央集权、取有才之士、防止科场舞弊这些原因分不开的。

二是关于防止科场舞弊的系列举措。冯会明、刘佩芝③认为，宋朝为防范科举舞弊采取了一系列措施，但其针对的往往只是没有门路的贫寒百姓，而政策的实行也有赖于清明的政治氛围，及至南宋后期，科举之弊日益显现，远不是这些措施能够规避的。

三是与"科举社会"相关议题。梁庚尧在《宋代科举社会》④ 中认同用"科举社会"这一词来形容宋代社会。刘海峰、李兵在其书《中国科举史》⑤ 第三章中，也将宋代定义为"科举社会"，认为科举对于宋代社会文化、教育氛围的养成起到了至关重要的作用。

四是其他。裴淑姬⑥认为，职官在特奏名中获得的官职较小，故其活动的主要空间在乡里而不是官场。龚延明⑦从皇帝与科举的关系角度展开论述，认为宋代皇帝较高的文化素质有助于科举的发展。

第二，荫补制度。学界关于荫补制度的讨论，多集中于以下几个方面：

一是荫补制度与两宋时期的冗官之间的因果关系问题。终极两宋，冗官问题都没有得到很好的解决，究其原因，虽与官、职、差遣分授的特有的任职方式有着密不可分的关系，但荫补数量过大亦是重要原因之一。宋代的荫补制度主要集中在大礼、致仕和遗表这三个方面，而仅就这三方面的荫补，就使得十

① 穆朝庆：《论宋代的殿试制度》，《许昌师专学报》（社会科学版）1984 年第 1 期。
② 何忠礼：《宋代殿试制度述略》，《中国史研究》1988 年第 1 期。
③ 冯会明、刘佩芝：《试论宋代对科考舞弊的防范》，《江西社会科学》2004 年第 1 期。
④ 梁庚尧编著：《宋代科举社会》，东方出版中心 2017 年版。
⑤ 刘海峰、李兵：《中国科举史》，东方出版中心 2004 年版。
⑥ ［韩］裴淑姬：《论宋代的特奏名制度》，《湖南大学学报》（社会科学版）2007 年第 4 期。
⑦ 龚延明：《论宋代皇帝与科举》，《浙江学刊》2013 年第 3 期。

羊九牧的现象层出不穷。众所周知，两宋时期是整个古代社会中商品经济较为发达的一个时期，而"田制不立"的土地政策也为庶族地主的产生提供了丰沃的土壤，这些庶族地主一旦获得财富，就会鼓励子孙入仕，而这些人一旦入仕之后就会为了巩固自己的既得利益，以及维护和延续整个家族的利益而不断出谋划策，这也为荫补制度的泛滥提供了一个契机。而如此的循环往复，固然既得利益者被政策眷顾，但也使得后起之辈不学无术，入仕之后，造成官员整体素质低下。以荫补入仕的官员与正途入仕的官员在人数上逐渐可以分庭抗礼，而员多阙少的问题愈演愈烈，固然统治阶层意识到了这一问题，并不断提出修正的办法，但荫补制度作为维护君权稳定的一项重要措施，依然成为两宋时期官员入仕途径中值得后世之人浓墨重彩的一笔。①

二是荫补制度与科举制度二者之间的关系问题。荫补与科举作为入仕的两种途径，虽说在两宋统治时期并行不悖，但也相互对立。以科举入仕者，大多为寒门学子，经历十数年的寒窗苦读，终入朝为官，虽有出身，但也付出了相当大的努力。而以荫补入仕者，多为高门贵子，依靠家世，即可轻而易举地获得入官资格，虽与科举入仕者相比少了出身，但之后也可通过多种途径获得。荫补制度为官僚子弟大开入仕方便之门，使得官员素质低下，也造成了对科举入仕者之不公平，但是因为荫补入仕者最初并无出身，故而其入仕之后也因无出身之故而稍显不易。②

---

① 荫补制度与两宋时期的冗官之间的因果关系问题，根据以下学者的观点总结得出：金旭东《试论宋代的恩荫制度》，《云南社会科学》1985 年第 3 期；刘立夫《论宋代冗官之成因》，《华中科技大学学报》（社会科学版）1997 年第 3 期；文畅平《宋代"冗官"现象的形成及其影响》，《衡阳师范学院学报》1999 年第 2 期；周淑文《宋代冗官问题的思考》，《江苏广播电视大学学报》1999 年第 4 期；白文固《北宋文武官员恩荫制度探究》，《史学月刊》2002 年第 3 期；任敬《论宋代恩荫制度的特点和影响》，《文教资料》2011 年第 2 期；董名杰《析探宋代"恩科"之弊》，《黑龙江教育学院学报》2015 年第 8 期。

② 荫补制度与科举制度二者之间的关系问题，根据以下学者的观点总结得出：关履权《宋代的恩荫与官僚政治》，《文史知识》1983 年第 11 期；姚培锋、齐陈骏《宋代选举用人制度述论》，《西北师大学报》（社会科学版）2009 年第 3 期；陈朝云、常乐《北宋前期孔宗尧墓志铭考释》，《中原文物》2016 年第 1 期；张春兰、祁玉勇《北宋中下层官员恩荫入仕个案考释——以〈刘唐工墓志铭〉为例》，《保定学院学报》2019 年第 1 期。

（2）职官铨选

第一，官制问题。

宋代的官、职、差遣分授，京朝官最为彻底，表明了宋代官僚任用制度的日趋成熟。这种官制设计，即使有识之士得以在官位上发挥应有的才华，也使得大批虽平庸无奇但忠心于大宋的官员得以尽忠职守。① 束保成②认为，即使到了元丰改制，虽官、职、差遣制在名义上简化了，但实际上仍为差遣制。贾玉英③虽总体上肯定了差遣制，但认为其后期显示的弊端也不应忽视，造成了官僚体制叠床架屋的局面，官僚体制冗乱，庞大的军费开支也加重了农民的负担。

第二，资序问题。

邓小南的《试论宋代资序体制的形成及其运作》④、田小森的《官民之间：宋代对县及知县资序的重视》⑤ 针对宋代官员资序问题进行了专题研究，这些学者们普遍认为"资序"是"资格"的核心内容，与宋朝特有的官、职、差遣分授有着必然的联系，是职官铨选中的重要环节，尤其是对于普遍存在于基层之中的州县官来说，资序是其改官的重要一环，这些州县官依靠在基层的经历得以逐步升迁，并且当他们最终位至高位之时，才能够深刻理解民生疾苦，在制定方针政策的时候才能够"俯下身子"，正所谓"不当家不知柴米油盐之贵"。虽然对于京朝官来说，任职州县并不是一个"好差遣"，但由此获得的任职经历，可为今后的为官之路锦上添花，通过在官与民的互相作用之中成为一个为民称道的好官。

第三，荐举制度。

---

① 详见邓小南的系列著作：《宋代文官差遣除授制度研究》，《中国史研究》1989 年第 4 期；《试论北宋前期任官制度的形成》，《北京大学学报》（哲学社会科学版）1990 年第 2 期；《宋代文官选任制度诸层面》，河北教育出版社 1993 年版。

② 束保成：《北宋官、职、差遣制新论》，《阜阳师范学院学报》（社会科学版）2014 年第 6 期。

③ 贾玉英：《试论北宋的官、职、差遣分授制度》，《河南大学学报》（社会科学版）1987 年第 4 期。

④ 邓小南：《试论宋代资序体制的形成及其运作》，《北京大学学报》（哲学社会科学版）1993 年第 2 期。

⑤ 田小森：《官民之间：宋代对县及知县资序的重视》，《西安文理学院学报》（社会科学版）2018 年第 4 期。

胡坤在《宋代荐举之弊》① 中着重分析了在荐举过程之中对士风所产生的不利影响。肖建新在《论宋代举官责任追究制度》② 中认为，宋代形成了相对系统的举官责任追究机制，并确实起到了一定的效果，但是受制于制度本身的固有缺陷以及所处政治环境的影响，很难解决选官过程之中的真正问题。游彪在《宋代荐举制度的利弊得失》③ 中从利、弊两个方面入手，首先肯定了荐举制度在职官铨选中的地位，并认为宋代的荐举制度确实形成了最为完备的体制，但是却有着不可忽视的弊端，即荐举腐败问题和党争问题。

（3）考课制度

邢琳、李艳玲④及贾芳芳⑤的文章，从地方官吏考课之内容、特点、实施情况等方面分析宋代考课法之弊端，认为宋代为巩固中央集权的统治，对于官吏制定的考课制度，其法之严密，未所有之。然而，其严密之法并没有起到预期的作用，在良好的制度与徒有具文的实施之间，百姓成了最后的承受者，而考课之法到最后也逐渐形式化和公文化。与此同时，课绩失实的现象也成为终宋之世难以解决的问题之一。郑志强⑥从经济管理的视角对宋代考课法进行了梳理，并认为宋代的考课法不仅仅影响了其后的元、明、清三朝，其背后的原理更是对于后世有其史鉴价值。方宝璋⑦肯定了对于官吏经济考核的赏罚对宋代的经济发展和财政收入的增加都起到了一定的促进作用。丁建军⑧认为，有宋一朝，在治理其庞大的职官体系中，有着自己一套独有的方式与方法，而以印纸历子批书为依托的考课制度则在其中发挥着至关重要的作用。尽管考课之法多被磨勘之制逐渐替代，但是官吏因考课而被赏罚的案例也不胜枚举。宋朝考课

---

① 胡坤：《宋代荐举之弊》，《云南社会科学》2012 年第 5 期。
② 肖建新：《论宋代举官责任追究制度》，《安徽师范大学学报》（人文社会科学版）2012 年第 2 期。
③ 游彪：《宋代荐举制度的利弊得失》，《人民论坛》2018 年第 24 期。
④ 邢琳、李艳玲：《宋代知县、县令考课制度述论》，《许昌学院学报》2004 年第 1 期。
⑤ 贾芳芳：《宋代地方官员的考课制度及其弊端》，《保定学院学报》2010 年第 4 期。
⑥ 郑志强：《论宋代官吏考核制度及对当代的借鉴意义》，《华东交通大学学报》2006 年第 6 期。
⑦ 方宝璋：《宋代对官吏经济政绩的考核》，《福建师范大学学报》（哲学社会科学版）1992 年第 3 期。
⑧ 丁建军：《宋朝地方官员考核制度研究》，人民出版社 2014 年版。

之制与磨勘之制、保举之制、选任之制能够有机融合在一起，是其特色与显著特点。从地方官考核的制度入手，是我们了解宋代中下层官吏考核的一面镜子。而在前任学者的诸多研究中，朱瑞熙①以图表的形式清晰地呈现了考课功过与黜陟的关系，进一步印证了宋代考课制度不单单流于一纸具文，仍有其现实意义和实践价值。

（4）监察制度

第一，台谏问题。

一是台谏合一问题。宋以前的御史台和谏院虽都掌进言之责，但分工却不同。御史台以纠察百官为主，而谏院则以规劝君主为责。但至宋朝，台谏合一则成为定势。学界通常认为，以"天禧诏书"为标志，台谏在宋代呈合一之势乃历史的必然。首先是御史台与谏院的职能有所扩大，彼此之间无法规避侵袭；其次是宋代受差遣除授之制影响，官僚体系日益庞大，而台谏官员则较之唐朝少了许多，监察任务的日益繁重导致台谏官在职能上的互相渗透；最后由于宋代士风文化的形成，士大夫们自我意识的相对觉醒，参政议政意愿增强，而以科举取士为台谏官任职之正途的入仕背景，使得台谏官们拥有较为统一的价值观。② 虞云国③在这些观点的基础之上，更进一步分析并得出宋代台谏合一只是形式上的合一，并不是实质合一的论断。

二是台谏与宰执、君主三者的关系问题。以台谏为代表的监察权、以宰执为代表的相权和以君主为代表的君权构成了相对制衡的体系架构。台谏可利用其监察权制约君权的行使与相权的扩张，宰执可通过进拟制左右台谏官的选任，而无论是台谏官还是宰执，在行使权力的过程之中，均要受到君权的约束，与君之贤明与否有着直接的关系。这与西方的三权分立以及权力制衡原则有着本

①　朱瑞熙：《宋朝官员行政奖惩制度》，《上海师范大学学报》（哲学社会科学版）1997 年第 2 期。

②　宋代台谏合一的原因，根据以下学者的观点总结得出：贾玉英《宋代台谏合一之势探析》，《河北学刊》1991 年第 6 期；汤毅平《宋代台谏合流论》，《湖南社会科学》2003 年第 1 期；杨阳《"天禧诏书"对宋代台谏制度的影响》，《郑州航空工业管理学院学报》（社会科学版）2012 年第 1 期。

③　虞云国：《宋代台谏制度研究》，上海人民出版社 2014 年版。

质的不同，在西方的三权分立之中，立法权与行政权是分开的，但这一切是以虚君权为前提的，而这些在中国古代的政治体制中是行不通的。因此在讨论台谏、宰执与君主三者的制衡关系中，应将其放在中国古代政治体制的大框架之中，看到其积极的一面，即对于君权的相对制约作用。①

三是台谏的谏诤范围。刘翠英的《浅谈宋代的台谏制度》② 认为宋代的台谏制度对于以君权为首的内廷的权力限制也是起到了显著作用的。虞云国的《宋代台谏的职事回避》③，从经筵侍讲的角度出发，认为台谏官通过在与君主侍讲的过程中达到谏言的目的。

四是台谏与党争问题。在党同伐异的过程之中，台谏充当的角色并不光彩，作为一棵墙头草，成了两党之争中打击对方的工具，故而越发偏离了实事求是的设置初衷。但是作为为君权服务的工具，台谏参与党争的实际效用问题往往还取决于君主最后的支持与否，故而单单依靠台谏对党争局势起不到决定性作用，但往往可以渲染一种舆论导向。④

五是风闻言事问题。风闻言事制度古已有之，但是相较于前朝而言，宋代的风闻言事制度更加开放，但是也更为严谨。张晋藩先生在《中国监察法制史》⑤ 中，对于宋代的风闻言事制度作了简要的介绍，认为风闻不要求有实迹，而且有"月课"与"辱台钱"的规定，其目的就是激发台谏官员谏言谏事的积极性。刁忠民⑥考察宋之前的"风闻"二字，认为仅仅是作为御史的个人行为，

----

① 台谏、宰执与君主三者制衡关系的理解，根据以下学者的观点总结得出：贾玉英《宋代监察制度》，河南大学出版社1996年版；刁忠民《关于北宋前期谏官制度的几个问题》，《中国史研究》2000年第4期；肖建新《宋代的监察机制》，《安徽史学》2006年第2期；季盛清《论宋代中央权力架构中监察权的地位与作用》，《中共浙江省委党校学报》2009年第4期；孙果《宋代台谏、宰执与皇帝三者之间的关系探析》，《西江文艺》2017年第11期。

② 刘翠英：《浅谈宋代的台谏制度》，《广东青年干部学院学报》1999年第3期。

③ 虞云国：《宋代台谏的职事回避》，《上海师范大学学报》（哲学社会科学版）1996年第1期。

④ 关于台谏与党争问题，根据以下学者的观点总结得出：郭欣欣《台谏对北宋仁宗年间党争的危害》，《陕西学前师范学院学报》2017年第6期；张英《论宋代台谏特点及对文人贬谪的影响》，《武陵学刊》2018年第4期。

⑤ 张晋藩：《中国监察法制史》，商务印书馆2019年版。

⑥ 刁忠民：《宋代台谏制度研究》，巴蜀书社1999年版。

尚没有成为台谏制度的严格意义上的一部分。但是到了宋朝，杨雄威①认为风闻言事已经发展成了常态，成了台谏制的一部分，无人质疑。肖建新在《宋朝的风闻监察述论》②中，从风闻言事的内容和规定出发，认为宋朝的风闻言事制度不允许诬告，即不能滥用监察权。也正因为这样的限制日益加强，台谏官员越发转向邻里故旧，探寻"风闻之事"，而对于百官的监察则趋于弱化了。

第二，监司问题。

一是监司职能。金圆在《宋代监司制度述论》③中从总体上对宋代监司进行了一个概括总结，认为监司的设置对于稳固中央集权，加强皇权对中央的统治，防止藩镇割据局面的出现是起到了一定作用的，但是对于澄清吏治却是收效甚微的，其根本原因在于政治体制的腐朽，远不是靠一些职官体制就能够解决了的。在监司的巡检方面，监司巡检是指监司在一定时间内巡视所部州县，对所属州县的兵刑钱谷进行检校，对所属州县官员的履职实迹进行如实记录并反馈中央。宋朝对于监司巡检的内容、方式、时间以及对监司官员之间的互相监督方面都有严格的规定，这是前朝所不具备的，虽然其在中央集权的政治背景下产生并发展，并不能从根本上做到真正的惩贪，但是应看到其积极的一面，即分散了地方长官的职能，尽可能地规避了藩镇割据现象的出现，任用文官担任监司和通判，武将擅权的局面得以遏制，这也为后世元、明、清三朝提供了借鉴。④余蔚⑤认为，汉、宋最大的不同在于性质不同，汉代的刺史专司监察之职，而宋代则不同，是行政权与监察权合二为一，诸司并立、互不统属的职能，使监察权得以向行政权渗透，地方行政部门也是地方的监察部门。高进、应弘

---

①　杨雄威：《政治常识的建构：唐宋变革视野下的北宋台谏"风闻言事"的特权化》，《社会科学》2017年第6期。

②　肖建新：《宋朝的风闻监察述论》，《西北师大学报》（社会科学版）1998年第2期。

③　金圆：《宋代监司制度述论》，《上海师范大学学报》（哲学社会科学版）1994年第3期。

④　关于监司巡检的观点，根据以下学者的观点总结得出：莫家齐《具有特色的宋代监司巡检制度》，《政法论坛》1989年第3期；张凤雷《论宋代监司出巡制度》，《湖北警官学院学报》2015年第7期；薛存心《宋代监司出巡制度内涵解析》，《殷都学刊》2020年第1期。

⑤　余蔚：《分部巡历：宋代监司履职的时空特征》，《历史研究》2009年第5期。

毅在《监察之监察：宋代的监司互察》① 中，将目光主要集中于独具特色的监司互监制度，认为监司互监制度在横向上对于职官进行监督，也同时令地方行政官员可以互相掣肘，行政权与监察权并存，且监察权位高于行政权，这样地方权力就无法做到威胁中央了。

二是监司在宋代法制文明中的地位。王晓龙、杜敬红②认为，监司的出现，对于立法建设、司法建设、法制宣传和教育都起到了一定的推动作用，推动了宋代法制文明的演进，成了宋代法制中独具特色的一笔，不仅仅为元、明、清三朝的司法与立法提供了借鉴，更为如今的监察体系的构建提供了史鉴价值。

（5）俸禄与致仕

一是俸禄制度。黄惠贤、陈锋的《中国俸禄制度史》（修订版）③ 第六章着重梳理了宋廷皇室宗亲、内廷、百官的俸禄内容，并总结了宋代俸禄制的特点。张全明在《也论宋代官员的俸禄》④ 中，从横向和纵向两个角度定量分析宋代职官俸禄实际水平。何忠礼在《宋代官吏的俸禄》⑤ 中认为宋代职官俸禄的高低不可概而论之，甚至大多数职官俸禄实际收入并不高，而应看到整个俸禄体系中的等级差异性。

二是致仕制度。穆朝庆⑥从致仕标准、形式、待遇等方面分析，认为致仕制度虽萌芽已久，但至两宋时期方获得真正成熟。李旦、张传亮⑦从致仕条件、致仕方式、致仕后的待遇与安置三个方面考察宋代致仕制度，认为致仕促进了官僚队伍的新陈代谢，但诸如加大国家财政压力等弊端也较为明显。

---

① 高进、应弘毅：《监察之监察：宋代的监司互察》，《廉政文化研究》2019 年第 6 期。

② 王晓龙、杜敬红：《宋代监司对宋代法律文明建设的贡献》，《河北大学学报》（哲学社会科学版）2012 年第 6 期。

③ 黄惠贤、陈锋：《中国俸禄制度史》（修订版），武汉大学出版社 2012 年版。

④ 张全明：《也论宋代官员的俸禄》，《历史研究》1997 年第 2 期。

⑤ 何忠礼：《宋代官吏的俸禄》，《历史研究》1994 年第 3 期。

⑥ 穆朝庆：《论宋代的官员致仕制度》，《许昌学院学报》1989 年第 2 期。

⑦ 李旦、张传亮：《宋代官吏的致仕制度研究》，《玉溪师范学院学报》2006 年第 9 期。

（二）评述

通过对上述研究成果的整理可以发现，关于宋代官制的研究成果是比较丰富的，有从宏观角度入手，全面梳理古代官制的发展脉络，或专门厘清宋代官制的主体框架和基本内容的；亦有从专题入手，专论职官制度中的某一具体问题，并分析探讨的。在这些研究中，与两宋职官法直接相关的内容是比较少的，即使有所涉及，也多是依附于对官制史研究的基础之上的。因此，针对已有研究成果所呈现出的些许遗憾，现阶段研究两宋职官法还可以有一些予以提升的空间，如已有研究成果有重制度、轻法律的遗憾。在已有涉及两宋职官法的研究中，由于多是依附于官制史，故而呈现出重制度、轻法律的局面。关于职官入仕、铨选、考课、监察、俸禄与致仕等专题都有比较丰富的研究成果，即使是整体梳理两宋职官制度的研究成果也非常繁盛，在这些研究中，虽然都或多或少涉及了职官法，但都是为梳理和论证职官制度的具体内容服务的，缺乏以法律制度为中心的分析与探讨，在对专门涉及两宋职官法的条文进行梳理，并分析这些法律条文制定和产生背后的原因方面显得较为薄弱。

三、研究方法与创新之处

（一）研究方法

1. 文献研究法

法律史学科本身是一个非常特殊的学科，既有法学的基本属性，又非常依赖于对相关历史文献的搜集与整理。在本书中，为更好地呈现两宋时期职官法的原貌，厘清其内在发展规律和沿革过程，就需要对相关传世文献、古代法典、古人文集、出土文献等进行资料汇总，并在此基础上对这些历史资料深入挖掘和解读。

2. 比较分析法

比较分析法是在法律史学科中较为常见的一种研究方法，通过在两种有内在联系却又有所不同的对象之间的对比，可以分析出二者之间的内在差异性和同一性，从而进一步总结出发展的内在规律性。本书所使用的比较分析法，主要体现在从宏观角度入手，纵向比较并分析由北宋至南宋职官法内容的不同。

（二）创新之处

第一，对现存与两宋职官法相关的历史资料进行了认真梳理，补充两宋职官法研究中的薄弱环节，使两宋职官法更为清晰地呈现出来。本书主要依据《宋刑统·职制律》，《庆元条法事类》中所载"职制敕""职制令"等，《吏部条法》中所载"侍郎左选令""侍郎左选格""侍郎左选申明"等。将这些法律条文之内容按照荫补，有无"出身"对改官、关升之影响，影响幕职官、州县官循资与改官的因素，影响京朝官转官的因素，对职官关升资序之要求，铨选中对荐举的法定要求，考课各级职官的法定内容，对磨勘和历纸的法定要求，对台谏官的选用标准和法定职责，监察官的法定履职方式，监司巡历与监司互监之内容，职官致仕之法定要求等问题，分类整理，并对法律条文进行分析，探究立法者意图。此外，在研究两宋职官法中，辅之以《宋史》《续资治通鉴长编》《宋会要辑稿》等历史资料，力求使职官法的内容较为清晰地呈现在本书中。

第二，突出变迁性。宋廷南迁，由北宋至南宋，职官法的内容亦发生了不小的变化，对职官的要求亦有不同的侧重。故而本书着重探究由北宋至南宋职官法的变迁，从中考察职官法内容的变迁及原因。这样一来，更能考察和体现两宋职官法的立法者意图，突出两宋职官法的变迁特色。

第一章
两宋职官法的立法背景及表现形式

两宋时期可谓在中国历史发展过程中最适宜文职官员成长和发展的黄金时期，在这一时期，发达的经济、崇尚法制的社会氛围、前朝的教训、国家的政治环境，使得职官法的制定更加趋于严密化。而职官法的制定，也更加具有赵宋特色。

由唐至宋，职官法的表现形式获得了进一步的发展，敕、令、格、式也被赋予了新的含义，在两宋法律体系中的定位和功能也有了新的变化。同时，由北宋至南宋，随着君主治官需求的不同侧重和国情的不断变化，职官法的内容也发生了鲜明的改变。而这些，正是构成了两宋职官法不同于前朝后世的鲜明底色。

第一节　两宋职官法产生的时代背景

任何事物所呈现出的面貌和特点都不是凭空而生的，必然经历历史的淘炼，然而历史的发展亦是一个渐进性的过程，并不是一蹴而就的。因而，我们只有将两宋职官法的形成和发展脉络放置于历史发展的大环境之中加以研究，方能厘清其产生的缘由和依据，从而做出恰如其分的评估。总体而言，诸多因素的出现和产生都对两宋职官法产生了深远的影响，这些因素共同构成了职官法产生的时代背景，亦成了影响职官法制定的考量依据。

一、发达的经济为职官法中所涉及的系列举措奠定了物质基础

两宋时期的发达经济可谓惹人夺目。那汴水河畔的繁华景象使得看似"弱不禁风"的赵宋山河有了不同于汉唐的风韵，这是中国历史上任何一个朝代都无法比拟的①。发达的经济，不仅使两宋王朝展现出了"国际化"的一面，更是为职官法中所涉及的系列举措奠定了物质基础。

当然，两宋经济的发达并不是偶然的，而是由多方面原因造成的。

其一，土地政策的调整，放松了对劳动力的束缚。两宋时期，随着不抑兼并政策的推进，土地交易逐渐兴起，并趋于繁盛，且土地所有权流转日益增多。在这一时期，政府对农民的人身束缚关系明显减弱，农民没有像以前一样对地主有过强的依附关系。

其二，国家大力发展农业生产，兴修水利，鼓励开垦荒地，改良农业工具，为手工业和商业的发展提供了保障。在两宋的财政收入中，工商业占据了很高的比例，商人的地位获得了提升，政府开始鼓励经商，允许从商子弟参加科举考试等。此外，还出现了夜市、镇市与草市，商业区的范围进一步扩大。

其三，海外贸易发达。两宋时期的海船制造业获得了较快的发展，航海技术也有了空前的进步，通商口岸较之唐代也有了大幅度的增加，远洋航海也进一步拉长了航线。

其四，还应关注到，两宋时期常用以输纳岁币的方式求和，用经济赎买的方式解决战争问题，虽然这一政策被当时的部分士大夫甚至后世之人诟病不已，认为实在是饮鸩止渴。但是从另一个角度来看，这种方式却为两宋带来了较长一段时期的和平，相对缓和了民族矛盾，为经济的发展提供了相对稳定的内部环境。而这种内部环境的营造也是经济发展的必备条件，倘若整个国家始终处

---

① "宋朝财政收入峰值达到1.6亿贯，按照'1贯=1000枚制钱=1两白银'的公式作个简单推算，宋朝年财政收入的最高值达1.6亿两白银，是当时世界上最富有的国家。"参见陈忠海：《宋代铜钱的"国际化"》，《中国发展观察》2016年第12期，第62页。

于常年的备战、应战之下，如何谈发展经济呢？

正是两宋时期经济的空前繁荣与发达，使得职官法呈现出了与前朝后世不同的面相。首先，随着土地政策的调整，租赁关系兴起，大量自耕农出现，农民对地主的人身依附性大为减弱，与此同时，庶族地主阶级兴起，一来他们开始寻求政治上的庇护，参政意愿强烈，故而积极投身于科举之中，调整了职官中的人员组成；二来他们无显赫背景可以依靠，对皇权的依附性增强，减少了谋权篡政的可能性，对政权的稳固有所助益。其次，在发达的经济背景之下，宋廷有底气也有实力为职官提供丰厚的物质待遇，仅以职官俸禄为例，两宋时期的职官俸禄总水平堪称历朝之最。此外，在这种商品经济繁荣的环境之下，职官受到的诱惑与腐蚀也就更多，经济犯罪的比例也会相应地上升。

二、士大夫们追求实际、崇尚法制推动了职官法的发展

两宋时期对文化的追求与汉、唐不同，因此士大夫们的成就也大不一样。汉代重经术，唐朝重诗赋，这两种对文化的追求都偏离了实际，偏离了治国理政的实际需求。两宋时期则不同，两宋重视实际，比如王安石、司马光、欧阳修、苏轼、曾巩等人，都是追求实际的代表，这些人不仅是才华横溢的文学大家，也都是治国理政的行家里手，更是崇尚法制、通晓法律的先行人。仅以科举为例，唐朝科举制度注重考察应试者的诗赋创作水平，而两宋时期则不同，比如苏轼，就在应试省试的《刑赏忠厚之至论》中全篇大谈法制，也因此获得了及第之荣。可见国家科举风尚亦重实际，因此由科举入仕者亦是追求实际、崇尚法制者。此外，苏轼在应试制举时所呈策论中，再次论述了他的法律思想，认为如果有不孝、不悌、喜好诉讼且屡次犯法之人，"皆诛无赦"①。同时，苏轼还写下了不少涉及法制思想的文章，诸如《论始皇汉宣李斯》《韩非论》等。仅观苏轼所作诗文，亦可发现与唐代诗人的不同之处。唐代诗文多是抒发个人

---

① ［宋］苏轼：《苏轼文集编年笺注》卷八《策十九首》，李之亮笺注，巴蜀书社2011年版，第608页。

感情为主，有意气风发的，亦有郁郁而不得志的，但是到了两宋时期，作诗吟对不再仅仅是满足个人情感的需求，更多的是反映社会问题。比如苏轼所书"县吏催钱夜打门"①，记录下了官府催要利钱的不近人情之场景；又如苏轼所作《戏子由》②，更是表现了苏轼对法律的推崇和宽以待民的主张。无独有偶，司马光亦是对法制有着卓越见解的法学家③，在司马光看来，只有秉持至公之心以治国，才能够明赏罚，亲疏同，无所偏。

同时这些士大夫不仅以所书言法制，更以实际行动践行自己的法制主张。比如包拯决狱、苏轼判案，都以法律规定为出发点，尤其是包拯，更是以严肃且公正著称于世。此外，在司法官员的任用上也是侧重儒士，一改五代以来以武官执司法的情形，而这些儒士也要通过"律义"和"案例"的考核，同时，在科举考试中设有明法科，太学中设有律学，全国上下一派学律、读律、用律的法制氛围。

两宋时期是一个非常崇尚法制的朝代，上自帝王，下至百官，无不对法制有着发自内心的推崇与维护，所谓"时事造英雄"，英雄亦应时而生，正是两宋这个崇尚法制的时代为士大夫们提供了一个广阔的学习、阐释、畅言法律的平台，使他们得以留下了诸多法学论作。同时，这些通晓法制的士大夫们，以更懂民生疾苦之深深情怀，为国家治理献言献策，并在行政活动中深入实践着自己的法律观念，成就佳话。良好的法制环境为职官法的孕育和成长营造了良好的社会氛围，而这也是两宋职官法发达的一个重要原因。

三、职官法的制定吸取了前朝地方割据、武人专政的历史教训

唐朝盛极一时，安史之乱成了由盛转衰的拐点，虽然自此之后，唐王朝的

---

① ［宋］苏轼：《苏轼文集编年笺注》附录一，李之亮笺注，巴蜀书社 2011 年版，第 203 页。

② 史载："读书万卷不读律，致君尧舜知无术。""平生所惭今不耻，坐对疲氓更鞭箠。"参见［宋］苏轼：《苏轼文集编年笺注》附录一，李之亮笺注，巴蜀书社 2011 年版，第 42 页。

③ 史载："法者天下之公器，惟善持法者，亲疏如一，无所不行，则人莫敢有所恃而犯之也。"参见［宋］司马光编著：《资治通鉴》卷第十四，中华书局 1956 年版，第 482 页。

政治统一格局依旧存在，但是中央集权统治的逐步衰落已成为不可避免之势，而藩镇势力的林立更是构成了对中央的严重威胁。随着藩镇的渐次崛起，原属于中央的权力逐渐为地方割据势力所侵蚀和剥夺，而唐王朝之所以仍能维持一百多年之光景，亦是仰赖于各藩镇势力之间的彼此牵制与制衡。唐末，五代以来的政治环境风云变幻，大体上分为两个阶段：第一阶段是唐末以来中央统治权力外散于地方，地方割据政权加速对其治下军政、民事、财政等权力的聚拢，渐成中央失权、地方集权的局面；第二阶段是五代十国时期，这一时期各个政权内部的集权举措持续加码，虽然这一时期从大的方面来看是四分五裂的，但是于每个政权统治内部而言，却是在不断集中权力。由于这一时期政权统治的开拓者一般是唐末以来割据势力中的节度使，政权往往是建立在骄兵悍将的支持之下的，而这些骄兵悍将的嗜利性特征使他们的效忠对象并不是人，而是人手中之权所能带给他们之利，因而政权的稳固性大大降低。

同时，在五代十国时期，这些统治一国的主人依靠武力夺取政权，又被武力颠覆政权，各自盘踞一方，形成了所谓"大者称帝，小者称王"[1] 之乱象。而这些所谓的"一国之主"所凭借的军事力量便是唐末藩镇割据所遗留下来的军队基础。然而这些部队本非"善类"，其趋利避害性导致其不可能一直忠诚于同一个主人，因而往往新旧更迭之时便是举兵废立之期。

总的来看，无论是唐末的藩镇割据还是五代十国的纷纷扰扰，武人悍将对历史的发展都或多或少地起到了推波助澜的作用，而位于统治集团内部的核心成员也往往以武将为主，这些行伍出身之人虽然在夺取政权的时候起到了关键性作用，但在这些马背之人的眼中，为王侯将相者自当兵强马壮之人当之，故而纲纪尽失。[2] 在这种乱象的背后，曲折地反映了地方割据与武人专政对国家发展所产生的弊端，也引发了北宋立国者的思考。同时，这种思考也深刻地渗入了职官法设计的肌理之中，体现在法律制定的内容之内。

---

① ［宋］欧阳修：《新五代史》卷三十九，中华书局 1974 年版，第 426 页。
② 史载："藩帅既不守臣节，毋怪乎其下从而效之，逐帅杀帅，视为常事。"参见 ［清］赵翼：《廿二史札记校证》卷二十，王树民校证，中华书局 2013 年版，第 431 页。

四、守内虚外，以和缓战，职官法的制定更加趋于严密化

在整个王朝统治期间，辽、西夏与金等外敌虎视眈眈，因而两宋时期的外部环境并不稳定，外患频仍。

自北宋立国之后，受幽云十六州地理位置的影响而陷入了与辽长期的交战之中，随着北伐失利，北宋王朝逐渐失去了继续战斗下去的勇气和决心，至澶渊之盟的订立，虽然为与辽的对战画上了短暂的句号，却养虎为患，丧失了对幽云十六州的控制之权，使辽国入中原如探囊取物一般。此后仁宗皇帝在位期间，西夏又对北宋王朝发动多起进攻，挑起战事，最后以北宋向西夏每岁供奉金银、绢帛等换取了短暂的和平。

纵览两宋，外患不断，甚至北宋亦因金军攻破都城而亡国，不得以南迁。然而，南宋朝廷并没有因偏安于一隅而免于外敌侵扰，不仅受金国多次侵扰，还对金称臣，给金国以绢、银。最后在蒙古军铁骑践踏之下，走向彻底的灭亡。因而在整个两宋时期，外患始终是困扰当政者的主要问题之一。

因此，对于北宋的立国者，首先需要他们思考的问题便是内与外的问题，即是先治理国内，而后御外；还是先集中力量解决外患，徐图解决内忧呢？从历史的发展来看，古代中国自诩为天朝上国，是有一定的原因的。由于中国以农业立国，小农经济，土地广袤，人口众多，物资丰富，文明陈陈相因，为这个封闭、保守、孤立的国家提供了自给自足的优良储备，因此外敌侵扰虽为矛盾之一，但远未成为主要矛盾，这也造成统治者天生具有一种自负情怀。并且"物必自腐而后虫生，国必自伐而后人伐"[1]，这种带有阶级局限性的观点同样浸染了赵氏兄弟二人，使他们将守内虚外定为祖宗家法。终两宋之世，虽不断受到邻国侵扰，外患未绝，但始终采取的是以和缓战的做法，并且在这种特殊的外力作用下，君主进一步加强了对内部的控制力度，同时这种对外呈现出的

---

[1]　吕思勉：《中国政治思想史》，四川人民出版社 2018 年版，第 90 页。

守势和对内呈现出的紧缩方针,使得职官法的制定更加趋于严密化并酝酿着权力之间的制衡。

要而言之,历史的发展兼具偶然性和必然性,而构成这些偶然性和必然性的诸多因素直接或间接影响了一个王朝所处之政治大环境,北宋立国之初正是基于所处背景之考量,为职官法的制定指出了方向。纵览职官法的更革与发展,始终没有引起过于激烈的矛盾和冲突,尤其是太祖皇帝在规范职官管理时,也是以《唐律疏议》中的内容为起点,"润物于无声",以维护内部稳定为前提进行不断调适。同时受上位过程之影响,太祖必然要考虑到依靠自身威望所建立起的政权并不牢靠,因此,只有稳定后而徐徐图之,削各方势力之权,加强中央集权,方为上策。

官员作为构成国家机器的重要组成部分,所起到的作用不容小觑,其为君主用来统治和管理居于被统治地位群体的工具,官员的贤能与否就会直接关系到治国之策推行的顺利与否、百姓的臣服与否。因而如何在纷乱的战局中建立一个官僚体系,并且如何在纷乱的战局之中使这一套官僚体系更好地发挥作用,是赵宋君主考虑的题中之义。同时,动荡与纷乱的环境亦更能检测官员的能力,体现官员在整个国家运转之中所起到的不可替代的作用。

第二节 两宋职官法的表现形式与发展变化

两宋时期虽然并不存在直接以"职官法"命名的法典,但是多以律、令、格、式、(编)敕、御笔、申明、例等多种形式表现,这为研究两宋职官法提供了充足的法律条文作为依凭。同时,在这些庞杂的法律条文背后,渗透着由北宋至南宋职官法内容的变化及原因,展现着两宋时期统治者对治官思考的愈益成熟。

一、两宋职官法的表现形式及在两宋法律体系中的地位和功能

"中国古代的法律体系不是由不同的法律部门，而是由具有特定部门法属性的各种法律形式构成的有机联系的统一体。"① 北宋初期，法律体系基本上沿袭唐朝，至元丰后，两宋的法律体系产生了极大的变化。不仅编敕活动更为活跃，且令、格、式被赋予了新的内容，敕的性质发生了变化。② 敕由一种综合性的法律称谓变为专门性的刑事法律规范；令的性质没有发生根本性变化，仍然是规定国家重要制度的载体；格则变为一种细则化、量化的行政法律规范；式则变为一种具体的公文程式，规定"人物名数、行遣期限"③。同时，申明、指挥、断例等亦大量出现。此外，"将见行敕令格式、申明，体仿吏部七司条法总类，随事分门修纂，别为一书"④。"宋代的法律形式，除继承唐朝及五代的律、令、格、式、'编敕'、制、敕、宣外，另有御笔、断例等。"⑤

两宋时期虽然并不存在"职官法"类似的法典，但是涉及职官的法律条文非常细密，且多以律、令、格、式、（编）敕、御笔、申明、例等形式表现。"根据其稳定性和位阶大致可分为五组：律、令，（编）敕、格、式，制、敕、宣、御笔等，申明，例。"⑥

---

① 吕志兴：《宋代法律体系与中华法系》，四川大学出版社 2009 年版，第 49 页。
② 史载："'禁于已然之谓敕，禁于未然之谓令，设于此以待彼之谓格，使彼效之之谓式。修书者要当识此。'于是凡入笞、杖、徒、流、死，自名例以下至断狱，十有二门，丽刑名轻重者，皆为敕。自品官以下至断狱三十五门，约束禁止者，皆为令。命官之等十有七，吏、庶人之赏等七十有七，又有倍、全、分、厘之级凡五等，有等级高下者，皆为格。表奏、帐籍、关牒、符檄之类凡五卷，有体制模楷者，皆为式。"参见 [元] 脱脱等：《宋史》卷一百九十九，中华书局 1985 年版，第 4964 页。
③ [宋] 李焘：《续资治通鉴长编》卷二百六十九，中华书局 2004 年版，第 6604 页。
④ [宋] 佚名：《皇宋中兴两朝圣政辑校》卷之五十七，孔学辑校，中华书局 2019 年版，第 1303 页。
⑤ 吕志兴：《宋代法律体系与中华法系》，四川大学出版社 2009 年版，第 49 页。
⑥ 吕志兴：《宋代法律体系与中华法系》，四川大学出版社 2009 年版，第 50 页。

（一）律、令

1. 律

以宋人的眼光来看，律主要指的就是《宋刑统》。① 其中"职制律"较为集中地体现了职官法的内容。此外，受古代社会立法技术不尽完善的影响，亦有很多职官法条文散见于其他各部分之中，比如体现在"户婚律"② "厩库律"③ "贼盗律"④ 等中。

总的来说，《宋刑统》中涉及职官法的条文可谓详密，不仅沿袭了《唐律疏议》中之内容，亦有新的法律内容增入，标志着北宋时期这套职官法日趋详备。

2. 令

两宋时期的令，以《元丰令》为分界点，《元丰令》之前也就是北宋中前期，令的主要代表为《淳化令》和《天圣令》，其中《淳化令》基本上只是对唐《开元令》做了较为基础的校勘，大体内容等相沿未改，至《天圣令》亦是"取唐令为本，参以新制"⑤，也就是说北宋中前期的令仍以《唐令》为主要参考蓝本。元丰法制改革后，体现王朝特色的宋令才真正诞生，而集中体现则为

---

① 史载："国初，但有《刑统》，谓之律。后有敕、令、格、式，与律并行。"参见［宋］李心传：《建炎以来朝野杂记》甲集卷四，徐规点校，中华书局2000年版，第111页。史载："律是刑统，此书甚好，疑是历代所有传袭下来。至周世宗，命窦仪注解过，名曰刑统，即律也。"参见［宋］黎靖德编：《朱子语类》卷第一百二十八，王星贤点校，中华书局1986年版，第3081—3082页。

② "诸州县不觉脱漏增减者，县内十口笞三十，三十口加一等，过杖一百，五十口加一等。州随所管县多少，通计为罪。""诸部内有旱涝、霜雹、虫蝗为害之处，主司应言而不言，及妄言者，杖七十。覆检不以实者，与同罪。若致枉有所征免，赃重者坐赃论。""诸部内田畴荒芜者，以十分论，一分笞三十，一分加一等，罪止徒一年。州县各以长官为首，佐职为从。"参见［宋］窦仪等：《宋刑统》，吴翊如点校，中华书局1984年版，第188、208页。

③ "诸监临主守以官物私自贷，若贷人，及贷之者，无文记以盗论，有文记准盗论。（文记谓取抄署之类。）立判案减二等。即充公廨及用公廨物，若出付市易而私用者，各减一等坐之。（虽贷亦同，余条公廨准此。［即］主守私贷，［即］无文记者依盗法。）所贷之人不能备偿者，征判署之官。（下条私借亦准此。）"参见［宋］窦仪等：《宋刑统》，吴翊如点校，中华书局1984年版，第244页。

④ "诸监临主守自盗，及盗所监临财物者，（若亲王财物而监守自盗亦同。）加凡盗二等，三十匹绞。（本条已有加者，亦累加之。）"参见［宋］窦仪等：《宋刑统》，吴翊如点校，中华书局1984年版，第304页。

⑤ ［清］沈家本：《历代刑法考》，邓经元、骈宇骞点校，中华书局1985年版，第982页。

《庆元令》。① 两宋时期的令主要有"《嘉祐禄令》十卷,《熙宁新定皇亲录令》十卷,《元丰新修国子监大学小学令》十三卷,《神霄宫使司法令》一部,《天圣令文》三十卷,《诸军班直禄令》一卷"② 等。

以下仅以《天圣令》《嘉祐禄令》和《庆元令》中所涉及的职官法问题进行简要分析。

其一,《天圣令》③。《天圣令》虽然是以《唐令》为蓝本,但亦有所发展,对比《天圣令》④ 和《唐律疏议》之"狱官令"⑤ 规定可得:一是管辖权。《唐律疏议》之"狱官令"规定,徒以上的犯罪交由县管辖,后送州复审;《天圣令》中则规定徒以上的犯罪交由州审理,剥夺了县的司法审理权,将县之司法权向州聚拢,为司法上的集权提供了基础。二是调整涉官案件的司法审、报程序。《唐律疏议》之"狱官令"规定,对涉官案件的审理,最后要报送尚书省进行审核;但是《天圣令》中则规定,经大理寺、审刑院检断详定后,由皇帝最终决断,夺宰相的司法权归于帝王手中,且由于对官员的最后定罪量刑要由皇帝决定,因而帝王掌握着百官的生杀大权,就更容易操控整个官僚体系。

----

① 两宋时期的令以《元丰令》为分界点,北宋中前期的《淳化令》和《天圣令》主要沿袭唐《开元令》,而《元丰令》之后流传至今的最具代表性的为《庆元令》。参见赵晶:《〈天圣令〉与唐宋法制考论》,上海古籍出版社 2014 年版,第 27—29 页;包娟:《宋代法律体系研究》,南京师范大学 2009 年硕士学位论文,第 23 页;吕志兴:《宋代法律体系研究》,《现代法学》2006 年第 2 期,第 71 页。

② 参见 [元] 脱脱等:《宋史》卷二百四,中华书局 1985 年版,第 5139—5145 页。

③ 史载:"天圣中,宋庠、庞籍受诏改修唐令,参以令制而成。凡二十一门:官品一,户二,祠三,选举四,考课五,军防六,衣服七,仪制八,卤簿九,公式十,田十一,赋十二,仓库十三,厩牧十四,关市十五,捕亡十六,疾医十七,狱官十八,营缮十九,丧葬二十,杂二十一。"参见 [元] 马端临:《文献通考》卷二百三,中华书局 2011 年版,第 5816—5817 页。

④ 《天圣令》中规定:"诸犯罪,杖以下,县决之;徒以上,送州推断。若官人犯罪,具案录奏,下大理寺检断,审刑院详正其事,议定奏闻,听敕处分。如有不当者,亦随事驳正,其应州断者,从别敕。"参见《天一阁藏明钞本天圣令校证:附唐令复原研究》,天一阁博物馆、中国社会科学院历史研究所天圣令整理课题组校证,中华书局 2006 年版,第 327 页。

⑤ "狱官令"中规定:"杖罪以下,县决之。徒以上,县断定,送州覆审讫,徒罪及流应决杖、笞者应赎者即决配征赎。其大理寺及京兆、河南府断徒及官人罪并后有雪减,并申省,省司覆审无失,速即下知;如有不当者,随事驳正。若大理寺及诸州断流以上,若除、免、官当者,皆连写案状申省,大理寺及京兆、河南府即封案送。若驾行幸,即准诸州例,案覆理尽申奏。"参见刘俊文:《唐律疏议笺解》,中华书局 1996 年版,第 2065—2066 页。

其二，《嘉祐禄令》。这是一部针对百官俸禄的法律规定，将职官俸禄分为四十一等，《嘉祐禄令》中对官员的俸禄设计体现了北宋中前期官制的特点，以本官决定官员的俸禄。此外在整个俸禄构成中除料钱之外，亦有衣赐等物。《嘉祐禄令》的颁布不仅是对前期中国古代职官俸禄的一次总结，更是标志着一种发展和进步。

其三，《庆元令》。这些法律规定集中体现在《庆元条法事类》中，在这些法律条文中既可看到对北宋前期法律条文的继承，亦可看到南宋时期法制的发展。一是继承性。比如对比《天圣令》① 和《庆元条法事类》卷第九《职制门六·馈送》② 中之规定，都是对外任官之亲戚、宾客的限制性规定，以防止其利用官员的影响力而犯罪。二是发展性。又如对比《天圣令》③ 和《庆元条法事类》卷第七十三《刑狱门三·决遣》④ 中之规定，虽然都是规定了大辟的司法审、报程序，但是《庆元条法事类》中明显是有一种层层集权的意味渗透其中，先集中于路级提点刑狱司，然后再由提点刑狱司向尚书刑部申报，更加趋于合理，权力划分更为集中，体现了地方州县死刑权归于路级，再由路级向中央申报的层层管理模式。

---

① 《天圣令》中规定："诸外官亲属经过，不得以公廨供给。凡是宾客，亦不得于百姓间安置。"参见《天一阁藏明钞本天圣令校证：附唐令复原研究》，天一阁博物馆、中国社会科学院历史研究所天圣令整理课题组校证，中华书局 2006 年版，第 373 页。

② 《庆元条法事类》卷第九《职制门六·馈送》中规定："诸任外官者，亲戚经过，不得以公使例外供给，凡宾客亦不得令于民家安泊。"参见［宋］谢深甫等修：《庆元条法事类》，戴建国点校，载杨一凡、田涛主编《中国珍稀法律典籍续编》第一册，黑龙江人民出版社 2002 年版，第 169 页。

③ 《天圣令》中规定："诸决大辟罪，在京者，行决之司一覆奏，得旨乃决。在外者，决讫六十日录案奏，下刑部详覆，有不当者，得随事举驳。其京城及驾所在，决囚日，内教坊及太常并停音乐。外州决囚日，亦不举乐。"参见《天一阁藏明钞本天圣令校证：附唐令复原研究》，天一阁博物馆、中国社会科学院历史研究所天圣令整理课题组校证，中华书局 2006 年版，第 327 页。

④ 《庆元条法事类》卷第七十三《刑狱门三·决遣》中规定："诸州大辟案已决者，提点刑狱司类聚，具录情款、刑名及曾与不曾驳改并驳改月日有无稽留，季申尚书刑部。（诸州岁终仍别类聚决过大辟都数，限五日依式申提点刑狱司，本司类聚，限十日依式申尚书刑部。）"参见［宋］谢深甫等修：《庆元条法事类》，戴建国点校，载杨一凡、田涛主编《中国珍稀法律典籍续编》第一册，黑龙江人民出版社 2002 年版，第 746 页。

（二）（编）敕、格、式

1.（编）敕

（编）敕是指帝王在特定时间，针对特定的人或事应时而颁之诏敕，这些诏敕随着时间的推移而不断增多，因而需要分门别类予以归纳梳理、编纂。由于这些帝王诏敕产生的背景较为特殊，主要针对的是特定群体和特定事由，因而不具有广泛的适用性，但仍具有法律效力。此外，由于这些（编）敕大多适应当时之需，是故具有法律效力上的优先性，但（编）敕的产生并不意味着原有法典的废行。

两宋的（编）敕活动非常频繁，尤其集中在北宋中前期。在这些（编）敕之中，大体可分为两种类型，简要说明如下：

其一，综合性的。这些（编）敕的内容涵盖多方面，涉及职官法的内容亦是非常翔实丰富的。至神宗时期推行变革，对官制的影响更为巨大。值得注意的是，这些（编）敕的内容和数量是呈不断上升趋势的，从立国之初的第一部编敕《建隆编敕》起至《元丰编敕》，数量可谓倍数增加①。

其二，一是针对中央机构的部门（编）敕。比如《景德三司编敕》三十卷、《景德三司新编敕》十五卷，规定了作为全国最高的财政机构的三司的法律权力和责任。《审官东院编敕》和《审官院编敕》十五卷，审官院和审官东院执掌京朝官铨选考课等诸多事宜，熙宁三年（1070年）改审官院为审官东院，因此这两部（编）敕主要以法律形式规定了中央人事机构的职责等。二是针对路级监司机构的编敕。转运司作为北宋第一个率先设立的路级行政机构，《转运司编敕》亦成了北宋第一部地区性质的法律规范。三是比如《一州一县新编敕》五十卷、《一司一路编敕》三十卷，使各州县"因其所宜"②，因地立法，形成

---

① 史载："太祖之时，谓建隆敕者不过数百条，而天圣编敕则倍于建隆，庆历编敕又倍于天圣，嘉祐编敕复倍于庆历。至于熙宁、元丰之敕乃益增多于嘉祐几千条。"参见曾枣庄、刘琳主编《全宋文》第一百一十册，上海辞书出版社、安徽教育出版社2006年版，第291页。

② ［宋］李焘：《续资治通鉴长编》卷二百二十四，中华书局2004年版，第5446页。

了"一州、一县、一司、一务"① 均有法律规定的网格化法制架构。总的来说,这种上自中央、下至地方,涉及行政机构和行政区域的(编)敕行为,将全国范围内的行政事务统统以法律的形式予以规定,使行政事务的运行必须合规于既定的法律框架之内,限缩了地方及官员的自由裁量权,更有利于中央集权的实现。

2. 格

到了两宋时期,格的性质发生了翻天覆地的变化,内容规定由综合性变为量化性、细则性,且主要规定了行政法律之内容。两宋时期的格主要有"开宝年间的《长定格》三卷,《元丰新修国子监大学小学元新格》十卷"② 等。与职官法内容相关的主要有如下几个方面:

其一,规定职官赏罚,主要为赏罚格。比如体现赏赐规格的,《庆元条法事类》卷第十六《文书门一·诏敕条制》中规定:"被敕书奖谕,升半年名次。"③ 也就是说,如果受到了敕书之奖谕,则可获得的赏赐规格为"升半年名次"④。而在《吏部条法·差注门一》⑤ 中,集中规定职官赏罚。

其二,规定职官铨选,主要有荐举格等。比如《庆元条法事类》卷第十四《选举门一·改官关升》⑥ 中,就对不同级别官员荐举人数有具体规定。

其三,规定职官考课,主要为考课格。比如《庆元条法事类》卷第五《职

---

① [宋] 李焘:《续资治通鉴长编》卷二百四十七,中华书局 2004 年版,第 6006 页。

② 参见 [元] 脱脱等:《宋史》卷二百四,中华书局 1985 年版,第 5139—5142 页。

③ [宋] 谢深甫等修:《庆元条法事类》,戴建国点校,载杨一凡、田涛主编《中国珍稀法律典籍续编》第一册,黑龙江人民出版社 2002 年版,第 337 页。

④ [宋] 谢深甫等修:《庆元条法事类》,戴建国点校,载杨一凡、田涛主编《中国珍稀法律典籍续编》第一册,黑龙江人民出版社 2002 年版,第 337 页。

⑤ 参见《吏部条法》,刘笃才点校,载杨一凡、田涛主编《中国珍稀法律典籍续编》第二册,黑龙江人民出版社 2002 年版,第 9—11 页。

⑥ 《庆元条法事类》卷第十四《选举门一·改官关升》中规定:"岁举承直郎以下改官:前宰相、执政官,五人。诸路安抚使及带安抚并主管本路安抚司公事知州者,三人。知州,一十五县六人;一十一县五人;八县四人;四县三人;三县以下二人,无县处一员。"参见 [宋] 谢深甫等修:《庆元条法事类》,戴建国点校,载杨一凡、田涛主编《中国珍稀法律典籍续编》第一册,黑龙江人民出版社 2002 年版,第 296 页。

制门二·考课》"考课格"① 内，含有对监司、知州、县令的考课规定。

其四，规定行政机构设置及职能的，主要为：一是中央行政机构的《中书省格》《尚书省格》《枢密院格》《三省通用格》《三省枢密院通用格》《吏部格》《户部格》等；二是地方行政机构的《诸路州县格》《两浙福建路格》等。

3. 式

北宋初期至元丰改制前，式仍沿袭唐、五代的基本特征和属性，元丰改制后至南宋末年，式开始演变为国家具体的公文程式。其中较为系统地涉及式的内容的法律规定主要体现在《庆元条法事类》中，现将其中与职官相关的"式"整理如下，见表1-1：

表1-1 《庆元条法事类》中与职官相关的"式"②

出处		"式"之名目	"式"之内容
卷第五	职制门二·到罢	职制式	诸州通判申阙官状
			帅司监司属官申阙官状
	职制门二·考课	考课式	监司互申考课
卷第六	职制门三·批书	考课式	命官批书印纸
			殿试（下班祗应同下文准此）批书印纸
			副尉批书差遣功过
			进义进武副尉犯罪批书
	职制门三·朝参赴选	职制式	文武官射阙状
		杂式	保官状
卷第七	职制门四·寄居待阙	职制式	供寄居承直郎以下状
	职制门四·保官	杂式	保官状
	职制门四·监司巡历	职制式	监司岁具巡按奏状

---

① 参见［宋］谢深甫等修：《庆元条法事类》，戴建国点校，载杨一凡、田涛主编《中国珍稀法律典籍续编》第一册，黑龙江人民出版社2002年版，第68—70页。

② 数据来源：［宋］谢深甫等修：《庆元条法事类》，戴建国点校，载杨一凡、田涛主编《中国珍稀法律典籍续编》第一册，黑龙江人民出版社2002年版。

续表1-1

出处	"式"之名目	"式"之内容
	职制门九·恩泽	荐举式	陈乞僧道紫衣师号状
卷第十二	职制门九·荫补	荐举式	太中大夫以上遇大礼乞荫补状
			中大夫至中散大夫遇大礼乞荫补状
			朝议大夫至带职朝奉郎初遇大礼乞荫补状
			朝议大夫至带职朝奉郎隔遇大礼乞荫补状
			右武大夫以上遇大礼乞荫补状
			诸卫大将军武功至武翼大夫遇大礼乞荫补状
			诸卫将军正侍至武翼郎遇大礼乞荫补状
			中大夫至带职朝奉郎通侍大夫至武翼郎遇大礼乞荫补家状
			荫补亲属家状
			中大夫至带职朝奉郎遇大礼乞荫补格目状
			通侍大夫至武翼郎遇大礼乞荫补格目状
			中大夫至带职朝奉郎遇大礼乞荫补保官状
			通侍大夫至武翼大夫（团练使至开府仪同三司奏异姓亲同）遇大礼乞荫补保官状
			诸卫将军正侍至武翼郎遇大礼乞荫补保官状
			保明中大夫至带职朝奉郎以上遇大礼乞荫补状
			保明武翼郎以上遇大礼乞荫补状
			朝奉郎以上乞致仕荫补奏状
	职制门九·封赠	封赠式	文武升朝官遇恩乞封赠状

续表1-1

出处		"式"之名目	"式"之内容
卷第十三	职制门十·磨勘升改	考课式	承务郎以上及使臣磨勘家状
			保明副尉陈乞磨勘状
			命官关升家状
	职制门十·叙复	职制式	叙用家状
			叙用状
卷第十四	选举门一·荐举总法	职制式	监司岁具巡按奏状
	选举门一·改官关升	荐举式	举承直郎以下改官及从政郎以下充从事郎以上状
			举迪功郎充县令状
	选举门一·升陟	荐举式	举朝请大夫以下充升陟任使状
			举使臣校尉充升陟任使状
	选举门一·文学注官	荐举式	举文学注官状
	选举门一·十科	荐举式	应职事官自尚书至权侍郎寄禄官自特进至太中大夫职自观文殿大学士至待制荐举十科状（武臣荐十科依此）
卷第十五	选举门二·举武臣	荐举式	举小使臣充阁门祗候状
	选举门二·试武艺	选试式	试武艺人家状
			试武艺人合保状
			将校职员保识武艺人状
	选举门二·试换官资	选试式	试换武职射亲
	选举门二·举辟	荐举式	举文武官差遣状
			举辟官命差遣状前贴黄
卷第十六	文书门一·文书	文书式	平阙；表；奏状；状；牒；关；符；贴；晓示；都簿
		职制式	勾销承受簿
卷第十七	文书门二·毁失	杂式	保去失状
			州军保奏官员去失状
卷第二十八	榷禁门一·榷货总法	赏式	保明捕获榷货酬赏状

续表1-1

出处		"式"之名目	"式"之内容
卷第二十九	榷禁门二·私铸钱	赏式	保明命官任满获私铸钱酬赏状
		考课式	批书巡捕官任内失觉察及获私铸钱
卷第三十	财用门一·上供	仓库式	起发上京供年额钱物状
			无额上供钱物状
			诸路转运等司稽考上供钱物簿
	财用门一·经总制	场务式	提点刑狱司申起发收支经制钱物账
			提点刑狱司申起发收支总制钱物账
卷第三十一	财用门二·封桩	仓库式	朝廷封桩钱物账
			封桩禁军阙额请给账
			封桩禁军阙额请给审考账册
			仓库封桩提点刑狱司钱物都历
		给赐式	封桩禁军阙额请给旁
			封桩禁军阙额请给关状
	财用门二·应在	赏式	保明开破应在官物酬赏状
卷第三十二	财用门三·理欠	理欠式	欠账
			遇赦保明放欠状
		赏式	保明理欠官催纳分数酬赏状
	财用门三·鼓铸	赏式	保明铸钱监官酬赏状
		场务式	转运司申铸钱计账
			诸州铸钱监申铸钱物料账
卷第三十六	库务门一·场务	场务式	州县场务收支历（起置历头依常式）
			税务印

续表1-1

出处		"式"之名目	"式"之内容
卷第三十七	库务门二·籴买粮草	赏式	保明籴买粮草官酬赏状
	库务门二·给纳	仓库式	诸州申钱帛账
			转运司申钱帛计账
			杂物账
			收支见在钱物状
			诸州申粮草账
			转运司申粮草计账
			比价粮草收支状
		文书式	刺账
	库务门二·勘给	给赐式	勘给旁历背缝木印
卷第四十七	赋役门一·受纳税租	赋役式	输纳税租钞
			人户纳畸零税租凭由
	赋役门一·税租簿	赋役式	税租等第产业簿长印
			夏秋税租簿
卷第四十八	赋役门二·税租账	赋役式	诸州申夏秋税管额账
			转运司申夏秋税管额计账
			诸州申夏秋税纳毕账
			转运司申夏秋税纳毕计账
			诸州比较税租账
			转运司比较税租账
			刺账
			单账
	赋役门二·簿账欺弊	赏式	保明磨勘出税租亏失酬赏状
	赋役门二·预买绸绢	（缺）	请预买绸绢钱保状
卷第五十二	公吏门·解试出职	荐举式	发解年满都知兵马使状
卷第七十三	刑狱门三·决遣	断狱式	断过大辟人数
	刑狱门三·推驳	赏式	保明推正驳正入人死罪酬赏状
			保明推正县解死罪酬赏状

续表1-1

出处		"式"之名目	"式"之内容
卷第七十八	蛮夷门·归明恩赐	杂式	叙归明乞恩泽保官状
	蛮夷门·归明附籍约束	户式	归明人账
		杂式	保官状
			保去失状

至南宋时期，式的种类繁多，与职官相关的"式"亦非常之多，并且很多式的内容与令相协调，对应编纂，更有利于式、令作用的相互补充。

（三）皇帝诏、敕、御笔等

为稳固政权统治，两宋皇帝所颁诏、敕、御笔等中所涉及的内容范围是非常广泛的，受诏敕调整的社会关系也非常庞杂，其中涉及职官管理的诏敕亦不胜枚举，这主要是因为巩固政权统治离不开整个职官体系的高效运转。北宋九朝的帝王诏令主要集中体现在《宋大诏令集》之中，其余散见于《宋史》《续资治通鉴长编》等古籍之中。

以《宋大诏令集》为例，卷第一百六十至卷第一百六十四主要收集了与官制相关的诏令，卷第一百六十五至卷第一百六十六是关于荐举的诏令，卷第一百七十八收录了关于职官休假和俸赐的诏令。比如关于官制的有建隆三年（962年）十二月颁布的《置县尉诏》，开宝三年（970年）八月的《省官诏》，淳化四年（993年）五月颁布的《置三司使诏》，庆历三年（1043年）颁布的《任子诏》，庆历五年（1045年）颁布的《罢京朝官迁官保任诏》等；关于荐举的有淳化四年（993年）闰十月颁布的《约束荐官诏》，天圣七年（1029年）颁布的《举县令诏》，治平四年（1067年）十一月颁布的《令内外举所知诏》等；关于俸赐的有乾德四年（966年）七月颁布的《复置俸户诏》，开宝四年（971年）十一月颁布的《幕职官置俸户诏》，大中祥符五年（1012年）十一月颁布的《定百官俸诏》，景祐三年（1036年）颁布的《致仕官给俸诏》等。

值得注意的是，御笔亦是皇帝诏令的一种特殊形式，但是皇帝御笔不经中书，亦不交门下省覆审，而是由皇帝亲自书写后，交由相关部门执行。也就是说，相较于一般诏敕而言，御笔更是代表着帝王圣意，更不经立法程序的约束。徽宗一朝的御笔非常多，比如大观二年（1108 年）三月十五日颁布的《寄禄官不分左右御笔》，政和二年（1112 年）九月二十五日颁布的《新定三公辅弼御笔手诏》，政和七年（1117 年）十二月十日颁布的《臣僚上言内外官以三年为任御笔》，政和八年（1118 年）三月五日颁布的《监司郡守自今三载成任不许替成资阙诏》等，这些御笔对职官体系的调整是非常具体入微的。至南宋时期，御笔亦是层出不穷。

总的来说，为稳固政权统治的需要，皇帝诏令、御笔等集中体现圣意的立法方式出现得更为频繁，这些圣意对官制的调整事无巨细，一方面表明圣意渗透于职官管理的各个方面，另一方面亦展现了帝王诏令对职官建设发挥着举足轻重的作用。而通过对违反诏令、御笔的行为的处罚性规定，更进一步夯实了皇权的不容违逆性。

（四）申明

申明主要分为三种形式，分别为"申明刑统、随敕申明和申明指挥"[①]。其中申明刑统[②]主要是对《宋刑统》所作的官方版补充解释。随敕申明又为申明敕，始创于王安石时期，现存于世的内容主要来源于《庆元条法事类》和《吏部条法》之中，随敕申明又分为两种类别：一是对现存法律规范的解释、说明

[①] 谢波、余清清：《宋代"申明"考析》，《贵州师范学院学报》（社会科学）2010 年第 2 期，第 19 页。

[②] 史载："《刑统》颢开宝、元符间申明订正，凡九十二条，目曰《申明刑统》。"参见 [清] 沈家本：《历代刑法考》，邓经元、骈宇骞点校，中华书局 1985 年版，第 1019 页。

或补充①；二是"虽难以立为永法，合权行存留照用"②，比如《庆元条法事类》卷第七《职制门四·监司知通按举》"随敕申明"③ 中的内容。申明指挥则多为对原律文所进行的一种修正。总的来看，申明这一法律形式应时而出，可以随时通过申明来完成对法律条文的解释，为应对频繁的立法活动、保证法的灵活性和稳定性提供了重要保证。

（五）例

两宋时期的例种类繁多，有"狭义例、条例、断例、则例、体例、格例、旧例和事例等"④。例的法律地位逐渐提高，崇宁年间，甚至一度形成"法所不载，然后用例"⑤ 的局面。

同时，中国古代判例法在两宋时期获得了重要发展，根据《续资治通鉴长编》卷六十六记载⑥，我们在邵晔因荐举连坐而是否应夺一官的争论中可以看出两点：

一是以断例决狱自北宋初年已经开始存在于司法实践活动之中了。邵晔因

---

① 《庆元条法事类》卷第七十三《刑狱门三·检断》"随敕申明"中规定："本所照得上件指挥，昨系淳熙七年六月十三日指挥，看详止系解释法意。窃虑州军检断疑误，今随门编入随敕申明照用。"参见［宋］谢深甫等修：《庆元条法事类》，戴建国点校，载杨一凡、田涛主编《中国珍稀法律典籍续编》第一册，黑龙江人民出版社 2002 年版，第 742 页。

② ［宋］谢深甫等修：《庆元条法事类》，戴建国点校，载杨一凡、田涛主编《中国珍稀法律典籍续编》第一册，黑龙江人民出版社 2002 年版，第 131 页。

③ 《庆元条法事类》卷第七《职制门四·监司知通按举》中规定："本所看详上件指挥，系为分遣统兵官屯戍与所在州官序位，及有违法许守臣监司按举等事理，虽难以立为永法，合权行存留照用。"参见［宋］谢深甫等修：《庆元条法事类》，戴建国点校，载杨一凡、田涛主编《中国珍稀法律典籍续编》第一册，黑龙江人民出版社 2002 年版，第 131 页。

④ 胡兴东：《宋代判例问题考辨》，《云南师范大学学报》（哲学社会科学版）2016 年第 1 期，第 115 页。

⑤ ［元］脱脱等：《宋史》卷一百九十九，中华书局 1985 年版，第 4964 页。

⑥ 史载："兵部员外郎邵晔尝保荐光禄寺丞李随迁著作佐郎，坐赃除名为民，大理寺以晔连坐当夺一官，审刑院驳之云：'当用正月德音减降。'大理寺以随事发虽在德音前，而官典受赇不在恩宥之限。审刑院言：'是春刑部员外郎郑文宝坐举张舜举当徙大理，引德音降从杖，晔当如其例。'诏刑部尚书温仲舒等议其事，具言晔洎文宝皆不当减。知审刑院朱巽屡于上前自诉，上以语辅臣王旦等，旦曰：'晔因随得罪，随不该减削，晔亦不在原降之例。今朝廷举官者甚众，若遇赦悉免，则是永无连坐之法矣。'上以晔近自岭表还，故从轻典，止诏停任，法官皆坐罚。"参见［宋］李焘：《续资治通鉴长编》卷六十六，中华书局 2004 年版，第 1482—1483 页。

其保举的李随在任期间犯坐赃之罪而被除名为民，因而受荐举连坐之罚，大理寺判定应夺一官，但是审刑院却认为应以郑文宝荐举连坐，因德音而从徒刑降为杖刑为例，减降处罚。这说明以断例决狱的观念已经开始渗透在司法实践之中了。

二是断例决狱未干犯到帝王对司法权的掌控。上述例子中可以看到帝王对司法权干犯的两处影子。一是郑文宝因荐举连坐按罪"当徒大理"，却因皇帝德音从徒降为杖；二是因邵晔一案，大理寺、审刑院以及辅臣王旦各抒己见，却被真宗皇帝一语定乾坤，以邵晔刚从岭表归还为由，从轻典，改为停任。也就是说，即使用例断案，但是皇帝的乾纲独断是具有最高权威性的，不容他人置喙，亦具有最高的司法决定权，这种以帝王意志为最终归属的司法特性也是人治社会的必然。

二、由北宋至南宋，职官法内容的变化及原因

由北宋至南宋，对于职官法的规定经历了一个不断丰富和发展的过程，造成这种变化的原因有如下几点。

其一，国初完善职官法的条件并不成熟。北宋立国初期，国家百废待兴，有诸多矛盾与问题都亟待解决，因此，职官法的内容多因袭唐律，以及来自从唐到宋初所颁布的敕令与起请。

其二，由北宋发展到南宋，国家面临的问题越发多且突出、集中，而职官作为治国理政之重要一端，是君主治理国家之强有力的工具，因此只有加强对职官的管理才能更好地实现国家发展。同时，法律应具有与社会的适应性，职官法在一定时期内看来是"相对完备"的，当社会不断发展时，因不断出现的各种问题，吏治、吏风以及国家对职官要求的不断变化，意味着需要不断丰富职官法内容，来适应不同时期对职官的管理，从而达到"对病下药"的目的。这就要求职官法不断地丰富和发展。

其三，职官法设计的原则要求不断优化职官法的内容。从北宋至南宋，宋

廷面临的问题越来越多，国家内部农民起义不断冲击着政权统治，外部的劲敌虎视眈眈。面对内忧外患，对职官的管理更加需要以防范和优遇并重的方法，加强中央集权。随着国势日衰，君主对于职官的掌控欲望就越强，对于职官的防范就越密，但同时又担心职官在高压之下站在君主的对立面，所以又要优遇。此外，在重文轻武的指导下，君主对于军队、武将的防控也是越发细致入微的。

现将《宋刑统》和《庆元条法事类》中有关职官法的内容进行对比如下，以期从中发现职官法的变化性。

其一，职官考课内容的变化。《宋刑统》颁布于北宋立国初期，可谓百废待兴。国家要想获得发展，亟须增益户口，劝课农桑。在古代中国，人是最重要的劳动力，只有保证了人口的增长，才能发展农业生产，而只有农业生产获得保障，整个国家才能够持续运行。因此，在《宋刑统》① 中增加了对职官是否能够保证"户口增益"和"劝课田农"的内容，也反映了北宋初期的主要任务。到了南宋时期，对职官的考课内容发生了变化，这种变化主要体现在三个方面：一是要求职官严格奉行手诏。比如对于监司考较的首条就是考察在奉行手诏的过程之中有无违戾的行为。二是着重对职官经济的考核。比如在对监司的十五项统一考核标准之外，对提举常平司的考核就提出了对免役钱的收支情况的内容，场务净利与从前相比较的增亏情况。三是将养葬情况列入知州县令的考核内容中。比如在考核州县守令的内容中，最后一"最"就是"养葬之最"。② 产生这三方面变化的主要原因是：一是到了南宋时期，吏治败坏情况严重，职官对上一套、对下又是一套的做法比比皆是，国家好的政令无法得到真正的落实；二是国家财政紧缩的状况至南宋更为严

① "【准】考课令，诸州县官人抚育有方，户口增益者，各准见在户为十分论，加一分，刺史、县令各进考一等，每加一分进一等。其州户不满五千，县户不满五百，各准五千、五百法为分。若抚养乖方，户口减损者，各准增户法亦减一分降一等，每减一分降一等。其有劝课田农，能使丰殖者，亦准增户法见地为十分论，加二分各进考一等，每加二分进一等。其有不加劝课以致减损，一分降考一等，每损一分降一等。若数处有功，并应进考者，亦听累加。"参见［宋］窦仪等：《宋刑统》，吴翊如点校，中华书局1984年版，第146页。

② "监司考较事件十五条；知州县令四善四最。"参见［宋］谢深甫等修：《庆元条法事类》，戴建国点校，载杨一凡、田涛主编《中国珍稀法律典籍续编》第一册，黑龙江人民出版社2002年版，第68—70页。

重，宋廷通过加大对职官财政经济方面的考核力度的方法，保证国库充盈，有钱可用；三是宋廷南迁之后，由北至南流亡而来的百姓非常多，很多人流离失所，无家可归，再加上天灾等不利的自然因素，流民和故亡者日多。因此保证亡故者能够入土为安、不引发传染疾病，流民能够恢复耕作，是地方职官稳定基层社会的重要举措。

其二，对职官的处罚更进一步宽贷。在对职官赴任过限的规定中，《宋刑统》的最高刑为"徒一年"①，而《庆元条法事类》中的最高刑却为"杖一百"②，由徒刑降到了杖刑。受对职官优遇的影响，自北宋立国初期，《宋刑统》中对于职官的处罚规定，就较之《唐律疏议》的内容有所放宽，及至南宋时期，更是在《宋刑统》的基础之上，进一步对职官宽贷。这种变化，显然与越发严密的职官法内容不相协调，却实实在在体现着对士大夫的宽容。然而也正是这种法密而宽贷的矛盾，使得越到南宋中后期，吏治败坏的情况越发严重，职官有恃无恐地触碰法律底线的行为越多，而这也不失为造成南宋灭亡的一个重要原因。

其三，加强对地方职官的防范，尤其是与"武"相关的问题。关于"泄密"，相较于《宋刑统》③之规定，在《庆元条法事类》④中不仅进一步细化分类了泄密的内容，而且对于军马粮草数、军机情况、部队防城工事和城中储备

---

① ［宋］窦仪等：《宋刑统》，吴翊如点校，中华书局1984年版，第148页。

② ［宋］谢深甫等修：《庆元条法事类》，戴建国点校，载杨一凡、田涛主编《中国珍稀法律典籍续编》第一册，黑龙江人民出版社2002年版，第52页。

③ "诸漏泄大事应密者绞，（大事谓潜谋讨袭及收捕谋叛之类。）非大事应密者徒一年半。漏泄于蕃国使者加一等。仍以初传者为首，传至者为从。即转传大事者杖八十，非大事勿论。"参见［宋］窦仪等：《宋刑统》，吴翊如点校，中华书局1984年版，第154页。

④ "诸听探、传报、漏泄朝廷机密事若差除，（差除，谓未出尚书省、枢密院者。）流二千五百里，主行人有犯，加一等，并配千里；非重害者，徒三年，各不以荫论。即传报实封申奏应密文书并撰造事端腾报惑众者，并以违制论。以上事理重者，奏裁，各许人告；于事无害者，杖八十。……诸军马数，非朝廷取会及供报者，各杖一百。其缘边粮草数，非朝廷尚书户部、转运司取及辄报者，准此。诸军马粮草数及事干机密应行文书而不实或漏泄者，杖一百。军马机密事辄下司者，罪亦如之。诸缘边机密文书辄下司行遣者，流三千里。诸军机密速文书不于合处投下者，杖一百。诸军马甲仗若防城、备城物数辄漏泄者，徒二年。诸臣庶言事不应传播而辄漏泄者，杖一百，奏裁。"参见［宋］谢深甫等修：《庆元条法事类》，戴建国点校，载杨一凡、田涛主编《中国珍稀法律典籍续编》第一册，黑龙江人民出版社2002年版，第145—146页。

情况的泄密都予以严惩，最高可处流刑。此外，在"擅离职守"中，相较于《宋刑统》①，《庆元条法事类》②区别处罚"普通之官""主兵之官""缘边主兵官"在无故的情况下的擅离职守，并呈逐渐加重处罚之势。同时对于主掌兵士的武官，在无故出城的情况下，处杖一百的处罚。从这些法律条文的变化可以看出，南宋时期，尤重对武臣武事的防范力度。原因有二：一是至南宋时期，外敌侵扰更是频繁，战事更多。北宋初年沿袭唐制的原因是防范地方职官私自旷职而出，结交朋党，形成地方势力，而至南宋时期，对职官尤其是地方掌武事的职官、武臣的防范重点就更侧重于防止他们拥兵自立，形成如唐末五代般的地方割据势力。可以看出，也正是得益于这种防范之策，南宋虽国势大不如北宋，但并没有因南迁而发生地方割据和武人专权。二是遵从北宋一以贯之的重文轻武之策，这种轻武并不是轻蔑武臣，而是从内心深处对武臣的大加设防，从太祖以后周武将身份夺权始，这种对武臣的防范就变得更为根深蒂固了起来，因此南宋时期对掌武事者的防范，其实也是对北宋的一种继承和细化。

其四，加强思想防控。虽然自唐朝起就有对"私有禁书与私习天文"的规定和处罚方式，《宋刑统》③在《唐律疏议》的基础之上虽有增加，但大体相

---

① "诸刺史、县令、折冲、果毅私自出界者，杖一百。（经宿乃坐）"参见［宋］窦仪等：《宋刑统》，吴翊如点校，中华书局1984年版，第146页。

② "诸在官无故亡，（擅去官守亦同亡法。）计日轻者，徒二年，有规避或致废阙者，加二等；主兵之官，各加一等；缘边主兵官，又加二等。统辖官司知而听行者，减犯人一等。（不从计日之坐。）诸主兵武臣，非公事出城者，杖一百。诸监司属官，辄离本司出诣所部者，徒二年。"参见［宋］谢深甫等修：《庆元条法事类》，戴建国点校，载杨一凡、田涛主编《中国珍稀法律典籍续编》第一册，黑龙江人民出版社2002年版，第160页。

③ "【准】周广顺三年九月五日敕节文，今后所有玄象器物、天文图书、谶书、七曜历、太一雷公式，私家不得有及衷私传习，如有者并须焚毁。其司天监、翰林院人员并不得将前件图书等，于外边令人看览。其诸阴阳卜筮、占算之书不在禁限。所有每年历日，候朝廷颁行后，方许私雕印传写，所司不得预前流布于外，违者并准法科罪。"参见［宋］窦仪等：《宋刑统》，吴翊如点校，中华书局1984年版，第156页。

沿。至南宋时期，根据《庆元条法事类》^① 中的规定，即使是传写国史、实录之人，也要受到法律处罚，这就明显是从单一地对星象学范畴的"禁"，扩大到了事关国家历史等的"禁"。同时，对在司法审断案件的过程之中应禁之书，一并应由知、通亲自随案实封上奏。这样一来，对于"禁"的范围明显扩大了。古代社会，天文星象中可能涉及国运等重要机密，一旦脱离君主的掌控，就会有妖言惑众的可能，威胁政权统治。同时，到南宋时期，对于国史、实录的传写等事关国家之事的记载，均被提升了高度，列入了"禁"的名单之中，这样一来，就更易形成"一家之言"的垄断局面，更容易左右民众的思想，从而保证统治根基的不动摇。如果说秦始皇以焚书的形式灭百家之言，那么及至南宋，便是以"禁书"的形式成一言堂。

其五，详化荐举中的责任互保。建立责任互保的关系网一直是两宋荐举的重要着眼点。《宋刑统》^② 中规定，对担保人的处罚要比照被保者的犯罪行为减等处罚，同时规定了三种情况下的处罚：一是"保任不如所任"^③；二是被保之人的犯罪行为涉及赃物；三是虚假借用他人姓名为保。同时，还应看到，该法律条文的规定并不只局限于在荐举中的连坐保任，而是适用于所有担保行为。

---

① "诸私有天象器物、天文图书、谶书、兵书、太一雷公式、星曜、历算、占候、六壬遁甲、气神、轨限之书，（三略、六韬司马法、孙吴、尉缭子、李卫公问对、历代史志、通典及常行卜筮之书非。）或私习者，各流三千里，虽不全成，堪行用者，减三等，不堪行用者，又减三等。（非天象器物、天文、图谶、兵书而不涉国家休咎及用兵之事者，虽堪行用不坐。）内图书、谶书，许人告。以上因私习经断而复行其术者，还依私习之法。诸雕印御书、本朝会要、及言时政、边机文书者，杖八十，并许人告。即传写国史、实录者，罪亦如之。诸私习天文已精者，未得论决，监送秘书省，瞽者不在送限。诸鞫狱有应禁文书，知州、通判躬亲实封随案奏。即案虽不应奏，其文书准此。"参见［宋］谢深甫等修：《庆元条法事类》，戴建国点校，载杨一凡、田涛主编《中国珍稀法律典籍续编》第一册，黑龙江人民出版社2002年版，第376—377页。

② "诸保任不如所任，减所任罪二等。即保赃重于窃盗，从窃盗减。若虚假人名为保者，笞五十。"参见［宋］窦仪等：《宋刑统》，吴翊如点校，中华书局1984年版，第403页。

③ ［宋］窦仪等：《宋刑统》，吴翊如点校，中华书局1984年版，第403页。

至南宋时期，在《庆元条法事类》①中有专门对荐举保任行为的法律规定，且对应召保官之人所保不实的行为，与"犯人同罪"②，在看似对举主加重处罚的背后，却有"罪止徒二年"③的限制。此外，在南宋时期细化了举主的责任，针对所保之事为改官、充任、关升资序、转官等的不同，而对举主施以不同的处罚规定，同时，在这些分类中区分被举者的主观故意性，与犯罪的公罪、私罪性质，若是被举者"非故犯私罪"④，则举主不受连带责任的处罚。并且，《庆元条法事类》⑤中还对荐举中互相买卖交易举状的行为和贿赂的行为作了处罚性规定。可见，由北宋至南宋，对于职官在荐举中的规定更细化，也更有针对性，进一步表明了荐举在职官铨选中的重要地位。

其六，细化职官责任。在"防范火灾"的规定中可以看到，对于职官责任

---

① "诸命官应召保官而所保不实者，与犯人同罪，罪止徒二年。""诸举清要官（谓举充御史、閤门祗候之类。）及举充县令若差从事郎以上，并改官者用所举已充其任者，若犯入己赃，举主与同坐，（犯赃应除、免若赃轻以除、免比罪而坐奏举者，听依私罪法减等。）至死者，减一等，私罪徒以上，减二等。举改官或从事郎以上而止升资序，若举其他职任，（申差、奏差与奏举同。余条奏辟、奏举职任不言申、奏差者，准此。）并泛言升陟，（谓充清要若将领任使及钱谷、刑狱亲民之类。）已用所举关升资序，或转官及奏恩泽文学已注官者，各又减一等，其用举主差注入官，又减二等。（用泛举升陟而得关升者，自监当入亲民，亲民升通判，通判升知州，各于所升及虽用所举差注入官，非升资序者，于所差若举其他职任者，于所举任内有犯乃坐。）其因别敕奏举擢用者，止坐别敕奏举之官。以上被举官非故犯私罪，举主不坐。"参见 [宋] 谢深甫等修：《庆元条法事类》，戴建国点校，载杨一凡、田涛主编《中国珍稀法律典籍续编》第一册，黑龙江人民出版社 2002 年版，第 114、288 页。

② [宋] 谢深甫等修：《庆元条法事类》，戴建国点校，载杨一凡、田涛主编《中国珍稀法律典籍续编》第一册，黑龙江人民出版社 2002 年版，第 114 页。

③ [宋] 谢深甫等修：《庆元条法事类》，戴建国点校，载杨一凡、田涛主编《中国珍稀法律典籍续编》第一册，黑龙江人民出版社 2002 年版，第 114 页。

④ [宋] 谢深甫等修：《庆元条法事类》，戴建国点校，载杨一凡、田涛主编《中国珍稀法律典籍续编》第一册，黑龙江人民出版社 2002 年版，第 288 页。

⑤ "诸荐举交相贸易举状者，杖一百，若因贿赂而与者，自依荐举受财法。"参见 [宋] 谢深甫等修：《庆元条法事类》，戴建国点校，载杨一凡、田涛主编《中国珍稀法律典籍续编》第一册，黑龙江人民出版社 2002 年版，第 289 页。

的划分由北宋至南宋更为细化。《宋刑统》① 中只是较为笼统地规定了皇家墓区失火，官库藏、敖仓内燃火，官府房院与仓库之内"失火"，以及见火起后应告未告、应救未救的处罚。至南宋时期，《庆元条法事类》② 中，规定了都监、通判、知州、县丞、县尉等职官在面临失火时的应尽之责，以及未尽责后的处罚。也就是说，从北宋至南宋，对职官责任的划分更为细致，处罚也更易落实。

其七，对职官经济犯罪的规定更为细密。重视对职官经济犯罪的防范和处罚历来是两宋职官法的设计重点，由北宋至南宋，对于职官经济犯罪的法律规定呈现出更为细密的特点。比如职官接受馈送之物的法律规定，根据《宋刑统》③ 中的规定，即使是接受宰杀后的猪、羊，亦要以坐赃罪论处。到南宋时期，在《庆元条法事类》④ 内，有非常详细的对职官收受馈送之物的规定：有对监司属官出行州县所收馈送的规定；有接受兵官馈送的规定；有监司在巡历

① "诸于山陵兆域内失火者，徒二年。延烧林木者，流二千里。杀伤人者，减斗杀伤一等。其在外失火而延烧者，各减一等。（余条在外失火准此。）……诸库藏及仓内皆不得然火，违者徒一年。……【准】户部式，诸荒田有桑枣之处，皆不得放火。……诸于官府廨院及仓库内失火者，徒二年。在官内加二等。（庙社内亦同。）损害赃重者，坐赃论。杀伤人者，减斗杀伤一等。延烧庙及官阙者绞，社减一等。……诸见火起，应告不告，应救不救，减失火罪二等。（谓从本失罪减。）其守卫宫殿、仓库及掌囚者，皆不得离所守救火，违者杖一百。"参见［宋］窦仪等：《宋刑统》，吴翊如点校，中华书局 1984 年版，第 434—437 页。

② "诸因烧田野致延烧系官山林者，杖一百，许人告。其州县官司及地分公人失觉察，杖六十。……诸在州失火，都监即时救扑，通判监督，违者，各杖八十。虽即救扑、监督而延烧官私舍宅，二百间以上，（芦竹草版屋三间比一间。）都监、通判，杖六十，仍奏裁；三百间以上，知州准此。其外县丞、尉（州城外草市、倚郭县同。）并镇寨官依州都监法。"参见［宋］谢深甫等修：《庆元条法事类》，戴建国点校，载杨一凡、田涛主编《中国珍稀法律典籍续编》第一册，黑龙江人民出版社 2002 年版，第 913 页。

③ "诸监临之官受猪羊供馈，（谓非生者。）坐赃论，强者依强取监临财物法。"参见［宋］窦仪等：《宋刑统》，吴翊如点校，中华书局 1984 年版，第 182 页。

④ "诸监司属官，辄离本身出诣所部若行移文书下州县，及差委干办公事，不经诣所差处，并缘路见州县官若受馈送者，各徒二年。""隆兴二年正月二十二日敕：官司差出干事及刺探使臣，辄于诸军谒见兵官，收受馈送，或诈作差出为名于军中乞觅钱物，除依条法断罪外，并许人告，赏钱五百贯。仍主兵官密具姓名申尚书省。仍于寨门首置立版榜，晓谕通知。""诸监司（依监司例，人凡可按刺州县及属官同。）每岁巡历所部州县，若承指挥非泛干办，及因疾故未遍复出，（虽已遍，而别因公事复出同。）辄再受到、发酒食供馈，并依例外受馈送法。""诸缘边州（帅臣所在非）及镇寨、于例外馈送，以违制论，受者准此。应干办官属唯听受到发、酒食，其余供馈（例册有者亦是。）及一季内再至，虽酒食各不得受，违者，杖一百，所送官罪亦如之。朝廷遣使或监司于例外受者，奏裁。"参见［宋］谢深甫等修：《庆元条法事类》，戴建国点校，载杨一凡、田涛主编《中国珍稀法律典籍续编》第一册，黑龙江人民出版社 2002 年版，第 33、35、116、168 页。

州县时再次接受酒食供馈的规定；于例外接受酒食供馈的规定；等等。由北宋至南宋，对于职官经济犯罪的处罚规定明显增多，体现了对官员的防范更为细微，还应从中看到，只有当职官内部爆发了诸多与经济犯罪相关的问题时，才会有更多的与之相适应的法律规定出台，这在一定程度上也反映了南宋时期吏治腐败的问题。当然，虽然国家在立法层面密织法网，但是在具体处罚上失于宽贷，也无法从根本上起到整顿吏治、防范腐败的效果。

其八，慎刑、恤刑。司法官员在判决案件的过程之中，有一个重要的法律规定就是出入人罪，其中又以主观是否具有故意性进一步划分为故出、入罪与失出、入罪。由北宋至南宋，可以看出对于出入人罪的处罚规定经历了一个逐步完善与不断细化的过程。在失出、入罪中，相较于《宋刑统》①，《庆元条法事类》② 进一步细化首、从犯，区分失入死罪与失出入徒，以及以奏裁的方式对有所负犯的中散大夫以上官阶的官员和武臣。在故出、入罪中，相较于《宋刑

---

① "断罪失于入者，各减三等。失于出者，各减五等。若未决放，及放而还获，若囚自死，各听减一等。即别使推事，通状失情者，各又减二等。所司已承误断讫，即从失出入法。虽有出，于决罚不异者勿论。"参见［宋］窦仪等：《宋刑统》，吴翊如点校，中华书局 1984 年版，第 487 页。

② "诸官司失入死罪，一名，为首者，当职官勒停，吏人千里编管，第二从，当职官冲替，事理重，吏人五百里编管，第三从，当职官冲替，事理稍重，吏人邻州编管，第四从，当职官差替，吏人勒停；二人，各递加一等，（谓如第四从依第三从之类。）为首者，当职官追一官勒停，吏人二千里编管；三人，又递加一等，为首者，当职官追两官勒停，吏人配千里：（以上虽非一案，皆通计。）并不以去官赦降原减。未决者，各递减一等。（谓第三从依第四从；第四从，三人依二人之类。）会赦恩及去官者，又递减一等。（以上本罪仍依律。其会赦恩者，本罪自依原减法。）即事涉疑虑若系强盗及杀人正犯各应配，或中散大夫以上及武官犯者，并奏裁。诸官司失出人罪者，依因罪人以致罪法。……诸州推司、（谓当直司、州院、司理院推司。余条称州推司准此。）法司吏人失出入徒以上罪已决放而罪不至勒停者，再犯或及五人，失入者勒停；失出者还旧役，降本等下名，并永不得再充。"参见［宋］谢深甫等修：《庆元条法事类》，戴建国点校，载杨一凡、田涛主编《中国珍稀法律典籍续编》第一册，黑龙江人民出版社 2002 年版，第 752—753 页。

统》①，《庆元条法事类》② 对于吏人受财而出入人罪的行为，不仅允许人揭发，而且区分杖以上和徒以上罪的不同处罚标准。这种不断细化的规定，进一步贯彻了自宋初以来形成的慎刑与恤刑原则。但是值得注意的是，在失出、入罪中，对职官的处罚多是勒停、冲替、差替等，一来是因为司法官员并非因主观故意而造成的出入人罪行为，主观恶性低；二来也是与优遇职官的政策相关。

要而言之，由北宋至南宋，在职官法的变化和发展中，反映了对职官要求的转变与细化。同时，在这不断地变化与发展中，始终贯彻着两宋历任君主对职官管理的思考，始终强调并体现着职官法设计的原则。此外，根据法与社会相适应的特征，在职官法的不断发展中，亦可看到南宋时期吏治败坏的一面，只有当职官内部出现了诸多经济犯罪问题时，才会有与之相适应的法律规定出台。

职官作为国家机器的重要组成部分，对国家治理体系的充分构建和治理效能的有效发挥起着至关重要的作用，因此职官法的地位和作用就显得尤为关键。那么，通过构建有效的立法模式，制定应时的法律内容，起到高效管理职官的作用，是古代历任执政者治国的题中之意。对比来看，虽然两宋的综合实力远不如汉、唐，但是就其法制建设而言却是首屈一指、值得称赞的，尤其是职官法之完备，不仅对两宋官制的发展起到了法律上的保驾护航之功用，更是在中

---

① "诸官司入人罪者，（谓故增减情状，足以动事者。若闻知有恩赦，而故论决，及示导令失实辞之类。）若入全罪，以全罪论。（虽入罪，但本应收赎及加杖者，止从收赎、加杖之法。）从轻入重，以所剩论。刑名易者，从笞入杖，从徒入流，亦以所剩论。（从徒入流者，三流同比徒一年为剩。即从近流而入远流者，同比徒半年为剩。若入加役流者，各计加役年为剩。）从笞杖入徒、流，从徒、流入死罪，亦以全罪论。其出罪者，各如之。"参见［宋］窦仪等：《宋刑统》，吴翊如点校，中华书局 1984 年版，第 486—487 页。

② "诸吏人故出入人，杖以上罪虽未决，勒停；徒以上罪虽会恩，仍永不叙。（失入死罪未决，避罪逃亡者准此。）其受财出入死罪而罪不致死者，虽未得，配广南，从者，配千里。……。诸吏人受财出入人罪者，许人告。……。诸罪人本罪遇恩应原，而辄以虚妄之类收坐者，以入人罪论罪。罪轻者，杖一百。……。诸断罪应决徒、流而编配，应编配而决徒、流，各减出入罪二等。（谓如应决徒罪而刺配，从刺配减二等之类。）出入重者，计所剩以全罪论。（谓如应决徒一年而配沙门岛，合比流者，以全入徒三年论之类。）"参见［宋］谢深甫等修：《庆元条法事类》，戴建国点校，载杨一凡、田涛主编《中国珍稀法律典籍续编》第一册，黑龙江人民出版社 2002 年版，第 753 页。

国古代官制发展的历史上挥就了浓墨重彩的一笔。

其一，社会政治环境影响了两宋职官法的制定。两宋是中国历史上经济发达的黄金期，经济繁荣的程度远超汉、唐，这就为职官法中所涉及的系列举措的制定提供了物质保障。而在这样一个高度推崇法制的时代，士大夫们以追求实际、崇尚法制为荣，无疑又对职官法的发展起到了重要推动作用。此外，于内，在武人专权、藩镇林立中建国；于外，又饱受外敌干扰，对职官法的制定又产生了非常重要的影响。在这诸多因素的共同作用之下，两宋职官法得以呈现出独具赵宋特点的面貌。

其二，首先对职官法的表现形式，在两宋法律体系中的地位和功能进行了界定。两宋时期虽然并不存在"职官法"类似的法典，但是涉及职官的法律条文非常细密，不仅集中体现在《宋刑统》《庆元条法事类》《吏部条法》之中，还散见于诸如《宋会要辑稿》《宋史》《续资治通鉴长编》等史料之中，在这些涉及职官的法律条文中，多以律、令、格、式、（编）敕、御笔、申明、例等法律形式表现。根据稳定性、位阶，可将职官法的表现形式分为五组。其次从总体上考察由北宋至南宋职官法内容的变迁性及原因，分析不同时期，国家对职官要求的变化性。

第二章

两宋科考选官及荫补入仕的主要特点

两宋社会又被学者称为"科举社会",整个社会洋溢着推崇科举、崇尚科举的氛围,这在中国历史上是不多见的。两宋时期,为了巩固最广大的社会统治根基,统治者空前扩大了科举取士的录取人数。同时,为了达到拉拢百官的效果,又极力完善荫补制,以实现防范百官、优遇百官的双重效果。当然,在以科举入仕和荫补入仕二途之中,尤以科举为重。

第一节　两宋科考选官的主要特点及备受推崇之原因

自先秦时起,国家以血缘、宗法关系的继承性为基础选人为官,巩固政权统治,这套选拔官员的方法是世卿世禄制的体现,所谓"父子畴官,世世相传"①。魏晋南北朝时期,选人为官的制度进一步发展为了九品中正制,即设中正一职负责本辖区品评人选,将人选分为九等,然而这一制度演变到后期逐渐为世家大族所把控,沦落为维护士族门阀的工具。至隋始行科考,平民阶层获得了公平竞争的机会,中国的选官制度从此开启了崭新的一页,对中国古代官僚制度和教育事业的发展起到了推进作用。这种选人为官的制度与先秦至两汉、魏晋南北朝时期的世卿世禄制、九品中正制有着本质的区别。至唐朝,在循隋

---

① ［汉］司马迁:《史记》卷一百二十八,中华书局 1982 年版,第 3224 页。

旧制的基础之上，进一步补充、丰富和发展了科举制度，读书人凭借华彩文章步入仕途，参与政权，官僚制度获得了快速发展。科举制度在两宋时期，更是在唐制的基础之上获得了进一步的发展和完善，开放性和民主性意味渐浓，同时官僚制度亦因此获得了茁壮成长。政府和士大夫之间，以科举为桥梁和纽带，结成了特殊的政治联盟，读书、应试与入仕有效连接在了一起，通过科举制度，两宋君主有效笼络了士大夫，进一步使国家意识渗透于社会的各个阶层和各个方面，加大了君主对民众的控制力度。虽然由此造成了大量冗官的出现，但是所带来的价值以及对于后世的影响更是无可比拟的。两宋所洋溢的丰富的科举文化、科举录取人数之众、范围之广是为前朝所不及的，正所谓"却忆金明池上路，红裙争看绿衣郎"[1]。两宋科举制度历经发展、丰富和完善，在不断吸纳更多的士人投身于科举的滚滚浪潮之中的同时，也将绝大多数的群体吸纳进了统治阶级的阵营之中，以精神文化渗透的方式为政权的稳固扩大了基础。

一、两宋科考选官的主要特点

（一）取士层次下移

两宋时期，科举制度逐渐走向开放与民主，更加重视对"寒士"的选拔，也正因此，才有了诸如范仲淹、欧阳修、文天祥等人在政治舞台上的活跃。史载：范仲淹自两岁起便失去父亲，跟随母亲生活，经常昼夜不休地学习，"冬月惫甚，以水沃面；……仲淹不苦也"[2]。《宋宝祐四年登科录》卷二中记载的一甲第一名的文天祥，其曾祖父、祖父和父亲均是平民。这些寒士没有显要的家世背景，仅仅凭借自身艰苦卓绝的努力而跻身于仕途之中，这与宋朝开放民主

---

① 丁传靖辑《宋人轶事汇编》卷十，中华书局 2003 年版，第 490 页。
② ［清］赵本植修纂：《（乾隆）新修庆阳府志》卷之四十，庆阳市地方志办公室整理，张玺等点校，中华书局 2013 年版，第 462 页。

的取士环境是分不开的。这些"起自孤生"① 的寒士，没有显耀的祖上基业，在更为开放民主的科举制度中得以施展抱负，也正因为他们从"寒"中而来，从底层而出，没有庞杂的家族根基，所以对于皇权的维护是最为彻底的，对于国家利益至上的推崇亦是最为心无杂念的，这些人慢慢成为职官中的多数群体之后，"以天下为己任"② 的情怀逐渐成了一种积极引导，推动着士大夫们前赴后继地为两宋王朝的兴盛死而后已。

（二）选官权上收于中央

1. 行殿试

两宋，殿试变为"常式"③，成了天子亲自选拔人才的一种方式，以"朕亲临试"④ 的方式刻意地压制权贵子弟，有意拔擢寒门士子。

宋代的殿试有以下几个特点：

其一，恩出主上，成为天子门生。唐朝以来，进士及第者只知主考官，使"恩出私门"⑤。有鉴于唐朝主考官与门生之间所形成的政治集团，且各个政治集团之间互相攻讦的政治弊端，自宋太祖始起，便下诏进士及第后"不得谢恩于举官"⑥，形成了天下英才"皆朕所选择"⑦ 之局面。自此，所取天下之士，上自中书宰相，下及判司簿尉，都由帝王所取，使权归于一处，恩出于一人，最大程度地防止朋党结交颠覆政权出现的可能。考生成了天子门生，由帝王亲擢，掌握选人为官的最终决定权。

其二，殿试不黜落。按照旧制，经殿试者，都有被黜落的，因此有的人虽

---

① ［宋］苏轼：《苏轼文集》附录《苏轼佚文汇编》卷一，孔凡礼点校，中华书局 1986 年版，第 2435 页。

② ［宋］王素：《王文正公遗事》，张其凡、张睿点校，中华书局 2017 年版，第 20 页。

③ ［宋］李焘：《续资治通鉴长编》卷十四，中华书局 2004 年版，第 298 页。

④ ［元］脱脱等：《宋史》卷一百五十五，中华书局 1985 年版，第 3606 页。

⑤ ［宋］王林：《燕翼诒谋录》卷一，诚刚点校，中华书局 1981 年版，第 2 页。

⑥ 曾枣庄、刘琳主编《全宋文》第一册，上海辞书出版社、安徽教育出版社 2006 年版，第 32 页。

⑦ ［宋］李焘：《续资治通鉴长编》卷三十三，中华书局 2004 年版，第 735 页。

然省试得中，却在殿试时被摒弃。随着"进士与殿试者皆不黜落"① 之颁布，这种不黜落的方式，极大消解了士子内部因落第而产生的矛盾，既显示了皇恩浩荡，又将绝大多数人笼络在了一起，把他们变为和君主站在同一阵营中的利益共同体，以达拱卫皇权之效。

殿试是科举考试中至关重要的一环，帝王亲试考试，亲自决定考生的仕进之路中的第一步，主动掌握用人权，这样拔擢之人从一开始就是只听命于皇帝的"附庸"，这无疑为政权的稳固增添了筹码。

2. 主考官"权知"

两宋的科举主考官并不像唐朝般由礼部固定官员担任，而是由皇帝临时委派任命，是为"权知贡举"。除此之外，朝廷还要另行委派若干官员担任"副考官"，是为同知，一起负责科举考试。这些人无定员，相互之间可以形成有效的监督与制约，且有效防止了应试者考前与主考官串通，使得主考官与考生之间无法形成有效的联系，主考官无法通过科举考试拉帮结派，考生亦无从预见下一年主考官员人选。在两宋时期，主考官个体失去了往日的取士大权，科举朋党与门生制也再难形成。

（三）打造公正的考试环境

1. 罢公荐

宋初，仍然推行公荐制度，纳公卷。然而公荐在取舍人才的时候不可能做到完全无所私，甚至一度出现了公卷不由举主所写，或借由他人之手完成，或雇人代书的现象。真宗景德年间，要求举主在试纸前亲自书写，如果公卷的字体和自书的字体不同，一经确认"即斥去"②，且永远不得赴举。虽然公荐制度一再完善，但终究是无法做到完全公平，寒门士子能够得到公荐的机会少之又少，因此仁宗朝，"罢天下举人纳公卷"③。

---

① ［宋］王栐：《燕翼诒谋录》卷五，诚刚点校，中华书局 1981 年版，第 52 页。
② ［元］脱脱等：《宋史》卷一百五十五，中华书局 1985 年版，第 3612 页。
③ ［宋］李焘：《续资治通鉴长编》卷一百三十三，中华书局 2004 年版，第 3162 页。

2. 防舞弊

为防止在科举考试中作弊，宋代帝王可谓煞费苦心，有糊名、誊录、弥封和锁院层层把关。

淳化三年（992年），开始施行"糊名考校"①。自此主考官不知考生来自何处，是谁人之子，故而没有办法做到徇私，相对公平的考试环境为无依无靠的寒门学子辟得了一席之地，使得有真才实学的知识分子获得了"孤寒宜向此中求"②的机会。正因为有了糊名誊录制度的设立，主考官无法凭借自己的主观私意拔擢或黜落士子，只得"惟材是择"③。例一，苏轼很是欣赏于李廌的文采，在阅卷的时候，苏轼认为其中一份可为第一的卷子必为李廌的，待拆封竟为章援，而李廌竟落榜，待到苏轼从锁院出来，听闻此事，大为遗憾，却也无能为力。例二，郑毅夫自认学识很高，然而国子监却将其列为第五，心有不甘，在所书"谢主司启词"④中发泄了不满情绪，引得主司颇为不满。在廷策的时候，该主司又是主考官，想要将郑毅夫黜落，看见有份试卷风格很类似于郑毅夫，使"枉遭斥逐"⑤，待发卷公示，毅夫却仍为第一。例三，常安民年十四就入太学，负俊名，在熙宁变法中，士子皆崇尚王安石提倡的经义之风，唯独常安民坚守自己，在春试中，拔得头筹。当主司启封之后发现安民年少，意欲黜落，却遭到了判监常秩的阻拦，认为以糊名的方式考察才学，"岂容辄易"⑥。糊名保障了评卷过程的公正和公平，尽可能地做到不受党争、权贵、荐举等诸多不利因素的影响，即使在现在看来也是有可取之处的。

锁院制始于淳化三年（992年），苏易简等人任权知贡举，这些人认为贡举之重在于无所私，故而在接受诏旨之后，便直接到贡院，不回自己的私宅，以此躲避那些请托之人，之后成了"常制"⑦。

---

① ［清］毕沅编著：《续资治通鉴》卷第十六，中华书局1957年版，第377页。
② ［宋］李心传：《建炎以来系年要录》卷一百四十四，中华书局1988年版，第2318页。
③ ［宋］欧阳修：《欧阳修全集》卷一百一十三，李逸安点校，中华书局2001年版，第1716页。
④ ［宋］沈括：《梦溪笔谈》卷九，金良年点校，中华书局2015年版，第88页。
⑤ ［宋］沈括：《梦溪笔谈》卷九，金良年点校，中华书局2015年版，第88页。
⑥ ［元］脱脱等：《宋史》卷三百四十六，中华书局1985年版，第10988页。
⑦ ［宋］李焘：《续资治通鉴长编》卷三十三，中华书局2004年版，第733页。

通过这样一系列的举措，两宋的科举制营造了相对公平的考试环境，也正因为有了这样相对公平的环境，才能够最大限度地避免权贵的过分干预和主考官全凭个人好恶的取舍，寒门士子获得了能够与食禄之家公平竞争的机会和途径，贯通了中下层人群的上升渠道，聚拢了最大多数群体。

（四）缓解屡试不第之矛盾：特奏名

在科举考试之中，还有一种特殊的制度，就是特奏名。特奏名录取的时候对人员有所甄别，不是滥取，兼顾了广施皇恩与保质选人的二重性。

以特奏名获取功名的人，大都是用尽毕生心血至年老方得以获得皇恩。[①]因为获得特奏名之人并不是真正考取的科名，且大多数是"年迫桑榆"[②]的老弱之人，因而不可能派遣他们真正处理政务。而君主设立此项制度的目的也是显示恩德，缓解屡试不第的矛盾。故而在官与差遣相分离的官制影响下，这些人仅仅是获得了一个出身和本官的身份，并没有或者难以获得重要的差遣，而要想有所升任则更是难上加难。虽然在这种广施皇恩的录取过程之中极易造成冗官局面，然而却真正做到了使天下英杰尽入帝王之彀中，不仅可选拔有才之士为己所用，更是给予屡试不第者一丝向上的希望而"未死终不可已"[③]。

这项制度的设立，有效地缓解了士子因屡试不第而产生的矛盾，有效笼络了中下层士子，使他们不至于在反复的无望之中走向统治阶级的对立面。比如在唐代，因科举录取人数极少，便有屡次不第者因对统治阶级的腐败而产生不满，愤而加入了农民起义的阵营中去。[④] 由于这些人有着极为丰富的知识储备，起义更具有针对性和策划性，对政权的威胁性也更大。特奏名使知识分子终日

---

① 史载："读尽诗书五六担，老来方得一青衫。逢人问我年多少，五十年前二十三。"参见［明］冯梦龙编著：《古今谭概》杂志部第三十六，栾保群点校，中华书局2018年版，第581页。
② ［宋］苏轼：《苏轼文集》卷二十九，孔凡礼点校，中华书局1986年版，第821页。
③ 曾枣庄主编《宋代序跋全编》卷一六〇，齐鲁书社2015年版，第4554页。
④ 史载："唐末，进士不第，如王仙芝辈唱乱，而敬翔、李振之徒，皆进士之不得志者也。"参见［宋］王栐：《燕翼诒谋录》卷一，诚刚点校，中华书局1981年版，第1页。

觊觎于功名利禄，而不敢自弃于与盗贼奸邪之辈为伍，最终"老死不止"①。

（五）广聚天下非常才：特举

"制举无常科"②，这是一种不定期的考试，有赖于皇帝下诏，故而考试的时间并无固定，考试的目的是选拔非常之才，应试者的范围也非常广泛，无论是现任官还是士子均可参加。应试方式较为灵活，既可通过有司推荐，亦可通过自荐。

以"诗、赋、论、颂、策、制诰"③为考察重点。其中策问可对时政予以针砭，虽要以经史记载为中心，但这种在中央倡导下的言论开放，鼓励士子们直抒胸臆，有利于弥补君主执政之失。嘉祐六年（1061年），苏辙在应试"贤良方正能直言极谏科"④时指出：仁宗皇帝沉迷后宫，不理朝政。主考官们认为这种对于皇帝不敬之人应予以黜落，然而仁宗皇帝认为，"以直言召人"⑤，却因直言而将其黜落，天下之人如何看待帝王呢？正是仁宗这种宽以待言的态度为人才涌流提供了宽松的环境，而这些优秀的人才更是成了两宋兴盛的关键助力。

制举由皇帝亲自下诏开考，为帝王在常选之外又添了一条可以选拔遗才的途径，并且也给了现任官一个再次考试的机会，在毫无遗漏地选拔人才的同时，更昭示了以君主为主导的选人机制。在中国古代社会中，人才作为治国理政的一种基石力量，贤材可以对国家治理起到积极的助推作用，故而这种做法在当时看来是有优势存在的。

---

① ［宋］王栐：《燕翼诒谋录》卷一，诚刚点校，中华书局1981年版，第1页。
② ［元］脱脱等：《宋史》卷一百五十六，中华书局1985年版，第3645页。
③ ［元］脱脱等：《宋史》卷一百五十六，中华书局1985年版，第3647页。
④ ［元］脱脱等：《宋史》卷一百五十六，中华书局1985年版，第3647页。
⑤ ［元］脱脱等：《宋史》卷三百三十九，中华书局1985年版，第10822页。

如下。

　　北宋大中祥符八年（1015 年）制定的荫补法，是北宋有史可查较早的，且较为详细的荫补之法，具体内容如表 2-1 所示：

表 2-1　真宗年间荫补法①

受恩赏的职官范围	子	弟、侄、孙
宰臣，枢密、节度使带平章事	东头供奉官	左侍禁
枢密使，参知政事，枢密副使，宣徽、节度使	西头供奉官	右侍禁
左、右仆射，太子三少，御史大夫，文明学士，大资政，诸行尚书	左侍禁	左班殿直
计相，翰林学士、资殿、侍读学士、侍讲、龙图学士、枢密直，太常寺卿、宗正寺卿，御史中丞，左丞，右丞，诸行侍郎，留后，观察	右侍禁	右班殿直
给中，待制、谏长，中书，制诰，龙图直学，省副，防御、团练、四方、阁使，都承	右班殿直	三班奉职
大卿、监，带职少卿、监，诸州刺史	三班奉职	借职
刺史以上如承天节例		
大将军，寺监副贰，诸行郎中等	三班奉职	借职
诸卫将军，诸司副使	借职	
枢密诸房副承旨	初命授同学究出身，再经恩授借职	

① 数据来源：［宋］李焘：《续资治通鉴长编》卷八十四，中华书局 2004 年版，第 1911—1912 页。职官多用简称或别名代之，其中简称和别名的参考来自龚延明编著：《宋代官制辞典》，中华书局 1997 年版。

及至庆历三年（1043 年）十一月丁亥，仁宗皇帝颁布《任子诏》，对文官荫补作以规定，具体内容如表 2-2 所示：

表 2-2　仁宗年间荫补法①

受恩赏的职官范围	旧制		新制		
	子	期亲	子	期亲	其余亲属
宰相使相	将作监丞	太祝奉礼郎	如旧	如旧	试衔
枢密副使参知政事	太祝奉礼郎	校书郎	如旧	如旧	试衔
仆射尚书	校书郎或正字	寺监主簿	如旧	如旧	试衔
计相，翰林，龙图阁直学、枢密学士、丞郎	正字	诸寺监主簿	如旧	如旧	试衔或斋郎
龙图直学、给中、谏议舍人、掌诰、龙图阁待制、天章阁待制、寺监长官、省副、知杂	诸寺监主簿	试衔	只有长子如旧		等第除试衔或斋郎

对比表 2-1、表 2-2，可得结论如下：

其一，从真宗大中祥符八年（1015 年）至仁宗庆历三年（1043 年），荫补的范围从子、期亲扩大到余亲。划分更为细致，范围更大。

其二，改革并没有真正撼动中上层官僚的实际利益，在仁宗庆历三年（1043 年）的荫补法的改革中，对于丞郎以上职官的子和期亲没有实际改动，对于余亲则是授予试衔这等空衔或者斋郎这种无关紧要的小吏，试图从根本上

---

① 数据来源：《宋大诏令集》卷第一百六十一，司义祖整理，中华书局 1962 年版，第 612—613 页；[宋] 李焘：《续资治通鉴长编》卷一百四十五，中华书局 2004 年版，第 3504 页。职官多用简称或别名代之，其中简称和别名的参考来自龚延明编著：《宋代官制辞典》，中华书局 1997 年版。同时，还应注意，根据"旧制，遇南郊许奏荐者。自今若曾犯赃，至去官后未复官至正郎及员外郎带职者，只得奏子孙亲属一名。若别有殊绩或领重寄者，勿拘此。其降监当者，即不许陈乞。诸路转运使副、提点刑狱，遇南郊、非正卿及带馆职员外郎、并须于郊礼日前到任一年者方得奏荐"。

"抑侥幸"①。然而，这一系列举措并没有实际改变荫补冗滥的局面，"然犹未大艾也"②。说明庆历年间的《任子诏》并没有帮助北宋彻底摆脱官冗之困局。

至崇宁以后，对荫补的法律规定又进行了修订，如表2-3所示：

表2-3　崇宁文臣荫补③

受恩赏的职官范围	子	孙及期亲	大功、小功、缌麻、异姓、门客
太师至开府仪同三司	承事郎	承奉郎	大功以下及异姓亲：登仕郎；门客：登仕郎
知枢密院至同知枢	承奉郎	承务郎	大功以下及异姓亲：登仕郎；门客：登仕郎
太子太师至保和殿大学士	承奉郎	承务郎	大功以下：登仕郎；异姓亲：将仕郎
太子少师至通奉大夫	承务郎		大功亲：登仕郎；异姓亲：登仕郎；小功以下亲：将仕郎
御史中丞至侍御史	承务郎	登仕郎	大功：将仕郎；小功以下及异姓亲：将仕郎
中大夫至中散大夫	通仕郎	登仕郎	大功：将仕郎；小功以下：将仕郎
太常卿至奉直大夫	登仕郎	将仕郎	大功小功亲：将仕郎

---

① ［元］脱脱等：《宋史》卷三百一十四，中华书局1985年版，第10273页。
② ［宋］李焘：《续资治通鉴长编》卷一百四十五，中华书局2004年版，第3505页。
③ 数据来源：［元］脱脱等：《宋史》卷一百七十，中华书局1985年版，第4096—4097页。值得注意的是，《宋史》中并没有对此内容注明具体年份，而是笔者根据承务郎、将仕郎、登仕郎等阶官名予以确认，此外"崇宁初，自承直至将仕郎，凡换选人七阶，又增宣奉至奉直大夫四阶。政和末，自从政至迪功郎，又改选人三阶，文阶始备"。故而，可以推断该表格的内容来自崇宁初政和末之间。职官多用简称或别名代之，其中简称和别名的参考来自龚延明编著《宋代官制辞典》，中华书局1997年版。

续表2-3

受恩赏的职官范围	子	孙及期亲	大功、小功、缌麻、异姓、门客
国子祭酒至开封少尹	子孙及小功以上：将仕郎		
朝请大夫、带职朝奉郎以上（理职司资序及不带职致仕者同）	将仕郎		小功以上亲：将仕郎；缌麻：上州文学
广南东、西路转运副使	登仕郎	将仕郎	
广南提点刑狱	将仕郎		

通过表2-3可知：

其一，荫补范围差距悬殊：高级职官（如太师、开府仪同三司等）的荫补范围可到门客，而中下层职官如广南提点刑狱等职，却只能荫补子、孙及期亲。

其二，荫补官职差距悬殊：以门客身份获得荫补的人可以获得登仕郎之阶，但广南东、西路的转运副使之子却也只是登仕郎，甚至提点刑狱之子只能为将仕郎，还要比登仕郎低一阶。而侍御史以上官员之子还可获得京官的官阶，其余却只能是选人官阶，其中差距可谓大矣。

纵观上述三次较大的荫补之法的调整，可以发现，宋廷已然意识到了荫补过滥所带来的弊端，而思革之，但无论是范仲淹试图"抑侥幸"①，还是崇宁年

---

① 史载："罢少卿、监以上乾元节恩泽；正郎以下若监司、边任，须在职满二年，始得荫子；大臣不得荐子弟任馆阁职，任子之法无冗滥矣。"参见［元］脱脱等：《宋史》卷三百一十四，中华书局1985年版，第10273页。

间的再次修正，都没有真正做到革除冗弊，无非是在"旁及疏从"① 之中来回打转，并没有真正触碰到高级官僚的根本利益，而是试图从职官的余亲、门客中下手。因为这些余亲、门客对职官的实际影响并不大，故而不会在官僚系统内部引起太大的波澜，所以在改革中遭到的反对力度就会相对减少，对政权的稳定就不会产生太大的动摇。统治阶层试图用一种温水煮青蛙的方式徐徐革之，以求在维稳的同时减少荫补入仕的人数，这种治标不治本的方式在今天看来并没有真正做到"抑侥幸"②。

南渡以后，朝廷基本上沿袭了北宋时期的各项法律规定，而此时的官冗问题也是越发严重，亟待解决。因此，对关于各级职官的具体荫补人数限额的规定进行了如下调整：

其一，淳熙九年（1182 年）减裁之数③。

其二，《庆元荫补新格》④ 的颁布。

---

① ［宋］李焘：《续资治通鉴长编》卷一百八十二，中华书局 2004 年版，第 4404 页。

② ［元］脱脱等：《宋史》卷三百一十四，中华书局 1985 年版，第 10273 页。

③ 史载："自宰相、执政、侍从、卿监、正郎员郎分为五等，除致仕、遗表已行集议裁减外，将逐郊荫补恩泽，每等降杀，以两酌中定为止数，武臣比类施行。宰相十人，开府以上同；执政八人，太尉同；侍从六人，观察使至节度、侍御史同；中散大夫至中大夫四人，右武大夫至通侍大夫同；带职朝奉郎至朝议大夫三人，职事官寺长贰、监长至左右司谏、开封少尹厘务及一年，须官至朝奉郎，并朝奉郎元带职人因除在京职事官而寄职者同，武翼大夫至武功大夫同。非侍从官无遗表外，见行条格致仕、遗表通减三分之一，余分不减。"参见 ［宋］佚名：《皇宋中兴两朝圣政辑校》卷之五十九，孔学辑校，中华书局 2019 年版，第 1363 页。

④ 史载："使相以上十人，执政官、太尉八人，文官太中大夫以上及侍御史、武臣节度、承宣、观察使六人，文臣中散大夫以上、武臣防御、团练使及横行四人，文臣带职朝郎以上、武臣正使三人。致仕遗表，文臣前宰相、见任三少、使相共八人，曾任三少、使相七人；曾任执政官六人，太中大夫以上二人，武臣使相以上八人，节度使六人，承宣使五人，观察使四人，文臣中大夫、武臣防御使以下，并不得推遗表恩。"参见 ［宋］李心传：《建炎以来朝野杂记》乙集卷十四，徐规点校，中华书局 2000 年版，第 764 页。

其三，《庆元条法事类》① 的调整。

根据以上法律规定，可以发现，淳熙九年（1182 年）对于职官荫补的最高限额的规定，被宁宗打破，始将大礼荫补、致仕荫补和遗表荫补的具体人数分别开来，但分门别类的区分的后果便是使人数陡增。

纵观南宋时期对于荫补之法的变革，也只是作了适当调整，依旧没有触及高级官僚的根本利益，故而终宋一世，始终没有解决荫补过滥这一问题。当然，这一切都根源于君主并不是真正愿意动既得利益者的蛋糕，只是希望通过荫补笼络住更多的职官。是故，稳定政权方是国之大计，至于由荫补过滥而带来的冗官等问题，并不足以动摇君主的初衷。

二、三种主要荫补方式的特点

两宋时期，荫补的主要方式有三：大礼、致仕和遗表。荫补之法为官僚子弟跻身仕途提供了一条终南捷径，将权贵之家政治地位的延续和稳固巧妙地转化为一种帝王恩赏，对政权的稳固起到了促进作用。

（一）大礼荫补的特点

大礼荫补产生于三年一次的郊祀之中，郊祀大礼是为两宋最为重要的祭天仪式，由皇帝亲自参与。大礼过后对百官的恩荫即为大礼荫补。真宗朝始，恩荫始滥，而自仁宗嘉祐年间废除圣节奏荫之后，大礼荫补就成了两宋百官最主

---

① 《庆元条法事类》卷第十二《职制门九·荫补》中规定："臣僚遇大礼：荫补缌麻以上亲，宰相、开府仪同三司以上，一十人。执政官、太尉，八人。太中大夫以上及侍御史、节度使至观察使，六人。中大夫至中散大夫、通侍大夫至右武大夫，四人。朝议大夫至带职朝奉郎、武功大夫至武翼大夫，三人。臣僚致仕：荫补缌麻以上亲，曾任宰相及见任三少、使相，三人。曾任三少、使相、执政官见任节度使，二人。太中大夫及曾任尚书侍郎及右武大夫以上，并曾任谏议大夫以上及侍御史，一名。臣僚遗表：荫补缌麻以上亲，曾任宰相及见任曾任三少、使相，五人。曾任执政官并见任节度使，四人。太中大夫以上，一名。诸卫上将军及承宣使，四人。观察使，三人。"参见［宋］谢深甫等修：《庆元条法事类》，戴建国点校，载杨一凡、田涛主编《中国珍稀法律典籍续编》第一册，黑龙江人民出版社 2002 年版，第 236 页。

要的荫补方式之一。关于大礼荫补的相关法律规定，集中体现在《庆元条法事类》卷第十二《职制门九·荫补》①中，通过这些法律条文，我们可以总结出大礼荫补的特点。

其一，荫补亲属的范围受官职高低的影响而有所区别。在大礼荫补中，官至三少、使相之人，荫补的范围为异姓缌麻以上的亲属甚至是门客和医人；而朝议大夫，却只可荫补子、孙。这种从异姓缌麻以上的亲属甚至门客和医人到大功亲再到子、孙的范围缩小，意味着随着官阶的降低，受荫补的人员范围逐渐缩小。

---

① 《庆元条法事类》卷第十二《职制门九·荫补》中规定："诸曾任宰相、执政官及见任、曾任三少、使相，遇大礼听荫补本宗缌麻以上亲一名，愿补异姓缌麻以上亲者，听。（致仕准此，唯不许荫补异姓。）诸三少、使相，遇大礼听荫补异姓缌麻以上亲及门客、医人各一名。即愿以异姓恩泽荫补本宗缌麻以上亲，及以门客、医人恩泽荫补亲属者，亦听。（门客、医人恩泽不得换出官。）诸节度使带开府仪同三司，应荫补而愿奏文资者，听。诸通侍至右武大夫，（正任防御使至刺史同。）已关升每遇、未关升两遇大礼，并听荫补。（见从军曾立战功人不拘此令。）诸朝议大夫至带职朝奉郎以上，（直秘阁以上为带职，正提点刑狱以上同带职。余条带职准此。）及诸卫大将军、武功至武翼大夫，初遇大礼，（任诸卫将军及武功至武翼郎已荫补者非。即已荫补一名而又遇大礼后转授者，听通理为两遇之数。）听荫补子孙。（年六十而无子孙者，听荫补期亲。）即已荫补而被荫之人身亡者，次遇大礼，听别荫补。又两遇大礼，（初遇，无应奏人，至再遇者同。）朝议、奉直大夫，诸卫大将军，武功至武翼大夫，听荫补大功亲；朝请大夫以下至带职朝奉郎以上，听荫补期亲。又两遇大礼，并听荫补小功亲。（诸卫大将军、武功至武翼大夫非。）诸大礼荫补而须两遇者，各无违碍，方听理数。诸遇大礼应荫补者，中大夫至带职朝奉郎入官十五年，（承务郎以上入官，自参选日；不曾参选授差遣，以授付身日；选人改官，以选人参选日；见充三省都录事或出职，并以书令史令日理；武臣换授，自武臣入官日理。）及诸卫大将军、武功至武翼大夫，（遥郡同。）入官二十年，军班换授及十年，（入官依诸卫将军至武翼郎法。）各理亲民资序者，并听荫补。（见从军曾立战功，虽非亲民资序亦听。）其持服、分司、致仕、寻医、侍养、随行指教、勒停假满落籍月日，皆除之。诸初遇大礼，应荫补子孙而陈乞荫补期亲者，听。（谓见有子或孙白身者。皆有官者非。）诸中大夫以下降任宫观，及通判以下职任若冲替轻，未及一年，并曾犯入已赃，或诸卫将军、正侍至武翼郎见降监当，（冲替、差替应入监当者同。）遇大礼不许荫补。即虽监当而因体量疾病及年老昏昧并年七十应入者，不拘此令。诸两遇大礼以上听荫补而被荫人身亡，次遇大礼听荫补者，召保官二员，连续状别奏。（有止法者，被荫人身亡并准此。）诸太中大夫、观察使以上致仕，每遇大礼，听荫补小功亲；刺史及遥郡防御使以上，两遇大礼，听荫补子孙。（刺史以下听荫补者，并一名止。）诸中散大夫以上，遇大礼，听荫补大功亲，两遇大礼，听荫补缌麻亲；太中大夫以上，三遇大礼，听以本宗恩泽荫补异姓缌麻以上亲。诸曾任谏议大夫以上及侍御史非责降者，每遇大礼，听荫补，中散大夫以上依见任人；朝议、奉直大夫依本官。诸任提点刑狱以上应荫补者，须厘务通及一年，若理提点刑狱以上资序而别领职任者，依所理资序荫补，即虽非理资序而前后任皆应荫补者，其月日通理。诸带职事官致仕者，遇大礼荫补，听奏本宗亲一名；东官三师听奏小功以上；三少至谏议大夫、权六曹侍郎、侍御史听奏大功以上。其两遇者，听奏小功以上亲。"参见［宋］谢深甫等修：《庆元条法事类》，戴建国点校，载杨一凡、田涛主编《中国珍稀法律典籍续编》第一册，黑龙江人民出版社2002年版，第229—231页。

其二，大礼荫补的官阶范围多集中于朝官（《庆元条法事类》成书于南宋，故而以下特用的是元丰改制后的官阶）。诸如，朝官序列总第十四阶从五品：中散大夫；朝官序列总第十五阶正六品：朝议大夫。

其三，规定范围内的差遣任职和资序成了获得荫补的条件。在多数情况下，荫补是依据官阶来确定的，比如中大夫、中散大夫、奉直大夫等，但是亦规定了在某些差遣任职和满足一定资序的情况下，可获得荫补资格，比如任职提点刑狱官以上之人。

其四，荐举保任之法渗入荫补之中。两遇大礼以上得以荫补而被荫补之人身亡的，再次遇大礼，可以在有保官两人的情况下，连状别奏。

其五，对任职边远地方的职官予以照顾。对于任职边远地方的防御使以上的职官，两遇大礼，可以荫补其子孙。

其六，降任宫观、贬降官职、犯赃等情况被列入影响荫补的条件之中。如果寄禄官阶在中大夫以下被降任宫观，以及任职为通判以下被贬降官职，时间不到一年的，并且有曾犯入己赃的情况，遇大礼不予荫补。

两宋经大礼荫补而步入仕途的人数是非常多的①。可见，大礼荫补的范围之大，人数之众。此外，经大礼荫补而得官的子弟在入仕之初就比科举入仕者有着天然的优势，比如南宋时期宰相赵葵的次子赵淇，年仅七岁就荫补为承奉郎，以京官的身份"举童子科"②，这在以科举入仕的寒门士子那里几乎是不可能实现的，进一步印证了荫补的特权属性。

（二）致仕荫补的特点

致仕荫补经历了太宗至仁宗的发展，终于被确定了下来。通过在《庆元条

---

① 史载："今亲祠之岁，任子约四千人，是十年之后，增万二千员。"参见［元］马端临：《文献通考》卷三十四，中华书局 2011 年版，第 1009 页。

② ［宋］刘克庄：《刘克庄集笺校》卷七一，辛更儒笺校，中华书局 2011 年版，第 3306 页。

法事类》卷第十二《职制门九·荫补》①中的法律条文，我们可以总结出致仕荫补的特点。

其一，生前乞致仕，荫补受亡殁在出敕前后的影响而有所区别。亡殁在出敕之前，需要历任没有犯入己赃和私罪；而亡殁在出敕之后，只需要历任没有犯入己赃即可。

其二，优待特定人。这些人包括：从龙人、立有战功之人、因捕获盗贼而得以转官之人、化外人。比如官阶为中大夫以下者，因在任期间有入己赃以及被责降，并且年七十被审问或贬降官职后，才陈乞致仕的，或者未满七十却因有所过犯而被特令致仕的，原则上是不允许享受荫补的，但是若为大使臣且除了因为犯入己赃外，有曾经跟随皇帝或者立有战功的经历，或者因捕获盗贼而得以转官，以及化外人，并不受此限制，依然可以奏乞荫补。这是明显的对维护皇权者优恩的一种体现。也就是说，在帝王创业阶段便跟随皇帝，效忠皇权是能够发生"除外"情形之一。同时，为拉拢外籍人，稳定外部环境，也对化外人予以优待。

两宋对于致仕荫补的批评之声不绝于耳，以叶适为代表，他认为：荫补职官之子，也是国之大事，应当合乎义、称于恩。现在经举主改官，大概十余年就可以官至员郎，但所建功业却无特别之处，却可以获得荫补其子之优恩。这

---

① 《庆元条法事类》卷第十二《职制门九·荫补》中规定："诸陈乞致仕应荫补者，但生前乞致仕，虽亡殁在出敕前，须历任无入己赃及不曾犯私罪徒，听依致仕荫补法；若亡殁在出敕后，或已致任见在者，并历任无入己赃，听行荫补。诸中大夫、武功大夫以下，历任有入己赃及见责降，并年七十因不职已被体量及推勃或冲替，方乞致仕，（若昏昧疾病及虽已体量、推勃、冲替，而经根究无实状者非。）并未七十因过犯特令致仕者，并不得乞荫补恩泽。其大使臣虽有以上事故而从龙或曾立战功，或因获盗转官及化外人，除犯入己赃外，听奏乞。诸致仕应荫补缌麻以上亲，曾任权六曹侍郎以上及侍御史曾经降黜未复旧官者，依见任官。其陈乞缌麻以上亲恩泽，准此。诸朝奉郎、武翼郎以上，（训武、修武郎系从龙或立战功，或因获盗补官并转官及化外人者同。余条称获盗转官应得荫补恩泽而不言因获盗补官者准此。）丁忧，以疾病危笃陈乞候服阕日守本官致仕者，依见任官法。（训武、修武郎仍于状内指定系从龙或立战功或因获盗补官并转官及化外人。）诸遭表荫补缌麻以上亲，非曾任执政官及见任节度使以上，不因过犯、寻医、侍养、持服者，各依见任人数。即已致仕者，曾任执政官以及东宫三师，武臣节度使至观察使，各减一名，（见任管军者，依格荫补。）文臣东宫三少至太中大夫，止听乞一名。诸通侍大夫（管军、不管军同。）致仕应荫补缌麻以上亲者，加一名。"参见［宋］谢深甫等修：《庆元条法事类》，戴建国点校，载杨一凡、田涛主编《中国珍稀法律典籍续编》第一册，黑龙江人民出版社2002年版，第233—234页。

滋生了官场无能平庸之辈横行的乱象，而那些在任期间功绩显赫，却因各种原因不幸官止于员郎之人，也是同样可以荫其子，这与那些依靠常调之官毫无区别，这就是不合乎义，亦未与恩相称的荫补行为。① 叶适认为，官员上升路径没有区分，使得致仕荫补的分配无法做到合乎义与称其恩。但是叶适却没有从根本上反对致仕荫补之法本身。

在当时来看，致仕荫补是存在合理性因素的：

其一，致仕荫补不单单是为了保证致仕官荫补亲属，也是帝王为彰显恩德所运用的一种政治手段，以慰臣心，以稳政权。比如咸平四年（1001 年）朱昂陈乞致仕，由于朱昂在任期间，清正廉洁，刚正不阿，淡泊名利，最初为洗马，即使十五年不迁，也不以为意。真宗知其品行，大加褒扬。当朱昂累章陈乞致仕时，真宗不仅赐其全俸，更是任命他的儿子在公安县担任知县，"使得就养"②。又如景祐四年（1037 年），有臣僚陈乞致仕，尚未荫补其子却突然故去，然而敕命已经发出，大家都认为于法应予追回，而仁宗皇帝却怜悯该官，"竟官其后"③。这种灵活调整致仕荫补的方式，渗透着帝王的人文关怀精神，不仅正向引导了舆论，也在百官面前树立了帝王优待臣下的形象。同时，帝王凭借以恩驭官的手段，使职官安于本分，且能够看到希望，稳定了朝纲。

其二，保证职官良性更替和恪尽职守。宋朝虽沿用旧制，职官年七十可致仕，但也有因贪恋权位而不退者。对于职官而言，致仕即意味着权力的丧失，以致仕荫补为诱，使之看到权力延续的希望。这样既保证了职官队伍不断有新鲜血液的输入，又敦促职官在任期间勤谨奉公。

当然还应看到，对于致仕荫补的种种法律限制，如居官期间有所犯或特令

---

① 史载："何谓'自员郎致仕即得补荫为一害'？人臣之子任官，亦国之重事也；其与之，宜当于义而称于恩，使朝廷录功记旧之意有所表见。今自举主而改官，率十余年而至员郎，由常调入仕，不过佐郡而止，其功业未有以异，然且从荫官其子。岂以为是庸庸无所短长之士，而必使继世为之邪？且又其仕而显者，职任功效或见称于天下，而不幸官止于员郎，则所以得任其子弟者，亦无异于常调而至此者。此所谓其义不当而其恩不称也。"参见［宋］叶适：《叶适集》卷之十三，刘公纯、王孝鱼、李哲夫点校，中华书局 2010 年版，第 796—797 页。

② ［宋］李焘：《续资治通鉴长编》卷四十八，中华书局 2004 年版，第 1059 页。

③ ［元］脱脱等：《宋史》卷一百七十，中华书局 1985 年版，第 4089 页。

致仕者不予荫补等都起到了限制荫补人数的作用，但最终目的并不是解决官冗问题，而是恩沃百官。

（三）遗表荫补的特点

遗表荫补是给予高级官僚在致仕荫补、大礼荫补之后的又一优恩。如韦骧的《代虞学士遗表》①，就是代书遗表的体现。遗表荫补本就是年迈老臣在垂暮临死之时的最后请求，故而对于这些老臣最后的优宠就显示在遗表荫补的兑现上了。

关于遗表荫补的相关法律规定，集中体现在《庆元条法事类》卷第十二《职制门九·荫补》②中，通过这些法律条文，我们可以总结出遗表荫补的特点：

其一，对身亡且无亲生子孙的，陈乞恩泽有时间和身份限制，即曾服丧，且需吉月陈乞。

其二，陈乞的亲属范围有顺序限制，且有可以自己处分名额分配的权力。首先，以长幼之序；其次，如果是同一个母亲所生的，依照母亲的意愿；再次，如果可以有两个以上名额，愿意分享给其他母亲所生之子的，也予以同意。

---

① 史载："臣历任三十七年，并无谴累，久在诸王府供职，见理提刑资序，本家未有儿男食禄。欲乞一恩例，沾及寒族。臣长男芹年若干，曾应进士举得解，伏望圣慈特赐俞允，于文资内安排。干冒旒扆，臣无任兢危陨越之至。谨奉表陈乞以闻。"参见曾枣庄、刘琳主编《全宋文》第八十一册，上海辞书出版社、安徽教育出版社 2006 年版，第 112—113 页。

② 《庆元条法事类》卷第十二《职制门九·荫补》中规定："诸应得遗表恩泽，身亡而有养同宗子孙为后或继绝，各曾持服者，限从吉月陈乞。诸遗表得荫补者，以长幼；同母所生者，从母请。（得二人以上，愿分与别母生者听。）"参见［宋］谢深甫等修：《庆元条法事类》，戴建国点校，载杨一凡、田涛主编《中国珍稀法律典籍续编》第一册，黑龙江人民出版社 2002 年版，第 234 页。

此外，对比致仕荫补①和遗表荫补②的法律规定可以发现，其一，致仕荫补的人数相对少于遗表荫补的人数，可见两宋对于遗表荫补的重视程度还是相对较高的；其二，在遗表荫补中，可以荫补缌麻以上亲属的文职官员的范围，集中于太中大夫以上，其中太中大夫为寄禄官阶第十一阶的升朝官，位于总第三十阶的中上位，属于高级官僚。表明遗表荫补是职官集团中特权中的特权的反映。

遗表荫补更进一步彰显了两宋时期统治阶层对于优宠臣僚之心，这种对老臣的体恤，使百官即使在生命的尽头都能看得见希望。

无论是大礼、致仕还是遗表荫补，都将官员举家的政治生命联系在了一起，这也是两宋屡次试图革除荫补冗员之弊却往往无法尽善尽美的原因，很多出身寒士的职官虽在一开始高举改革之大旗，但往往之后又成了荫补的既得利益者，循环往复之中，官冗日益。

要而言之，两宋之所以实行这么优厚的荫补之法，通过各种法律规定来保障职官从任职到致仕甚至亡故后的荫补子弟、余属的权益，尤其是中高级职官的荫补权益更是列在了重中之重的地位，其用意是不言而喻的，即培养职官忠于王事，不生悖逆谋反之心，诱使职官群体为延续世代富贵荣华而努力。因此两宋在坚持实行荫补之法的基础之上，又进行了改良，以更贴近治官的需要，如：通过别流品、限制上升渠道等措施，限制荫补子弟的仕进之路，使这些人很难再享有如唐朝般前景可观的上升路径，相反则在基层的寰阙中打转，难以位居高位。这样，两宋君王通过优遇和打压的双重手段遏制了政治权力团体的形成，即使荫补不断，也很难形成政治垄断，消除了危及皇权统治的危险因子。

---

① "臣僚致仕：荫补缌麻以上亲，曾任宰相及见任三少、使相，三人。曾任三少、使相、执政官见任节度使，二人。太中大夫及曾任尚书侍郎及右武大夫以上，并曾任谏议大夫以上及侍御史，一名。"参见［宋］谢深甫等修：《庆元条法事类》，戴建国点校，载杨一凡、田涛主编《中国珍稀法律典籍续编》第一册，黑龙江人民出版社 2002 年版，第 236 页。

② "臣僚遗表：荫补缌麻以上亲，曾任宰相及见任曾任三少、使相，五人。曾任执政官并见任节度使，四人。太中大夫以上，一名。诸卫上将军及承宣使，四人。观察使，三人。"参见［宋］谢深甫等修：《庆元条法事类》，戴建国点校，载杨一凡、田涛主编《中国珍稀法律典籍续编》第一册，黑龙江人民出版社 2002 年版，第 236 页。

然而两宋由于大开荫补之路，优遇百官，于科举之外，又添冗员。

第三节　两宋科考选官与荫补入仕的比较

科举为寒门学子开辟了一条依靠自身苦读就可以登入仕途的龙门之路，而荫补则为那些学术不精的官宦子弟提供了一条终南捷径，缓和了官僚阶层的内部矛盾。但是，正如司马光、苏辙所认为的：进士登科之人，自年少开始学习，而有司考试亦详之又细，但荫补入仕者靠其祖上恩德，即使屡考不中，年及三十也能入仕做官，因此荫补之徒不如科举之人，实属"理之必然"①。因此，两宋采取了区别有无"出身"的方式，削弱了荫补入仕者的竞争力，提升了科举入仕者的地位。至南宋，仍"以出身为重"②。

一、有无"出身"对改官的影响

《吏部条法·改官门》中对有无"出身"影响改官的法律规定，笔者对其整理如下：

改官：

承直郎　右六考，有出身，奉议郎。余人通直郎。不满六考，有出身，通直郎。余人宣教郎。

儒林郎　右六考，有出身，通直郎。不满六考，及余人，并宣教郎。

文林郎、从事郎（谓奏举职官知县者。）

从政郎　右六考有出身，及余人并宣教郎。不满六考，有出身，宣教郎。余人宣义郎。不满三考，有出身，宣义郎。余人承事郎。

---

① ［宋］李焘：《续资治通鉴长编》卷三百八十六，中华书局2004年版，第9402页。
② ［元］马端临：《文献通考》卷六十四，中华书局2011年版，第1928页。

从事郎、（谓日恩赏循转者。）修职郎　右六考有出身，宣教郎。余人宣义郎。不满六考，有出身，宣义郎。余人承事郎。不满三考，有出身，承事郎。余人承奉郎。

迪功郎　右七考有出身，宣教郎。余人宣义郎。不满七考，有出身，宣义郎。余人承事郎。不满五考，有出身，承事郎。余人承奉郎。不满三考，有出身，承奉郎。余人承务郎。①

从上述法律条文中可以发现，就改官而言，在考数相同的情况下，有出身者获得的寄禄官阶比无出身者要高，这就提升了有出身者的上升速度。

二、有无"出身"对关升的影响

《吏部条法·关升门》中对有无"出身"影响关升的法律规定，笔者对其整理如下：

选人：

应迪功郎，有出身三考，无出身四考，有县令举主三员，与关升县令，循入从政郎。

应迪功郎，有出身三考，无出身四考，有职官举主三员，（谓从事郎。）与关升职官知县，入从事郎。

应迪功郎，有出身四考，无出身六考，有职官举主三员，候参选与文林郎。

应迪功郎，有出身两任四考，无出身两任五考，与令录。候参选照条

---

① 《吏部条法》，刘笃才点校，载杨一凡、田涛主编《中国珍稀法律典籍续编》第二册，黑龙江人民出版社 2002 年版，第 322 页。

关升，入从政郎。^①

从上述法律条文中可以发现，就选人关升而言，在官阶相同的情况下，有出身者的考数比无出身者的考数要少，这就缩减了有出身者的关升年限。

此外，有无"出身"还影响职官初入仕途的资序。"凡以资荫出身者，皆先使之监当场务，未得亲民。"^② 也就是说，以荫补入官之人，先入监当资序。然而在两宋如果没有入亲民资序，其实是很难有出头之日的，而荫补入仕之人，在关升亲民上，就有很多限制^③。当然这种限制也不是毫无通融的可能，比如虽然关升亲民需要增加一任监当，但是如果有举主六人就可以免于增加任数。这一规定其实是有利于高级职官子弟的，他们可以形成一个关系网络，互相荐举，从而免于增任。

要而言之，虽然两宋荫补入仕人数较多，但是通过种种限制，表面上是给予这些食禄之家子弟以优待，但实际上刻意压制了他们的升迁渠道，归根结底还是为了防止他们形成权力关系网，导致权力过度集中于某些大臣之手。但是对于荫补子弟来说，也不是就此就与进士出身无缘了，如吕本中，其为吕夷简玄孙、吕公著曾孙，初以荫补入仕，后在绍兴六年（1136 年）赐进士出身。又如《吏部条法》^④ 中规定的对荫补子弟的优待之策。所以说，无论科举也好，荫补也罢，归根结底是要服务于中央集权、稳固政权基础的：一方面，通过科举取士，使出身寒门的贤士得以靠自身努力换取功成名就，将社会各阶层的有才之士尽可能地吸纳入职官的行列里来，扩大统治基础，提高职官的治事水平；

---

① 《吏部条法》，刘笃才点校，载杨一凡、田涛主编《中国珍稀法律典籍续编》第二册，黑龙江人民出版社 2002 年版，第 294 页。

② ［宋］司马光：《涑水记闻》卷第一，邓广铭、张希清点校，中华书局 1989 年版，第 19—20页。

③ 《吏部条法》中规定："诸荫补承务郎以上，不因就试出官，候该关升亲民者，更展一任监当。如有举主六人与免展。"参见《吏部条法》，刘笃才点校，载杨一凡、田涛主编《中国珍稀法律典籍续编》第二册，黑龙江人民出版社 2002 年版，第 298 页。

④ 《吏部条法》中规定："诸迪功郎，无出身人因应举赐进士出身者，许将无出身上历过月日依有出身人法关升。"参见《吏部条法》，刘笃才点校，载杨一凡、田涛主编《中国珍稀法律典籍续编》第二册，黑龙江人民出版社 2002 年版，第 301 页。

另一方面，通过荫补入仕，给予为两宋政权奋斗一生的职官以优待，使他们甘心为君主卖命。当然，在这一过程之中，宋廷通过诸多手段限制荫补之人的仕进之路，使他们很难位居高位，这也是两宋未出现权臣篡权的重要原因之一。于是，两种看似截然不同的入仕途径在强化中央集权的目标指引下获得了统一。

"仕进之路之盛者，进士任子而已。"① 科举与荫补作为士大夫们步入仕途的重要第一步，亦在其中渗透了赵宋君主对选取什么样的职官和选取多少职官的思考，因此也是两宋职官法的重点关注对象。故而本章着重探讨了有关科举取士和荫补入仕的相关问题。

其一，两宋时期，通过不断完善科考选官的方式，为人才的涌流提供保障。首先是广录寒士，彰显了科举的民主与开放；其次是行殿试，将录人权、选人权收于帝王之手，改变了唐朝以来所形成的座主与门生的权力关系网；再次是罢公荐、制定系列防范舞弊的举措，打造了较为公平的考试环境；最后是设特奏名，缓和屡试不第的矛盾。此外在科举之外又设制举，广揽人才。在崇尚法制、追求实际的社会氛围之下，科举选拔的人才也越发追求法律和实际，也因此使两宋社会成了名副其实的科举社会。当然这种对科举的大力推崇是有深层次原因的，一来是国家对科举的大力支持；二来是庶族地主阶级渴望通过科举谋求政治地位，获得长久发展；三来科举受推崇的实质是为稳固政权的需要。

其二，实行优厚的荫补之法，通过各种法律规定保障职官从任职到致仕甚至亡故后的荫补子弟、余属的权益，尤其是中高级职官的荫补权益。虽然两宋荫补之法经历了由北宋至南宋时期的不断调整，力图缩减荫补员数，缩小荫补范围，但始终只是"治标"。这是因为，荫补是职官法中对职官优遇的一大体现，也是符合赵宋治官目标的，因此不可能真正撼动官僚阶层的利益。两宋制定了较为完善的荫补之法，尤其是对三种主要的荫补方式，即大礼、致仕和遗表荫补，更是在《庆元条法事类》中进行了详细的规定。然而，应该看到的是，

① ［宋］杨万里：《杨万里集笺校》卷八九，辛更儒笺校，中华书局 2007 年版，第 3524 页。

两宋荫补之法虽然延续了职官的权益，但是却过滥，更添冗员问题。

其三，虽然两宋入仕以科举和荫补为主要二途，其中荫补又占职官人数的很大比重，但赵宋君主却在职官法的设计上采取了一"扬"一"抑"的方式，有效缓和了科举与荫补之间的对立。这个方式的精髓就在于"出身"。虽然荫补入仕者无须参加科举考试，便能获得为官机会，却没有"出身"，这就使得他们在之后的仕进之路上有了重重阻碍，较为明显的体现就在改官和关升上，同时无出身者即使在致仕后面临升转官资也要有所限制，而且在初入仕途时也只能入监当资序。这样一来可以平息一些以科举入仕者的不满之情，二来又可以有效抑制官宦子弟形成权力关系网，使他们很难位居高位，可谓一举两得。

第三章

差遣制影响下的两宋职官铨选

两宋时期为了实现防范百官、强化中央集权的目的，将差遣制进一步发展和完善，并被赵宋统治者得心应手地运用于职官管理之中。差遣制的形成，不仅被后世视为两宋职官法的突出特征，更是造成两宋官冗问题的重要原因。

同时，在差遣制的影响之下，两宋职官的铨选被划分为职官叙迁和关升两条路径，这两条路径各成体系却又互相影响，体现着赵宋君主的治官智慧，而在职官铨选中所制定的法律条文，更是将对职官的升迁贬黜近乎完全地归于法制化的轨道之中。

第一节 差遣制的形成与实施效果

两宋时期所形成的差遣制并不是一蹴而就的，它是通过唐至五代十国时期的演变而发展过来的，并被赋予了宋朝的特点，以适应宋朝基本国情之需要。差遣制自形成之日起，就开始发挥它对百官的防范之效，虽然起到了夺百官之权的目的，但亦被后世诟病颇多。

一、差遣制的形成

（一）"有官、有职、有差遣"①

"有官、有职、有差遣。"这是两宋官制最突出的特点，体现着对百官最彻底的防范。这一"官"与"权"相分离的设计，标志着官员在铨选过程之中有着品级身份、差遣职任等多种、多层的选任架构。这种官制设计处处渗透着对于职官的防范，体现着对职官权力的分化，虽然造成了官制紊乱、叠床架屋、官冗严重等弊端，但终究向后人展现了赵宋君王在解决职官品级和具体职任之间的平衡性问题上的独到见解和成功之处。

蔡绦在《铁围山丛谈》中谈到的"石位"②，就是从侧面论及官是用来序位次的，这种标志序班之石正是与官的位次相对应的。而职是一种荣誉，只有差遣才是有实际权力、担任具体事务的职任。在《续资治通鉴长编》③中有大量关于北宋前期具体官员官与职分的描述，对于大批职官来说，能得差遣才是任有实职，获得实权。虽然这种紊乱的官制设计导致在官、差遣与职三者之间"名同实异，交错难知"④，却是帝王用以制约百官的不二法门。

差遣、职、官分授在中央主要体现在由他官主判，而在地方则体现为由京朝官出任州县守令，"权知"任之。

---

① ［元］脱脱等：《宋史》卷一百六十一，中华书局1985年版，第3768页。
② ［宋］蔡绦：《铁围山丛谈》卷第二，冯惠民、沈锡麟点校，中华书局1983年版，第25页。
③ 如"龙图阁直学士、刑部郎中、知江宁府包拯为右司郎中、权知开封府"。参见［宋］李焘：《续资治通鉴长编》卷一百八十四，中华书局2004年版，第4460页。又如"翰林学士、中书舍人李穆知开封府"。参见［宋］李焘：《续资治通鉴长编》卷二十四，中华书局2004年版，第546页。
④ ［清］王鸣盛：《十七史商榷》卷八十一，载陈文和主编《嘉定王鸣盛全集》第六册，中华书局2010年版，第1138页。

1. "三省、六曹、二十四司，类以他官主判"①

建隆二年（961 年）开始出现以本官任他职的现象。② 此后，三师、三公并不常置，宰相也不以三省长官为专任，而是设二府三司主掌政事，中书权力被一分为三。诸司也只是留有其名而已。台、省、寺、监等官无定员，仅是用以确定位次与禄秩。中书令、侍中、尚书令、侍郎等官称，只有官阶却并无职事，也不掌管本属政务，甚至谏官也需降敕，亲赴谏院供职，才能真正称之为谏官。

2. "削外权，命文臣往莅之"③

宋初，太祖由于亲历过五代之乱，深知藩镇割据之害，对于藩镇势力尤为审慎。故而在立国之初便诏令诸镇长官齐聚于京师，给予赏赐并留之，而后又命中央官员出领州县，是为"权知军州事"④。这种"权知"的创造成了两宋独特的加强中央对地方控制的职官法设计。

当然，这种对于藩镇的收权并不是一蹴而就的，是在循序渐进、以点带面、区别对待的方法之下，在不引起大的波动的情况下，逐渐加强了对地方的控制力度。但是，这些中央官员却统统命之以"权知"，意为"名若不正，任若不久者，以轻其权。……以权设之名为经常之任"⑤。同时，又以通判之设，密织防范之网。总的来看，宋初通过设置知州、通判的方式，渐夺节度使之权，使节度使由唐末重臣变为"无所掌，……，亦无定员"⑥ 的虚职，行政事务均交由知州、通判负责，同时，知州、通判二者又形成了互相制约的关系。这样一来，中央在上收地方权力方面又迈出了关键一步。

对于县一级，太祖也有所筹谋。"以某官知某县事，犹之以某官知某府、

---

① ［元］脱脱等：《宋史》卷一百六十一，中华书局 1985 年版，第 3768 页。
② 史载："右监门卫将军魏仁涤为右神武将军，水部员外郎朱洞为都官员外郎，监察御史李铸为殿中侍御史。"参见［元］脱脱等：《宋史》卷一百六十九，中华书局 1985 年版，第 4029 页。
③ ［元］脱脱等：《宋史》卷一百五十八，中华书局 1985 年版，第 3695 页。
④ ［元］马端临：《文献通考》卷六十三，中华书局 2011 年版，第 1896 页。
⑤ ［清］梁章钜：《称谓录》卷二十二，冯惠民、李肇翔、杨梦东点校，中华书局 1996 年版，第 331—332 页。
⑥ ［元］脱脱等：《宋史》卷一百六十六，中华书局 1985 年版，第 3946 页。

州、军，皆仍带京朝官，言衔大而职小。"① 故而，以亲信的中央官员外任"权知县事"的实质与"权知州事"一样，都是为了收地方之权尽归中央而设。

宋初实行的以中央官员出领外任的方式，在审慎中带着坚定，分步骤分地区地进行，以不夺其恩而夺其权的方法使得困扰唐末五代的藩镇坐大的困局得到了较平稳的解决。然而在宋初君主的心里，如何"防弊"是重中之重的任务，这种以中央官员出领外任的方式固然可以有效避免削藩镇之乱，但是，如何对这些派出之官予以防范呢？两宋时期不仅设立通判，并且在选任这些出领外任的官员的时候更多选以文臣任之，这与太祖本身便是武将夺权，又历经五代武人专政，故而油然而生的对于武将的防范是有关的。太祖曾与赵普说到，五代时期藩镇祸乱，百姓深受其害，如今我选择文臣分治诸地，即使都是贪污腐化之徒，他们所带来的危害性也不及"武臣一人"②。这种体现在职官法设计中的防范与重文轻武，适应了强化中央集权之需要，是两宋君王的必然选择。

3.《少尹幕职官参选条件》

《少尹幕职官参选条件》③ 为中央上收幕职官的人事任免权提供了法律依据，

---

① ［清］姚莹：《康輶纪行》卷之十一，中华书局2014年版，第287页。

② ［清］毕沅编著：《续资治通鉴》卷第七，中华书局1957年版，第167页。

③ 《少尹幕职官参选条件》中规定："应拔萃判超及进士、九经判中者，并入初等职事，判下者依常选。初入防御团练军事推官、军事判官者，并授将仕郎，试校书郎。满三周年得资，即入留守两府节度推官、军事判官，并授承奉郎，试大理评事。又三周年得资，即入掌书记、防御团练判官，并授宣德郎，试大理评事兼监察御史。满二年得资，即入留守、两府、节度、观察判官，并授朝散大夫，试大理司直兼监察御史。满一周年，入同类职事、诸府少尹。又一周年，送名中书门下，仍各依官阶分四等。已至两使判官以上，次任即入同类职事者，加检校官，或转宪衔。观察判官着绯十五年者，赐紫。每任以三周年为限，闰月不在其内。每一周年，校成一考。其常考，并依令录例，书'中''上'，如经殿罚，即降考一等，若校成殊考，南曹上其功绩，请行酬奖。或考满未代，更一周年与成第四考，随府罢者不在赴集。其奏授职事，书校考第，出给解由，并准新条，以备他年参选。若两任以上不成资，但通计月日及二周年，许折一任成资，及敕替省员，则取本任解由赴上，不得即给以公凭，并非时赴集。其自以事故不得资，停罢及违程不请告身，一任者二周年赴集，并两任加一周年，并三任者不在赴集限。若今任有下考者，殿一年入同类官，如经恩得雪者免殿。如罢任后出给解由，每违一季殿一年，违两季以上者殿二年。丁忧服阕及非考满去任者，并同罢任。如无解由或省校考牒，并殿一年。或失坠文书而给得格式公验者，免殿降。准格停及使阙人三周年赴集。其特敕停官及削官曾经徒、流以官当者，并经恩后本职年限赴集，仍于刑部请雪牒。如无员阙愿入州县官者，将一周年月俸比校，如有不同，即上下不过十贯者，听与注拟。至防、团判官以上入州县官，罢任后止理本职事年限赴集。其诸府少尹考第，亦以三周年为限。"参见 ［宋］李焘：《续资治通鉴长编》卷五，中华书局2004年版，第129—130页。

自此幕职官归由流内铨除授。该法律规定有三点值得关注：一是将参选的幕职官分为四个等级，每个等级都有相应的得资年限和授官与试衔的规定，可谓详尽；二是从所授官职名称上对以前的幕职官官名进行了区分，降低了自辟僚属的私属性质，与朝廷命官的序列统一，意味着这些幕职官的服务对象不再是从前的藩镇节度使而是帝王，中央集权的性质加强；三是体现节度使丧失了对于幕职官的选择权，即只要得资年限满便可升转，按照不同等级直接就可授任官职。

这种幕职官逐渐州县官化的转变，从侧面反映出了中央与地方的势力在悄然发生着变化。唐末五代以来，藩镇割据势力日强，即使君主意识到了其对于政权的危害性，但恐怕是心有余而力不足的。及至宋初，人心思定，全国统一成了大势所趋，朝廷得以借此机会收回地方人事任免权，而在这种不断收权的同时又实际加强了中央对地方的控制能力，在这种良性循环中，地方再无犯上作乱的可能性，唐末五代以来中央式微的局面得以逐渐改善并最终获得解决。

（二）《以阶易官寄禄新格》的颁布与发展

1.《以阶易官寄禄新格》

宋初，为有效防范百官，分割官员权力，形成了差遣、职、官分授之局面，虽然确实起到了预期之效，但副作用亦是非常明显的。及至神宗朝，开始着手校订《唐六典》，实行元丰改制，其中最引人注目的当属《以阶易官寄禄新格》① 的颁布，是为影响两宋最为深远的官制改革内容。

自此，京朝官体系划分为二十五阶，官阶用以确定俸禄、位次，而职事官则代表着所任职事，表面上改变了官与职分的面貌，但还是渗透着差遣制度，

---

① 《以阶易官寄禄新格》中规定："中书令、侍中、同平章事为开府仪同三司，左、右仆射为特进，吏部尚书为金紫光禄大夫，五曹尚书为银青光禄大夫，左、右丞为光禄大夫，六曹侍郎为正议大夫，给事中为通议大夫，左、右谏议为太中大夫，秘书监为中大夫，光禄卿至少府监为中散大夫，太常至司农少卿为朝议大夫；六曹郎中为朝请、朝散、朝奉大夫，凡三等；员外郎为朝请、朝散、朝奉郎，凡三等；起居舍人为朝散郎，司谏为朝奉郎，正言、太常、国子博士为承议郎，太常、秘书、殿中丞为奉议郎，太子中允、赞善大夫、中舍、洗马为通直郎，著作佐郎、大理寺丞为宣德郎，光禄、卫尉、将作监丞为宣议郎，大理评事为承事郎，太常寺太祝、奉礼郎为承奉郎，秘书省校书郎、正字、将作监主簿为承务郎。"参见〔宋〕李焘：《续资治通鉴长编》卷三百八，中华书局 2004 年版，第7482—7483 页。

在具体铨选除授之中，差遣问题无处不在。也就是说，元丰官制改革虽然打着为官正名的旗号，但丝毫没有放松对百官的防范，分割权力的实质依然被贯彻执行着，须臾未曾放弃。

2. 不断调整的官制

元丰改制之后，为适应发展的需要，解决职官发展过程中存在的问题，又主要经历了哲宗时期和徽宗崇宁、政和时期的不断完善，至南宋时期朝廷大体相沿了北宋元丰改制后所形成的官制体系。

虽然元丰改制将京朝官划分为二十五阶，但此时的员阙矛盾已经凸显，官阶过少导致升迁过快，大量人员壅塞于朝中，并不利于铨选。故而元祐三年（1088 年）将寄禄官阶中之六阶①分为左、右，根据有无出身区分仕进之路，增加无出身者的迁转阶次。元祐四年（1089 年），又将上自朝请大夫下至承务郎全部划分左、右。及至哲宗亲政，从年号"绍圣"即可看出他对皇考之尊重，对元丰改制之推崇。绍圣二年（1095 年），除寄禄官阶中之五阶②仍分左、右外，其余全都恢复了元丰旧制，

徽宗时期开始着手调整幕职官、州县官的官阶，在四等七资③的基础之上进一步划分为七阶④，自此，"文阶始备"⑤。

纵观从国初到徽宗时期对幕职官、州县官所做出的调整，先是有《少尹幕职官参选条件》将幕职官划分为四等，规定了不同幕职官的文散官、成资年限和试衔，使幕职官的除授权收归中央，与州县官同为朝廷命官，归入地方行政

---

①　六阶为金紫光禄大夫、银青光禄大夫、光禄大夫、正议大夫、中散大夫、朝议大夫。

②　五阶为银青光禄大夫、光禄大夫、正议大夫、中散大夫、朝议大夫。

③　四等七资为"国朝选人寄禄官，凡四等七资。留守节察判官、掌书记支使防团判官，留守节察推官、军事判官，为两使职官；防团军事推官、军监判官，为初等职官；司录、县令、知县为令录；军巡判官、司理、司户、司法、簿尉，为判司簿尉。其升迁之序，则自判司簿尉举令录迁令录；举职官，迁初等职官。自职令荐书及格，皆放京官，不及格而有二荐书，则迁两使职官，谓之'短殷'；以劳叙赏，谓之'循资'"。参见〔宋〕叶梦得：《石林燕语》卷三，中华书局 1984 年版，第 45—46 页。

④　史载："曰承直郎，曰儒林郎，曰文林郎，曰从事郎，曰通仕郎，曰登仕郎，曰将仕郎。政和间，改通仕为从政，登仕为修职，将仕为迪功，而专用通仕、登仕、将仕三阶奏补未出官人。"参见〔元〕脱脱等：《宋史》卷一百五十八，中华书局 1985 年版，第 3711 页。

⑤　〔元〕脱脱等：《宋史》卷一百六十一，中华书局 1985 年版，第 3769 页。

序列。后又将幕职官与州县官同步管理，划分为七阶，改变了以职为阶的名实混淆局面，使地方文官整齐划一。这一系列的改革更进一步为地方职官管理的规范化提供了法律依据，更利于中央对地方官员的管控。

元丰官制改革的本意是希望改善差遣、职、官分授的紊乱局面，然而在集权中央的思路指引下，分割百官权力的实质是不可能彻底退出历史舞台的，对于百官的防范与忌惮，是两宋君主调整职官法的主旋律，兜兜转转之中总是绕不开分权制衡，务实防弊，这亦是终宋之世而不曾改变的。

要而言之，铨选一事，责任重大，关系千万士子的政治前途，若有人因私而插手，则坏吏治，乱秩序；若有人阴谋犯上，则扰朝纲，覆政权。是故，规范铨选，完善铨法实乃必然。两宋时期的职官铨法，充分体现了对权力的分割，打破了选任权的垄断和门生故吏形成的可能，有效防止了盘根错节的职官关系网络的建立，在多次调整中，始终没有偏离权力制衡、防范百官的轨道。中央上收了对职官的人事管理权，一方面保证了职官铨选的公平公正；另一方面改变了唐末以来藩镇自辟僚属的不利局面，防止权力在某一部门或某一职官中独擅和腐化，空前强化了中央集权。

虽然两宋以这种牺牲行政效率的方式和代价制定了职官铨法，造成了官制紊乱、叠床架屋的局面，导致官僚体系失去了活力，使其恰如步入黄昏之年迈之人，老态尽显，因循保守，但的的确确少了年少的冲动，凡事求稳，为官僚体系的内部安定提供了基础。

二、差遣制的实施效果

（一）差遣制的功用

1. 缓和了职官集团的内部矛盾，实现了中央集权的空前强化

差遣制的形成，无疑是两宋官制最具特色之处，将一个职官的"职级"与"职任"分离开来，划分为两大体系。一来缓和了职官集团的内部矛盾。两宋时期

官冗问题非常严重，这就造成大批入仕的官员无任可赴，无职可担，如果处理不好这一问题，那么极易激发职官内部矛盾，然而差遣制的出现就很好地解决了这一问题，即使官员暂时没有具体的职任，但是依然可以按照法定条件以资叙阶，缓和了官冗之下的层层危机。二来使中央集权得到了空前之强化。唐末五代以来，藩镇多可自辟僚属，使得中央在逐渐丧失对地方官员管理权的同时，亦丧失了牵制、管控地方的实力。两宋时期，以"权知"的方式由京朝官出任地方州县长官，成为知州、知县，加强了中央对地方的管控力度。三来差遣制的形成，在一定程度上模糊了官与官之间的职级，有以高官任低职，有以低官任高职，使百官之间无法真正实现"位高权重"，也就更能达到互相监督、制衡的效果。

2. 对职官的奖惩层次更为多元

两宋对于职官的一些贬黜升降，有时并非皇帝本意，往往是权宜之计，在这种情况之下，皇帝利用官、职、差遣相分的特点，明降实升，以堵悠悠之口，也可安抚被黜降臣子之心，保证其政治待遇不受损害，可谓一举多得，彰显帝王手段。

比如仁宗天圣中，王曾为首相，吕夷简为参知政事，最初，吕夷简待王曾甚为恭顺，王曾也曾力荐吕夷简为亚相。然而不久吕夷简居于王曾之上，且吕夷简遇事专断，王曾请求罢免之。此时外面正在传吕夷简收受贿赂，至仁宗皇帝处，吕夷简和王曾争论不已，王曾认为自己也有过错，故而与吕夷简一同被罢官。而仁宗对王曾处罚时，职任虽降，但官阶却升。[1] 又如在熙宁七年（1074年）四月，太皇太后、皇太后一同向神宗皇帝哭诉新法之弊，认为王安石变法有害无利。且辅臣在进对之时，皆向神宗皇帝论及变法之弊，神宗不得已罢免了王安石宰相之职，虽外任差遣，却超转了官资。[2]

由上述两个例子可以看出，两宋帝王利用职任与级别分离这一特点在职官

---

① 史载："右仆射、兼门下侍郎、平章事王曾罢为左仆射、资政殿大学士、判郓州。"参见［宋］李焘：《续资治通鉴长编》卷一百二十，中华书局2004年版，第2826页。

② 史载："礼部侍郎、平章事、监修国史王安石罢为吏部尚书、观文殿大学士、知江宁府。"参见［宋］李焘：《续资治通鉴长编》卷二百五十二，中华书局2004年版，第6168页。

升降上做足了文章，时而鼓励臣子戴罪立功，时而内含强烈惩罚，使奖惩层次更为多元，同时平衡骤降或骤升之官的心理。

（二）差遣制之弊

官、职、差遣分授虽然起到了分割权力、防范百官的效果，为强化中央集权增添了不少助力，但所带来的弊端也是不言而喻的：其一，由于官不在其职而由他官代之，官失其守，在其位却不谋其职，干一天是一天的心态在不少职官的心中开始酝酿，导致在北宋灭亡之际，有些守城之官竟然弃城而逃；其二，有官不知其职，有职而不知其官，官制紊乱，叠床架屋，冗官严重。

1. 官失其守，在其位却不谋其职，国难之时守城之官弃城而逃

两宋词人李清照曾作诗一首，名为《夏日绝句》[①]，这首诗不仅有感于国势，亦是感慨丈夫赵明诚的行为。赵明诚在知江宁时，王亦发生兵变，赵明诚非但没有引起注意，反而在第二天早上有官来报时，才发现赵明诚早已与一众官员逃走了。[②] 正因为此，就连身为女流之辈的李清照都感到羞愧。宣和七年（1125 年），金军兵临太原，童贯想要逃走，被张孝纯制止，然而童贯虽表面答应，实则却暗中收拾细软，于两军开战前弃城而逃。[③] 南宋末年，洪起畏在元军初到之时，曾激昂作诗一首[④]，然而真的等元军来临的时候，洪起畏竟"举郡以降"[⑤]。故而当时那句"有死不走"不仅成了笑谈，更形成了巨大的讽刺。这些一方主官临战而退，弃一城百姓于不顾，与两宋职官无权是息息相关的。这种不良的吏治之风，使得

---

① "生当作人杰，死亦为鬼雄。至今思项羽，不肯过江东。"参见刘忆萱选注：《李清照诗词选注》，上海古籍出版社 1981 年版，第 8 页。

② 史载："驰告守臣秘阁修撰赵明诚，时明诚已被命移湖州，弗听。……迨明访明诚，则与通判府事朝散郎毋邱绛、观察推官汤允恭缒城宵遁矣。"参见［宋］李心传：《建炎以来系年要录》卷二十，中华书局 1988 年版，第 394 页。

③ 史载："金人围太原，童贯欲遁，张孝纯止之，曰：'平生推重太师，几许威重，及临事，乃捧头鼠窜，何面目见天子乎？'"参见［清］郑志鸿：《常语寻源》卷下，载［清］钱大昭等：《迩言等五种》，颜春峰、叶书奇点校，中华书局 2019 年版，第 230 页。

④ "家在临安，职守京口，北骑若来，有死不走。"参见［宋］周密：《癸辛杂识》续集下，吴企明点校，中华书局 1988 年版，第 181—182 页。

⑤ ［宋］周密：《癸辛杂识》续集下，吴企明点校，中华书局 1988 年版，第 182 页。

国家在遇到严重危机时，职官毫无应变能力，亦无应变权力，只能希求人人自保，而不愿为这本就无权的官位献出自己的生命。

2. 官制紊乱，叠床架屋，权责不明，官冗严重

史书中有一段对选人官制的生动描述①，其中一句"可笑尤甚"道尽了在选人之中官、差遣二者分离之紊乱。然而，这种混乱并不仅仅局限在沉寂于下层的选人群体，甚至在二府三司之间也是权责不明，各自为政。② 此外，宋祁在论及朝廷"三冗"之时，就认为职官没有确定的员数，无专职，是为造成冗官的原因之一。③

差遣制的形成，虽然衍生了诸多副产品，但着实加强了对百官的防范，是终宋之世未见藩镇割据势力抬头的重要原因之一。

第二节　差遣制影响下的叙迁官阶

叙迁，主要是指决定职官俸禄和位次的本官阶在不同等次之间的上升或下降。叙迁主要体现在幕职官、州县官的循资与改官，京朝官的转官之中。

一、从法律条文中分析影响幕职、州县官循资与改官的因素

对于占据职官群体大多数的幕职官、州县官来说，循资和改官对他们有着

---

①　史载："独选人七阶则皆以幕职令录之属为阶官，而幕职令录则各有所系属之监司、州县，遂至有以京西路某县令为阶官而为河北路转运司勾当公事者，有以陕西路某军节度判官为阶官而为河东路某州学教授者，有以无为军判官为阶官而试秘书省校书郎者，其丛杂可笑尤甚。"参见［元］马端临：《文献通考》卷六十四，中华书局 2011 年版，第 1930—1931 页。

②　史载："中书不与知兵，增兵多少不知也；枢密院要兵则添，财用有无不知也；管军将帅少兵则请，曾不计较今日兵籍倍多，何故用不足也；三司但知支办衣粮，日日增添，不敢论列，谓兵非职事也。四者各为之谋，以至于此。若通而为一，则可以计较兵籍多少、财用有无，不致于冗。"参见曾枣庄、刘琳主编《全宋文》第四十六册，上海辞书出版社、安徽教育出版社 2006 年版，第 381 页。

③　史载："朝廷有三冗，天下官无定员，一冗也。"参见［清］赵翼：《廿二史札记校证》卷二十五，王树民校证，中华书局 2013 年版，第 538 页。

不同的意义。循资是指幕职官、州县官在四等七阶体系之中依资叙阶，而改官则对幕职官、州县官意义重大，对于沉寂于选海的幕职官、州县官来说，只有改为京朝官才能够在仕途生涯中一抒胸臆，故而改为京朝官对于幕职官、州县官来说是一个质的飞跃和改变。

（一）影响循资的因素

选人循资，指的就是在七阶之中的官阶升降。《宋史》中详细记录了"吏部流内铨诸色入流及循资磨勘选格入流"① 的规定，现简要分析之。

表 3-1　常调、酬奖、奏荐、恩例循资②

途径	选人四等七阶	出身情况	考任数/酬奖循资数	举主	注官情况
常调	判、司、簿、尉	有出身	两任四考	无/举主四人或有合使举主二人	录事参军/县令
		无出身	两任五考		
	判、司	摄官	三任七考		
	判、司、簿、尉	流外	四任十考		录事参军
		进纳	三任七考，曾省试下第二任五考		下州令、录，仍为监当资序
酬奖	判、司、簿、尉		初任循一资		知令、录
			次任二考以上		正令、录
	知令、录		循一资		初等职官
	正令录		循一资		两使职官
	初等职官		循一资		两使职官
			循两资		支使、掌书记、防御、团练官
			循三资		节度、察判官

---

① ［元］脱脱等：《宋史》卷一百六十九，中华书局 1985 年版，第 4039 页。

② 数据来源：［元］脱脱等：《宋史》卷一百六十九，中华书局 1985 年版，第 4040—4042 页。

续表3-1

途径	选人四等七阶	出身情况	考任数/酬奖循资数	举主	注官情况
奏荐	判、司、簿、尉（举职官）	有出身	四考	三人	初等职官，仍任知县
		有出身	四考		初等职官
		无出身	六考		
		有出身	六考		两使职官
		无出身	七考		
	判、司、簿、尉（举县令）	有出身	三考		县令
		无出身	四考		
		摄官	六考	三人	
		进纳	六考	四人	
		流外	三任七考	六人	录事参军
	由举人入令、录			京官举主二人	两使职官、知县
	由举人入初等职官、知县			京官举主二人	两使职官，亦可入知县
恩例	"判、司、簿、尉用祖父五路及广、桂知州带安抚，并知成都府、梓州及川、广转运提刑等恩例陈乞，循入试衔知县，仍差监当。"①				

据表3-1可知，选人在七阶之内的循资，共有四种方式，以常调循资最为普遍，又有酬奖、奏荐和恩例三种循资方式作为补充，以满足不同条件下选人的晋升，鼓励选人在任期之内有所建树。同时，在每种方式中，对选人的出身、考任、举主等情况都有规定，这些影响因素不同，导致选人最后的注官情况亦有差别。

1. 常调循资

常调循资在《吏部条法》中有较为详细的法律规定，主要体现在《关升

① ［元］脱脱等：《宋史》卷一百六十九，中华书局1985年版，第4041页。

门·选人》① 中，根据法律条文，试分析如下：

其一，出身情况影响考任数。有出身者考任数最少，流外考任数最多。

其二，任内是否有负犯的情况影响考任数。如果有，则增加一任。

其三，任内如有负犯情况，则出身不同处罚也不同。流外人任内有所负犯，则需要增加一任；而非流外人如果在有举主，且举主符合相应的员数的情况下，则通注县令。

其四，对公私罪负犯情况要求不同。许注录事参军要求历任无赃私罪和公罪徒以上，或曾被停替之人。

从上述分析中可以看出，在常调循资中，最重视的是官员的出身，有出身者的循资优势是其他人无法比拟的。因选人出身不同，导致在循资过程中的考任数和举主员数也有不同，常调循资是选人中最普通的循资进阶方式，依托于出身和考任数表明论资排辈的意味很浓，当然，这种以"资"而论的做法，不仅是面对众多职官循资时，为营造公平环境的必然之选，更是有效限制铨选机构的选人权力的重要举措。此外，在对待职官负犯问题时，并没有"一棍子打死"，而是留有余地，没有因职官负犯而一撸到底，在对职官极大宽容甚至纵容的同时，亦显示了两宋治官不严之弊。

2. 酬奖循资

酬奖循资是一种鼓励职官积极作为、有所建树的举措。常调循资往往要求职官只要安分守己便可照例循资，这无疑消磨了不少有治事才能的官员的干事积极性，并不利于国家发展。此外，如果大家都可依靠年资循资，那么繁剧差遣就会无人应阙。因此，以酬奖循资的方式弥补常调循资之不足，不失为一种

---

① 《关升门·选人》中规定："诸判司簿尉，有出身两任四考，无出身两任五考，摄官授正官后三任七考，流外四任十考，历任无赃私罪，及公罪徒，或曾停替者，与录事参军。如有上文过犯，即展一任回。（流外人及十三考者，不展。）以上非流外人，曾有举主四员，或合使二员，仍通注县令。（因酬奖入令录者，自依酬奖法。）流外有赃滥，及诸司驱使官、散官、三省祗应人出职者，不得入录事参军。其进纳人三任七考，（曾省试下者两任五考。）与令录差监当。（因酬奖与职官令录者准此。）有过犯准上法。"参见《吏部条法》，刘笃才点校，载杨一凡、田涛主编《中国珍稀法律典籍续编》第二册，黑龙江人民出版社 2002 年版，第 301 页。

智慧之举。

3. 奏荐循资

奏荐循资是在常调循资的基础之上强调举主的重要地位。两宋的官冗问题非常严重，沉寂于下层的选人群体更是多不胜数，如果单单依靠吏部考察职官，往往无法得实，在信息的沟通渠道并不是很畅通的情况之下，以荐举的方式拔擢人才，不失为一条捷径。能够获得举主资格的职官很多已是有一定地位的京朝官了，这些人无论是吏部还是君主都多少有些了解，而通过他们荐举的选人，也多少是为其所熟知的，这就在很大程度上保证了荐举循资的有效性，使得有才能之人能够尽快获得晋升之阶，在循资之中崭露头角。

4. 恩例循资

熙宁五年（1072 年）之前，恩例循资尚无定制，神宗皇帝听从曾布等人的建议，以法律明文规定了百官陈乞恩泽的主要内容①。陈乞恩泽主要是针对两宋的高级职官以及有明文规定的在特定地区担任繁剧差遣的府州一级行政长官和路级监司的。

此外，南宋时期，在《庆元条法事类》卷第十二《职制门九·恩泽》② 中对恩例循资亦进行了法律规定。而根据职官范围的不同，陈乞恩泽的次数、亲属范围也有所不同，如表 3-2 所示：

---

① 史载："见任两府，岁许陈乞差遣一人；内宰臣、枢密使兼平章事，非因事罢者陈乞转官一人，指射差遣二人；余执政官罢者转官一人，指射差遣一人。若有勋劳即取旨。待制以上，许陈乞差遣一人，转至学士者又一人。三路、广、桂安抚使及知成都府、梓州差遣一人，亲子孙循一资。广南转运、提点刑狱许奏子孙或期亲合入官一人；成都、梓州、夔路差遣一人，子孙循一资。"参见［宋］李焘：《续资治通鉴长编》卷二百三十一，中华书局 2004 年版，第 5609—5610 页。

② 《庆元条法事类》卷第十二《职制门九·恩泽》中规定："诸臣僚陈乞恩泽者，（谓乞有官人差遣，或占射差遣，或减磨勘年，或循资，或免试。余条称陈乞恩泽准此。）限五年，并听于所在官司自陈。"参见［宋］谢深甫等修：《庆元条法事类》，戴建国点校，载杨一凡、田涛主编《中国珍稀法律典籍续编》第一册，黑龙江人民出版社 2002 年版，第 222 页。

表 3-2　《庆元条法事类》中对恩例循资的规定①

陈乞恩泽职官范围	时间	陈乞恩泽数	亲属范围	保官人数
前宰相、执政官（致仕同）	每两年	一次	亲属	
曾授宰相、执政官，尚书左、右诸司郎官，寺、监长贰，监察御史以上，发运、转运使副，提点刑狱（理资序者同）。开封府推官、判官以上及奉直、右武大夫以上，非降黜中身亡	十年内	一次（其中曾授宰相、执政官者可获两次陈乞）	期亲或孙（期亲及孙因幼小而不能入官的，允许陈乞本宗或异性缌麻以上亲恩泽）	二员
中大夫（正五品）至朝奉郎（正七品）陈乞致仕却不愿意转官者	在受敕三日之内		在有所在州县保明连奏的情况下，允许陈乞本宗缌麻以上亲一名恩泽	
中大夫（正五品）至中散大夫（从五品）			允许陈乞亲戚一名恩泽	
承议郎（从七品），奉议郎（正八品）			允许陈乞缌麻以上亲恩泽	
初授太中大夫（从四品）			允许陈乞缌麻以上亲一名恩泽	

从表中可以看出：

其一，陈乞恩泽的文资职官的范围主要集中在奉议郎（正八品）以上的朝官，这就说明占职官群体数量大多数的京官和幕职官、州县官是不享受这一特权的，进一步表明宋代官僚团体内部是有着鲜明的等级性的。

其二，前宰相、执政官和曾授宰相、执政官所给予的陈乞恩泽的内容是有所区别的。

其三，允许陈乞恩泽的职官因官阶和差遣的不同，可以陈乞恩泽的亲属范围以及人数、次数都有不同。官阶越高，职任越为重要或繁剧，则可以陈乞恩

---

① 数据来源：[宋]谢深甫等修：《庆元条法事类》，戴建国点校，载杨一凡、田涛主编《中国珍稀法律典籍续编》第一册，黑龙江人民出版社 2002 年版，第 222—223 页。

泽的权限范围也越宽广。其中官阶越高可以享受的陈乞恩泽的权限越广，表明一种政治待遇上的优恩；而职任繁剧亦影响陈乞恩泽的情况则是要鼓励职官敢于、勇于"啃硬骨头"，而不是只看、只选优差、肥差。对于担任繁剧职任之官来说，陈乞恩泽有所优恩，也是一种国家补偿的体现。

此外，在恩例循资中还规定："诸臣僚以恩泽陈乞亲戚差遣者，不许奏未应参选人，（使臣、校尉未经券连者同。）仍于奏状内开说。"① 也就是说，臣僚在陈乞恩泽的时候，所陈乞的亲属不应含有未应参选的人员。这是将高级官员可享有的荫补特权和陈乞恩泽区别开来，荫补特权是可以将高级官员的子孙、亲属不经科举考试而除授为有官之人，而陈乞恩泽则是允许高级官员的子孙、亲属中的有官之人，通过祖上之恩再次获得帝王优遇。可见，这种几近于全程化的优厚保障为职官群体，特别是高级官僚阶层大开帝王恩赏之门，同时，这也是优恩职官的一种体现。高级职官距离权力中心最近，靠近皇权，是最有可能，也最有能力举起反叛大旗的人群，只有将他们牢牢拴在与帝王利益紧密相关的统一体之中，才能在最大程度上起到稳定朝纲的作用，这也是该法律条文规定的意义所在。

同时，法律还规定一部分人不得陈乞恩泽②，该法律条文是对陈乞者和被陈乞者的一种限制性规定，即无论是陈乞者还是被陈乞者，都不能有所负犯。对于陈乞者来说，尤其不能犯赃私罪，而对于被陈乞者来说，不能在被责降偏远小官的情况下，试图通过陈乞恩泽的形式调任。这种对陈乞恩泽的限制性规定，实质上是为防止陈乞者或被陈乞者通过恩例循资谋私利。同时，由于赃私罪情重，对国家和百姓的危害较大，若这样的职官依然被允许享有陈乞恩泽的特权，无异于为虎作伥，姑息养奸，这并不利于维护政权的稳固，故而以法律的形式规范陈乞恩泽的推行，也是为吏治清明贡献了一分力量。

---

① ［宋］谢深甫等修：《庆元条法事类》，戴建国点校，载杨一凡、田涛主编《中国珍稀法律典籍续编》第一册，黑龙江人民出版社2002年版，第223页。

② "诸中大夫至中散大夫，因罪犯体量致仕及责降分司，（已分司而致仕同。）或历任两犯私罪情重，及曾犯入己赃并因事冲替而致仕者，并不得陈乞恩泽。诸停替或责降并偏远小官，不得用陈乞恩泽。被陈乞人见停替责降及降远小官者，准此。"参见［宋］谢深甫等修：《庆元条法事类》，戴建国点校，载杨一凡、田涛主编《中国珍稀法律典籍续编》第一册，黑龙江人民出版社2002年版，第223页。

要而言之，对于幕职官、州县官循资的法律规定，无论是在北宋还是到了南宋，都是极为细密的，体现了中央对地方官员循资设计之匠心。

（二）影响改官的因素

改官对这些终日沉浮于"选海"之中的职官来说，是一件非常重要的事情，因为只有改为京朝官，他们才能够看到仕途上的光明，否则就会在七阶之中来回徘徊，而不得晋升或者得到担任重要差遣的机会。

1. 考第改官

考第改官主要受磨勘年限、举主员数、出身、负犯、历任功过、原有官阶等因素的影响，是选人改官中最普遍的途径。

《宋史》中有对选人改官的详细规定，如表3-3所示：

表3-3　《宋史》中选人选京官之法①

出身情况	选人原官阶	考任数	改官情况
有出身	判、司、簿、尉	七考	大理寺丞
		不及七考	光禄寺丞
		不及五考	大理评事
		不及三考	奉礼郎
	初等职官，知令、录	六考	大理寺丞
		不及六考	光禄寺丞
		不及三考	大理评事
	两使职官，知令、录	六考	著作佐郎
		不及六考	大理寺丞
		不及三考	光禄寺丞
	支使、掌书记、防御、团练判官	六考	太子中允
		不及六考	著作佐郎
	节度、观察判官	六考	太常丞
		不及六考	太子中允

---

① 数据来源：[元] 脱脱等：《宋史》卷一百六十九，中华书局1985年版，第4038—4039页。

续表3-3

出身情况	选人原官阶	考任数	改官情况
无出身	判、司、簿、尉	七考	卫尉寺丞
		不及七考	大理评事
		不及五考	奉礼郎
		不及三考	将作监主簿
	初等职官，知令、录	六考	卫尉寺丞
		不及六考	大理评事
		不及三考	奉礼郎
	两使职官，知令、录	六考	大理寺丞
		不及六考	卫尉寺丞
		不及三考	大理评事
	支使、掌书记、防御、团练判官	六考	著作佐郎
		不及六考	大理寺丞
	节度、观察判官	六考	太子中允
		不及六考	著作佐郎

根据表3-3中规定：

横向来看，因出身、考任数的不同，改合入官的情况就不同。有出身的职官与无出身的职官相比，在改官的时候有着明显的优势，可以在考任数相同的情况下，获得更高层次的官阶，再一次表现出了两宋对科举入仕者的重视。同时，在出身相同的情况下，以考任数的多少决定注官情况，考任数多者能够获得的官阶又明显高于考任数少者，在"论资排辈"的意味中，既保证了公平，又鼓励职官安分守己，是以"资"选人的一种体现。

纵向来看，原有官阶也会影响考任年数和注官情况。在四等之中，同样是在有出身的情况下，判、司、簿、尉需要年满七考，才能改为大理寺丞，而节度等官却在满六考的情况下，就能改为太常丞，即使是没有出身的节度，也能在六考已满的情况下改为太子中允。

但是，在参照出身情况、考任数和原有官阶等因素改官的同时，会出现不分贤愚、不问课绩之弊端。故而，在考第改官之中又规定了对应改官人的举主要求，以及对应改官人历任负犯、功过情况的考察，以期实现人尽其才。

在现存的《吏部条法》中有对应改官人的举主、负犯情况、考任数的法律规定，集中体现在《改官门·考第改官》中，整理如下：

其一，将考任数、举主员数、历任功过和负犯情况与改官联系在了一起。[①] 正常情况下要求有举主五人，但如果在历任十二考以上的年限之内，并没有赃私罪情况的发生，就可以减一名举主，而如果有所负犯，依公私罪情重和改正情况，酌情分情况区别增加举主员数和考任数。

其二，将负犯情况、磨勘年限与举主员数联系在了一起。[②] 在职官历任之中，若有犯赃情况，但赃数不满一匹，这就是小赃，也就是在君王看来"无伤大雅"，那么仍然是允许职官磨勘改官的，但是需要增加考任数和举主员数。这其实并没有做到严格治官和对犯赃情况的"零容忍"。相反，虽然体现了对职官的尽可能的宽容，但是却纵容了一些官员视国家法律于无物、公然敛财的行为，因为只要是小贪，亦是无足轻重的。这是明显的以行政处罚的方式代替了刑事处罚，是赵宋在优遇百官下的畸形之选。

上述法律规定，既完善了考第改官的内容，又更为全面和具体地考核了应改官人。由于考第改官是大多数选人改入京朝官的必由之路，只有更为严格细致地规定相关内容，才能打造出在更多选人看来"公平"的铨选环境，缓和因沉寂于选调而带来的矛盾。然而对于多数选人而言，想要顺利改官，也是难上加难。比如对于举主资格和举状数量的要求，就成了横亘在选人面前的一座大

---

① 《吏部条法·改官门》中规定："诸承直郎至修职郎六考，迪功郎七考，有改官举主五员，（历十二考以上，无赃科罪人与减一员。）内职司一员，与磨勘。公罪两犯杖，（两犯笞比一犯杖）。或一犯徒以上，加一考。私罪笞，仍加举主一员。杖以上加二考，仍添举主二员，或职司一员。如超折及权官者依本资。已上若曾经改正，与免加展。其所犯虽非前项公私，未经改正者，亦不许磨勘改官。"参见《吏部条法》，刘笃才点校，载杨一凡、田涛主编《中国珍稀法律典籍续编》第二册，黑龙江人民出版社 2002 年版，第 318 页。

② 《吏部条法·改官门》中规定："诸历任曾受供馈并和市有剩利，各计赃不满匹者，如合磨勘，更候两任无私罪，举主通及十员，与磨勘。"参见《吏部条法》，刘笃才点校，载杨一凡、田涛主编《中国珍稀法律典籍续编》第二册，黑龙江人民出版社 2002 年版，第 319 页。

山，难以翻越。比如周必大在荐举状《为舅氏求汤丞相举状劄子》① 中言及其舅沉寂于选调之困境时所言，又如在《齐东野语》中记录的一段陈振孙与王深甫的对话②。从上述两个例子中可以见得，举主对于选人改官的重要性，但也可看出这些知识分子为了三五举状而尽出之丑态。

2. 酬赏改官

酬赏改官的对象主要有两类人群，一是任职于水土恶弱的边远之地的选人；二是在任期间因捕盗等立下显著功绩之人。这两类人可以通过酬赏改官的方式，减少举主员数或磨勘年数等而改入京朝官。《吏部条法》中有非常详细的法律规定，集中体现在《改官门·酬赏改官》。

其一，对任职于水土恶弱的边远之地的选人的改官规定："诸水土恶弱酬奖该改官者，本路人即于引见劄子内贴出本贯州县，临时取旨。（广南东、西路人互注授者亦同本路）"③ 可见，关于"水土恶弱"的定义主要是指地理环境类似于广南东路、广南西路等地区④。在这些地区任职的选人可以在改官的时候获得优待。比如任职于隶属于南恩州阳春县的选人，由于该地是岭南瘴毒最重之地，北方人难以在此地生存，因此规定，凡是在此地任职县令者，如果年满三年任期，改官时允许"不用举主"⑤。

其二，地方职官在任期间的一项重要职责就是保证辖下百姓安居乐业，因而捕盗问题便成了考核地方官政绩的重要指标，故而对于捕盗有功的职官的酬

---

① 史载："伏见舅氏右从政郎王符年十六受官，二十而入仕。今六十矣，犹皇皇于选调。身贱地远，无当路者为之知；守常抱义，无游谈者助之说。分于圣代，没齿无闻。"参见曾枣庄、刘琳主编《全宋文》第二百二十九册，上海辞书出版社、安徽教育出版社2006年版，第275页。

② 史载："子不见临安丐者之乞房钱乎？暮夜，号呼于衢路曰：'吾今夕所欠十几文耳。'有怜之者，如数与之曰：'汝可以归卧矣。'感谢而退。去之数十步，则其号呼如初焉。子不彼之怪，而此之怪，何哉！"参见［宋］周密：《齐东野语》卷八，张茂鹏点校，中华书局1983年版，第150—151页。

③ 《吏部条法·改官门》，刘笃才点校，载杨一凡、田涛主编《中国珍稀法律典籍续编》第二册，黑龙江人民出版社2002年版，第319—320页。

④ 主要是指"岭南新、恩、梅等19州军和南恩州阳春等8县"。参见苗书梅：《宋代官员选任和管理制度》，河南大学出版社1996年版，第426页。

⑤ ［宋］洪迈：《夷坚志》夷坚支景卷第八，何卓点校，中华书局2006年版，第942页。

赏也日趋完善和丰富，以此鼓励地方官员积极捕盗，维护基层稳定，打造治安良好的基层环境，从而实现政权稳固。

首先，规定捕盗的限制日期①。由于强盗存在一日，百姓就无法正常地生产生活，只有除恶尽快，才能还百姓一个平安的生活环境，故而以具体日期规定捕盗时间，督促地方官员积极履责，并且将捕盗日期与官员的具体酬奖衔接在一起，更能激发他们的捕盗积极性。

其次，是对于因捕盗而改官的员数的限制。这一员数分配还经历了一个调整②。这种改变使得因捕盗而获得酬奖的职官名额分配更趋合理。对于极边地区的县尉而言，不仅任职环境不如内地，其面临的强盗群体也更为险恶，数量也更多，每年以专项指定的方式分配给他们指标，不仅安慰了在极边地区守戍的臣子之心，也为他们积极治理边境、维护边境稳定打了一剂强心针、兴奋剂。

再次，根据亲获强盗的凶险程度而酬赏不同③。该法律条文根据群盗的主观恶性以及围捕时职官以身犯险的程度不同，区别了改官和减磨勘年限的条件。在同样捕获七人的情况下，若是亲获强盗，则只有减少磨勘年限的酬奖；而若是亲获凶恶的强盗，就可以转一官。这种规定有点根据"按劳分配"酬奖的意味。

---

① 关于"捕盗的限制日期"的规定为："给以三限，限各二十日，三限内获者，令、尉等第议赏；三限外不获，尉罚一月奉，令半之。尉三罚、令四罚，皆殿一选，三殿停官。令、尉与贼斗而能尽获者，赐绯升擢。"参见〔元〕脱脱等：《宋史》卷一百六十，中华书局1985年版，第3757页。

② 关于"因捕盗而改官的员数的限制"在《吏部条法·改官门》中的规定为："每岁捕盗改官八员，如捕盗员数不足，即以奏举改官人补奏。"此后，又于宁宗嘉定十三年（1220年）规定为："每岁班引酬赏八员，乞减二员，以处极边县尉。任内曾获凶恶强盗七人以上，许其陈乞本部，具已断狱案，仍述在任劳效，申闻帅宪，覆实保奏，取旨注籍，（此）〔比〕附酬赏班引，西蜀保奏如之，岁放通不过两员。或保奏未到，令次年补见。"参见《吏部条法》，刘笃才点校，载杨一凡、田涛主编《中国珍稀法律典籍续编》第二册，黑龙江人民出版社2002年版，第324、326页。

③ 关于"亲获强盗的凶险程度而酬赏不同"在《吏部条法·改官门》中的规定为："命官亲获强盗七人，减磨勘三年。一十人，转一官。亲获凶恶强盗五人，减磨勘三年。七人，转一官。"参见《吏部条法》，刘笃才点校，载杨一凡、田涛主编《中国珍稀法律典籍续编》第二册，黑龙江人民出版社2002年版，第320页。

最后，宪司负责对捕盗改官的具体情况监察核实①。由于吏部无法亲自查验每一个适格官员提供资料的真实性，故而特选诸路监司中的宪司负责查验，保证捕盗改官的公平性，防止作奸犯科、混乱改官程序的情况发生。这不仅是宪司履行监察之职的体现，更是君王为保证铨选顺利开展，稳定职官群体所做的努力。

3. 致仕改官

对于沉浮于选海之中的选人来说，若在任期间没有如愿获得改官的机会，那么就只能"老于选调"② 而终，而若以选人身份致仕，不仅关涉到选人本人的官阶待遇问题，更是关涉到其背后家族的政治利益与经济利益的延续，如果任凭这些人打转于选人序列，终其一生不得出头，就会导致其滋生出对国家和宋廷的不满之意，这些不满之意一旦酝酿成愤懑不平之气，这群本是国家极力拉拢的职官就会变成危害国家安全的不稳定因素，这在极力维护政权稳定的两宋是不允许出现的。故而以致仕改官的方式，又给予了这些在任期间不能改官之人以希望，使他们在看似望不到尽头的宦海之中谋求到一丝希望之曙光。

根据《吏部条法·改官门》中的法律规定，影响致仕改官的因素主要有：历任时间、有无赃罪过犯、原官阶以及有无出身。

其一，历任时间③。根据法律规定，只有历任半年以上的职官，才能够享受国家给予的优遇。这一方面保证了官僚队伍的稳定性；另一方面也相应沙汰掉了一部分年老以特奏名等享受了入仕待遇却不久于世之人，免于优遇过滥。

---

① 关于"宪司负责对捕盗改官的具体情况监察核实"在《吏部条法·改官门》中的规定为："捕盗官或夤缘捏合凑足人数，或为首人未获，宪司并当契勘的实，方与保明申上推赏。"参见《吏部条法》，刘笃才点校，载杨一凡、田涛主编《中国珍稀法律典籍续编》第二册，黑龙江人民出版社2002年版，第328—329页。

② ［宋］李心传：《建炎以来系年要录》卷九十九，中华书局1988年版，第1625页。

③ 关于致仕改官的"历任时间"在《吏部条法·改官门》中的规定为："诸奏乞致仕人，（在部者听经部投状）。若历任半年以上，（流外进纳人不以曾未历任。）会问磨勘奏闻。（有过犯即于任下略注事由。）如与致仕即关户部。诸乞致仕，历任未及半年者，以本官致仕。"参见《吏部条法》，刘笃才点校，载杨一凡、田涛主编《中国珍稀法律典籍续编》第二册，黑龙江人民出版社2002年版，第320页。

其二，负犯情况①。根据法律规定，只要职官在满六考且历任没有赃罪的情况下致仕，可以改官为通直郎。通直郎为朝官官阶，可见对职官的待遇提升之高，将对职官的优恩之策体现得淋漓尽致。

其三，原官阶、出身影响改官②。根据法律规定，将原官阶分为了从事郎以上，从政郎、修职郎，迪功郎三个层次，如果有出身则改官，如果是进纳流外则是循资。改官意味着晋升到京朝官的序列之中，而循资意味着还是选人，可见差距之大。

总的来说，选人的依资叙阶主要分为循资与改官两种方式。而这两种方式的法律规定虽然有诸多不同之处，但究其背后的设计原理，亦是有相通之处的，这种相通的背后也渗透着赵宋君主的治官理念，即防范中不失优遇，分权下不忘制衡，集权于上不忘稳固政权。

其一，重视科举出身的职官。两宋尤重科举，认为以科举拔擢的士子方是国家治理能够真正倚重的对象：一方面是因为这些科举及第者是经过千挑万选的有才之士；另一方面也是要刻意打压依靠其他途径入仕的官宦子弟，防止他们擅权谋私。因此，在选人的依资叙阶中可以很明显地看到有出身的职官相比无出身的职官有着明显的优势。

其二，"论资排辈"的意味浓厚。无论是选人循资还是改官，对于考任数的要求都是非常严格和苛刻的。这对大多数治事平平的职官来说是很有利的，只要在任期间兢兢业业，无所负犯，不出格，不逾矩，就能获得平稳的晋升，符合了最广大职官的利益，也成了安抚多数官员的良策。

其三，多途并举，留有余地。在选人循资之中，不仅有应用最普遍的常

---

① 关于致仕改官的"负犯情况"在《吏部条法·改官门》中的规定为："诸曾关升通满六考人，(举主劳绩常调同)。无赃罪致仕者，与改转通直郎。"参见《吏部条法》，刘笃才点校，载杨一凡、田涛主编《中国珍稀法律典籍续编》第二册，黑龙江人民出版社2002年版，第321页。
② 关于致仕改官的"原官阶、出身影响改官"在《吏部条法·改官门》中的规定为："从事郎以上，右改合入官，进纳循资。从政郎，修职郎，右改合入官，进纳流外循资。迪功郎，右改合入官，进纳六考，流外四考，及已任上州判司，并循资。余守本官ች致仕。"参见《吏部条法》，刘笃才点校，载杨一凡、田涛主编《中国珍稀法律典籍续编》第二册，黑龙江人民出版社2002年版，第321页。

调循资，还有奏荐、恩例、酬奖循资三种方式；同样在选人改官之中，不仅有最普遍的考第改官，还有酬赏、致仕改官两种方式。这些方式之间互补长短，各有所长，兼顾了各种职官的利益。比如，对于资质平平的官员来说，常调循资和考第改官最为适合；而对于有所建树的官员来说，奏荐循资和酬赏改官就能够为他们加快晋升速度；同样，对于那些高级职官的子弟亲属而言，又可利用祖上恩德享受恩例循资，以示特权之中的特权。在多途并举之中，对任何一类职官都留有余地，留有希望，甚至对那些所有方法都不适合的职官，还留有致仕改官的途径，没有断绝他们的希望。这种"万全之策"有效地缓解了选人在选海之中起伏的矛盾，甚至让其终于选调而不悔。故而对于大多数选人来说，安于职守才是上策，而似这种毫无"斗志"的心态才是赵宋君主所乐于见到的。

二、从法律条文中分析影响京朝官转官的因素

北宋初年，京朝官的转官多无定制，自淳化后，太宗才正式确定了迁秩之法。但是太宗朝的迁秩多是依靠大礼等恩泽为赏。至真宗朝，因孙何等人的力荐，于咸平四年（1001 年）定磨勘年限[①]。为方便下文对京朝官磨勘转官展开论述，特作表 3-4，试将元丰前后京朝官阶秩的主要变化情况和北宋时期京朝官转官前后的变迁情况整理如下。

---

① 史载："开府仪同三司至通议大夫以上无磨勘法，太中大夫至承务郎应磨勘。待制以上六年迁两官，至太中大夫止。承务郎以上，四年迁一官，至朝请大夫止，候朝议大夫有阙次补，其朝议大夫以七十员为额。"参见 [宋] 李焘：《续资治通鉴长编》卷三百八，中华书局 2004 年版，第 7483 页。

表 3-4　元丰前后京朝官阶秩和北宋时期京朝官转官变化情况①

分类	北宋前期官阶	北宋前期转官前官称	北宋前期转官后官称	元丰改制寄禄阶	元祐年间官阶 元祐三年(1088年)	元祐四年(1089年)	大观二年(1108年)官阶
朝官	中书令,同平章事,侍中	太师		开府仪同三司	同左	同左	同左
		太尉	太师				
		太傅	太尉				
		太保	太傅				
		太子太师	太保				
		太子太傅	太子太师				
		太子太保	太子太傅				
	左,右仆射	太子少师	司徒	特进	同左	同左	同左
		太子少傅	司空				
		太子少保	左仆射				
	六部尚书	吏部尚书	太子少保(宰相转左仆射)	金紫光禄大夫	左金紫光禄大夫	同左	同元丰
		六部尚书			右金紫光禄大夫	同左	

① 数据来源:《续资治通鉴长编》卷三百八"以阶易官等禄新格",卷四百三十五所引《两朝史·职官志》"文臣京官至三师叙迁之制";《宋史》卷一百六十九"文臣京官至三师叙迁之制";《宋会要辑稿·职官》56之2;《文献通考》卷六十四《职官考十八》。

续表3-4

分类	北宋前期官阶	北宋前期转官前官名称	北宋前期转官后官名称	元丰改制寄禄阶	元祐三年(1088年)	元祐四年(1089年)	大观二年(1108年)官阶
朝官	六部尚书	兵部尚书	吏部尚书(两府转太子少保，宰相转右仆射)				银青光禄大夫
		户部尚书	兵部尚书(两府转吏部尚书)	银青光禄大夫	左银青光禄大夫	同左	光禄大夫
		刑部尚书	户部尚书(两府转兵部尚书)		右银青光禄大夫	同左	光禄大夫
		礼部尚书	刑部尚书(两府转户部尚书)	光禄大夫	左光禄大夫	同左	宣奉大夫
		工部尚书	礼部尚书(两府转刑部尚书)		右光禄大夫	同左	正奉大夫
	左、右丞	左、右丞	工部尚书(两府转礼部尚书)				
	六部侍郎	吏部侍郎	左丞(宰相转礼部尚书)		左正议大夫	同左	正议大夫
		兵部侍郎	转右丞(两府转左丞，宰相转礼部尚书)				
		户部侍郎	转吏部侍郎(宰相转礼部尚书)	正议大夫			
		刑部侍郎	兵部侍郎(两府转吏部侍郎，宰相转礼部尚书)		右正议大夫	同左	通奉大夫
		礼部侍郎	户部侍郎(宰相转吏部侍郎)				
		工部侍郎	刑部侍郎(两府转户部侍郎，宰相转兵部侍郎)				

续表3-4

分类	北宋前期官阶	北宋前期转官前官称	北宋前期转官后官称	元丰改制寄禄阶	元祐年间官阶		大观二年(1108年)官阶
					元祐三年(1088年)	元祐四年(1089年)	
朝官	太子宾客、给事中、中书舍人	太子宾客	工部侍郎	通议大夫	同左	同左	同左
		给事中	工部侍郎(带翰林学士已上职转礼部侍郎)				
		中书舍人	礼部侍郎				
	谏议大夫	谏议大夫	给事中	太中大夫	同左	同左	同左
		秘书监	太子宾客	中大夫	同左	同左	同左
		光禄卿	秘书监	中散大夫	左中散大夫	同左	中奉大夫
		卫尉卿	光禄卿		右中散大夫	同左	中散大夫
		少府监	卫尉卿(带馆职转光禄卿)				
		司农卿	少府监(带馆职转光禄卿)				
	诸卿监	太常少卿	光禄卿(任三司副使、修撰、取旨)	朝议大夫			
		光禄少卿	司农卿(带馆职转光禄卿)				
		卫尉、司农少卿	光禄少卿(带馆职转光禄卿)（带待制已上职转谏议大夫；带翰林学士者转中书舍人）				
		左司郎中	左司转左谏议大夫		左朝议大夫	同左	朝议大夫
		右司郎中	右司转右谏议大夫		右朝议大夫	同左	奉直大夫

续表3-4

分类	北宋前期官阶	北宋前期转官前官称	北宋前期转官后官称		元丰改制寄禄阶	元祐年间官阶		大观二年(1108年)官阶
						元祐三年(1088年)	元祐四年(1089年)	
京官	著作佐郎、大理寺丞	著作佐郎	有出身(内带馆职同有出身)	内第一人及第太常丞				
				特旨转秘书郎、著作郎、宗正丞				
			无出身	太子左赞善大夫				
		大理寺丞	有出身(内带馆职同有出身)	殿中丞(或转太子中允)	宣德郎	同左	分左右	宣德郎①
			无出身	太子中舍				
			后族、两府之家，审刑院详议官，刑部详覆、详断官，中书堂后官	太子右赞善大夫				
	诸寺、监丞	诸寺、监丞	有出身(带馆职同有出身)	著作佐郎	宣义郎	同左	分左右	同元丰
			无出身	大理寺丞				

① 徽宗政和四年(1114年)九月改为宣教郎。

续表3-4

分类	北宋前期官阶	北宋前期转官前官称		北宋前期转官后官称	元丰改制寄禄阶	元祐年间官阶		大观二年(1108年)官阶
						元祐三年(1088年)	元祐四年(1089年)	
京官	大理评事	大理评事	有出身(带馆职同有出身)	第一人及第转著作佐郎	承事郎	同左	分左右	同元丰
			无出身	诸寺、监丞				
			后族、两府之家,审刑院详议官,刑部详覆,详断,检法,法直官	光禄寺丞				
	太常寺太祝、奉礼郎	太常寺太祝、奉礼郎	有出身(带馆职同有出身)	诸寺、监丞	承奉郎	同左	分左右	同元丰
			无出身	大理评事				
	诸寺、监主簿、秘书省校书郎、秘书省正字	诸寺、监主簿、秘书省校书郎、秘省正字	有出身(带馆职同有出身)	大理评事	承务郎	同左	分左右	同元丰
			无出身	大常寺奉礼郎				
			后族、两府之家	太祝				

总的来看，京朝官转官受出身、特旨、差遣、馆职等诸多因素的影响而显示出了不同的迁秩路径。在这众多的迁秩路径中，官员若政绩平平，则可按部就班，循阶慢转；若治绩突出，则可超资快转。也就是说，无论是贤才还是庸吏，在这套转官体系中都能找到自身的位置。（见表 3-4）

虽然以磨勘转官的方式有弊端存在，却帮助赵宋王朝稳定了绝大多数碌碌无为的官员，而在迁秩过程之中的种种可以超阶转资的设计，也为两宋拔擢了不少可用之才。正因于此，在循阶迁秩和超资迁秩二者的互相作用之下，宋廷很好地调和了京朝官内部的矛盾，既保证了安守本分的官员可以按资迁秩，又使有所建树的官员能够不次拔擢，获得一种政治待遇上的快速提升，鼓励他们继续为朝廷出力。这一套京朝官迁秩之法的设计，以维护政权的稳固为出发点，在为赵宋王朝输送有才之士、能人干将的同时，也稳定了占据职官大多数的平凡之辈，使这一庞大的职官群体一起为维护天水一朝的统治延绵不断而贡献微薄力量。

第三节　差遣制影响下的关升资序

在关升中，主要分为亲民资序与监当资序，是君主颇有意识地对职官入仕途径的划分，体现着君主对职官的智慧化管理。

一、"亲民"与"监当"的法律界定

资序系统主要分为两种类型：亲民资序和监当资序。按规定，承事郎与承奉郎为正九品官，但是其中理亲民资序者的官品是高于理监当资序者官品的①。

负责掌管民政事务的各级行政长官称为亲民官，而负责各地税收、治安等

---

① 史载："理亲民资序者，从八品"。参见［元］脱脱等：《宋史》卷一百六十八，中华书局 1985 年版，第 4017 页。

繁杂事务的官员被称为监当官。两宋对于亲民官和监当官的区分是非常严格的，受出身的影响和限制，以登科或特旨方式注官者一般可直接注亲民官，而无须入监当官，但是通过荫补等其他途径入仕者则必须先经监当后才可入亲民。根据《吏部条法·关升门》^① 中的规定，没有出身之人要想入亲民资序是非常困难的，对于曾历差遣、年龄、实历考任数都有限制，而如果曾在川、广等边远之地任职满四年的，再入亲民也仍跨不过监当这道坎。此外，由于亲民官掌一方民政事务，最为关系民生疾苦，这些官员在任期间是否清廉自律，勤政爱民，对于基层百姓来说是至为关键的。所以对他们的要求也更为严格，如果曾经不是因为公罪而被除名，或是犯有枉法赃，以及监临主守因为犯有赃罪者，永远不能入"亲民"^② 资序。该法律条文的规定显示了赵宋王朝一贯的惩赃决心，因私罪被开除官籍、枉法和监守自盗的官员贪图财利的主观性强，如果允许这些官员进入或晋升亲民资序，就意味着为他们提供了更为便捷的渔利百姓的渠道和平台，这对于基层治理和民生保障是极为不利的，故而必须严格予以限制。永远不允许这些官员进入亲民资序，也就意味着断绝了他们的上升渠道。有时对于"永不得入亲民"^③的法律规定也会被作为一种处罚措施来使用。可见，亲民官对于职官仕途的重要，能入亲民就意味着仕途有了畅达的可能，而不入亲民就意味着仕途生涯的近乎死寂。

---

① 《吏部条法·关升门》中规定："应奏补出身致仕恩泽，并吏职军班，及诸色出身人，陈乞关升者，在法合要两任实及七年。（三任六年者准上法。）年三十以上，到部内须历四考名色差遣，并监当差遣二考。共及六考，许关升亲民。若校尉上所历考第，与使臣考第一同。（副尉非。）应奏补出身致仕恩泽，并吏职军班诸色出身，陈乞关升，若两任五年，及曾任川、广共及四年，各再入监当候及二年，就移亲民。"参见《吏部条法》，刘笃才点校，载杨一凡、田涛主编《中国珍稀法律典籍续编》第二册，黑龙江人民出版社 2002 年版，第 293 页。

② 《吏部条法·关升门》中规定："诸曾除名（公罪非。）或元犯枉法及监主自盗赃罪者，永不得入亲民。"参见《吏部条法》，刘笃才点校，载杨一凡、田涛主编《中国珍稀法律典籍续编》第二册，黑龙江人民出版社 2002 年版，第 299 页。

③ 比如："知昆山县胡廷杰、知金坛县潘文礼应办巡幸，科扰民户银器至多，诏并勒停，永不得与亲民差遣。"参见 [宋] 李心传：《建炎以来系年要录》卷一百九十五，中华书局 1988 年版，第 3301 页。又如："褫职罢祠，以为欺君罔世之徒、污行盗名者之戒。仍将储用镌官，永不得与亲民差遣。"参见 [宋] 叶绍翁：《四朝闻见录》丁集，沈锡麟、冯惠民点校，中华书局 1989 年版，第 146 页，再如："永不得与亲民差遣。"参见 [宋] 杨万里：《杨万里集笺校》卷一一九，辛更儒笺校，中华书局 2007 年版，第 4601 页。

亲民官和厘务官的分别是处于不断增补和完善之中的，有时受敕令的影响还会从厘务官转为亲民官。周必大在《乞指定亲民官职劄子》中认为：有些官员因自身行为触犯法律，而不得入亲民；有些官员因特降指挥而不得与亲民。对官员能否入亲民的规定十分庞杂，导致亲民官的界限很不明确。同时，在明文规定中，除左、右选中划定的亲民官范围之外，诸如通判、签判官等职并无明文可以参照，这就造成了铨选除授时的混乱局面。故而陈乞"将通判、签判职官下至曹掾、丞簿等"① 明确指定哪些属于亲民官，哪些不属于亲民官，使得铨司在具体执行时有所依据，避免差注不一，滋生奸弊。

《吏部条法·差注门一》中十分明确地规定了亲民②与监当③的任职范围，清晰地划分了二者之间的界限。通过对亲民资序与监当资序的划分，将入仕官员的晋升路径区别开来，一方面缓解了因职官资序性质不明确而带来的铨选混乱的矛盾；另一方面刻意压制了监当资序官员的关升之路。由于任监当资序者，有一大部分是依靠荫补等途径而入仕的官宦子弟、亲属，这些人大多无可堪重用之才，如若将他们的晋升途径与科举士子的上升路径并途，不仅损害了科举的公正性，加深了正途入仕者与异途入仕者之间的矛盾，更有可能为权贵子弟拉帮结派、形成权力关系网提供可乘之机。当然，无论造成上述哪种不利局面，都不是渴望稳定政权、一心一意实现中央集权的强化的赵宋君主所乐于见到的。

---

① 曾枣庄、刘琳主编《全宋文》第二百二十八册，上海辞书出版社、安徽教育出版社 2006 年版，第 93 页。

② 亲民资序为"知州、通判、知县，城南北厢诸路提刑提举茶盐司，福建茶盐司干办公事，诸路转运司主管文字干办公事，枣阳军使、云安军使，诸州签判，节度掌书记，观察支使察判节推防团判官，军监判官，军事推官，知录司理，县丞主簿，点检所汤镇酒库，兼本镇烟火公事，以上并系亲民"。参见《吏部条法》，刘笃才点校，载杨一凡、田涛主编《中国珍稀法律典籍续编》第二册，黑龙江人民出版社 2002 年版，第 36 页。

③ 监当资序为"诸路安抚司参议官主管文字、主管书写机宜文字、干办公事、四川、京、湖、江、淮沿海制置司、广东、西经略司属官、江淮坑冶司、湖北铁冶司、淮东、西、湖广、四川总领所行官留守司、福建、广东市舶司、四川茶马司、西南两外宗正司主管、睦宗院属官、诸州教授、分差监行在榷货务都茶场、分差监建康府、镇江府粮料院、监仓库场务缉捕巡检准备差使，浙西安抚司回易库提领犒赏酒库所主管文字，干办公事检察官，两浙转运司主管账司，船场官，籴买物斛官，点检所主管文字、干办公事检察官，诸酒库监官，柴场瓶场都钱库官，诸路都统司属官，监当不带烟火公事，司户、司法，楼店排岸粮料，以上并不系亲民"。参见《吏部条法》，刘笃才点校，载杨一凡、田涛主编《中国珍稀法律典籍续编》第二册，黑龙江人民出版社 2002 年版，第 36 页。

因此，这种以法律明文规定的形式，将亲民与监当资序清楚地罗列出来的做法，便是应时之举，势所必然。

二、"常调关升"和"出常调"的法律规定

"常调关升"和"出常调"是职官的两种主要关升途径。文彦博在《奏除改旧制》① 中明确了"常调"与"出常调"的含义。按照"常调关升"的顺序，《吏部条法·关升门》中的规定如下：

其一，以监当资序关升为知县资序的法律规定。② 即原是监当资序的官员，只有在考任数、举主数符合法定要求的情况下，才符合关升至知县资序的法定条件；而本来是武臣的官员，经调任官职后成为文资，更要拥有一名监司举主，这就在关升路径上鲜明体现了重文轻武。

其二，以知县资序关升为通判资序的法律规定。③ 即原是知县资序的官员，应满两任五考，两员举主，才能够关升为通判资序；而如果是宗子，在获得出身且改官后，必须有实际担任知县一职满一任三考后，方可关升通判资序。

其三，以通判资序关升为知州资序的法律规定。④ 即原是通判资序的官员，应满两任四考，三员举主，才能够关升为知州资序。

此外，在知州资序之中，又分为第一、第二任；在提刑资序之中，又分为初任、第二、第三任；在转运使之中，还有诸路、三路之划分。

---

① 史载："吏部选人，两任亲民，有举主，升通判。通判两任满，有举主，升知州军。自此已上叙升，今谓之常调。知州军有绩效，或有举荐，名实相副者，特擢升转运使、副、判官或提点刑狱省府推、判官，今谓之出常调。"参见《文彦博集校注》卷二九，申利校注，中华书局 2016 年版，第789 页。

② "应监当人，合要两任六考，举主四人，关升知县资序。应监当人，元是武臣，因换授文资人，依监当人合要两任六考，举主四人，内监司一员，关升知县资序。"参见《吏部条法》，刘笃才点校，载杨一凡、田涛主编《中国珍稀法律典籍续编》第二册，黑龙江人民出版社 2002 年版，第293 页。

③ "应改官知县人，合要两任五考，举主二人，关升通判资序。应宗子，应举得出身改官后，实历知县一任三考，合关升通判资序。"参见《吏部条法》，刘笃才点校，载杨一凡、田涛主编《中国珍稀法律典籍续编》第二册，黑龙江人民出版社 2002 年版，第293—294 页。

④ "应通判人，两任四考，有举主三人，关升知州资序。"参见《吏部条法》，刘笃才点校，载杨一凡、田涛主编《中国珍稀法律典籍续编》第二册，黑龙江人民出版社 2002 年版，第294 页。

根据《吏部条法·关升门》①中的规定，有两个问题值得关注：

第一个问题是关于转运使受所在路不同而有所区别的规定，亦详见于文彦博的《奏除改旧制》②的奏议之中。即根据路的重要性将转运使作以区分，且任职官员的关升路径也因此而发生了改变。其中，因河北、陕西、河东在北宋时地理位置特殊，与辽和西夏接境，故而任职于此地（重路也即三路）的转运使责任重大，因而岁满之后的关升较之其他诸路更为畅达，多在岁满之后关升至三司副使等要职。而随着路的地理位置等因素导致的重要性之间开始有轻重之别，职官关升路径之间的转折过程也逐渐细密烦琐了起来。可见职任的繁剧程度决定着关升的顺达情况。

第二个问题是关于规定官员"理为……资序"的含义。这主要是因为受地理位置的影响，两宋时期对于州的级别划分有很多，而重要的州府则需要提刑资序以上的官员才可胜任，尤其是兼任安抚使之职的州府官员，更是需要具有转运使资序的职官才能担任③。

在《吏部条法·关升门》中：

转运判官以上及提举常平茶盐官正入资序：

三路转运使，发运使　　右差合入第三任转运使资序人。

---

① 在《吏部条法·关升门》中规定为："应已曾关升知州资序人，一任二考，升第二任知州资序，理入初任提刑。应已曾关升初任提刑资序人，一任二考，升第二任提刑资序，理入诸路转运副使。应已曾关升诸路转运副使人，二考升第三任提刑资序，理入诸路转运使。应已曾关升诸路转运使，发运副使，六考升第三任转运使，理入发运使、三路转运使。"参见《吏部条法》，刘笃才点校，载杨一凡、田涛主编《中国珍稀法律典籍续编》第二册，黑龙江人民出版社2002年版，第294页。

② 史载："转运使有路分轻重远近之差：河北、陕西、河东三路为重路，岁满多任三司副使，或任江淮都大发运使；发运使任满，亦充三司副使；成都路次三路，任满亦有充三司副使或江淮发运使；京东、西、淮南又其次；江南东、西、荆湖南、北、两浙路又次之；二广、福建、梓、利、夔路为远小。已上三等路分转运使、副任满，或就移近上次等路分，或归任省府判官，渐次擢充三路重任，以至三司副使。"参见《文彦博集校注》卷二九，申利校注，中华书局2016年版，第790页。

③ 比如，"吏部员外郎、天章阁待制、河北都转运使赵抃为龙图阁直学士、知成都府"。［宋］李焘撰：《续资治通鉴长编》卷二百三，中华书局2004年版，第4927页；又如，包拯曾以"河北都转运使"的身份知瀛洲的仕宦经历。参见李贤等：《大明一统志》卷之二，方志远等点校，巴蜀书社2017年版，第109页。

三路转运副使，发运副使，诸路转运使　右差合入第三任提刑资序人。

诸路转运副使　右差合入第二任提刑资序人。

诸路提点刑狱　右差合入第二任知州资序人。

诸路转运判官，诸路提举常平茶盐官　右差合入第二任通判资序人。①

该法律条文规定了诸路监司等官员的常调关升，彰显了赵宋君王对在军事重地任职官员拔擢的审慎。资序的关升是需要很多限制性条件的，虽然表面上看是从第二任升为了第三任提刑资序，但实质上已经渗透着中央对该官员更为细致的考核与监察，也只有经历了千挑万选、千锤百炼的官员，才能得到君王的信任，放心地被任命于国家边陲命门之上，方便中央加强对地方的控制，替国君守护一方水土，以全保境安民之意。

而"出常调"② 多是由于官员在任期间政绩显著或者有人奏荐。可见"出常调"是通过荐举或者特旨的方式弥补常调关升的不足，以"不次用人"的方式拔擢人才。

三、关升文书内容和处理时间的法律规定

在《吏部条法·关升门》中：

尚书考功敕：

诸州军申发官员关升文字，不依条保明者，对读官吏杖一百。分首从科罪，下本路转运司勘断。

---

① 《吏部条法》，刘笃才点校，载杨一凡、田涛主编《中国珍稀法律典籍续编》第二册，黑龙江人民出版社 2002 年版，第 312 页。

② 在《文彦博集校注》卷二九《奏除改旧制》内笺注中关于"出常调"的解释是："宋朝在常调次序以外注授差遣。多为有劳绩，得高级官员举荐，吏部审核名实相副，可特升转运使、转运副使、转运判官或提点刑狱、开封府判官。"参见《文彦博集校注》卷二九，申利校注，中华书局 2016 年版，第 791 页。

尚书考功令：

诸承受关升文书，合会问者，并限三日。

诸关升人文书虽未足，及小节不圆，但有照验者，听关升。

诸乞关升者，别具家状一本，并印纸纳考功。

诸关升若在京者，具家状，仍将未经磨勘所授告敕宣劄印纸等真本应用文书，缴纳考功。①

根据上述法律条文，可知：

其一，校对关升文书的官员有对该文书查验审核的责任，如果关升文书中没有依规定保明，而校对官员却没有发现的，处杖一百刑罚。该条法律规定体现了关升文书中保明的重要性。这是因为保明是防范官员关升作弊的重要手段，只有依条保明，才能最大限度地保证陈乞关升官员提供信息的真实性。

其二，对文书中的细小瑕疵，如果有可以对照印证的，不予限制其关升。"小节不圆"且可以"照验"，就能够起到核对信息真实与否的作用，并且由于古代社会的文书很多都是经人吏书写，难保事事完全对应，如若吹毛求疵，就会压抑职官的关升之路，激发众人不满的情绪，不利于职官群体的稳定。

其三，规定行政文书的处理时间，限制为三日。这是对于行政效率的要求，很多职官为了关升做了很多年的准备，如果在审理核对文书这一正常流程上用时过长，不仅会造成职官大量积压于铨司，还会影响职官正常的关升，造成职官对朝廷铨选部门的抱怨，甚至做出危害铨选之事。同时，也要求任职于铨司的职官恪尽职守，按时完成对职官关升条件的审核，而不是刻意拖延，推诿扯皮。

其四，对陈乞关升官员的家庭背景、在任功绩予以考量。职官在陈乞关升时，还应向铨选部门上交自己的个人简历和在任功过，方便铨司审查，这是对百官在任期间履职行为的考察和评定，在一定程度上起到了督促职官认真履职

---

① 《吏部条法》，刘笃才点校，载杨一凡、田涛主编《中国珍稀法律典籍续编》第二册，黑龙江人民出版社 2002 年版，第 296 页。

的作用。

四、职官"实历"的法定标准

虽然在立法层面有针对职官"实历"的限制性规定，① 然而从乾道二年（1166 年）陈之茂等人在《奉御笔再集议堂除等事回奏》② 中论及的内容可以发现，在南宋就有理为"实历"的情形发生，这与当初司马光在《论监司守资格任举主札子》③ 中所提倡的主导思想显然是背道而驰的。当初设定须实历和担任亲民官的本意是希望官员通过在基层中锻炼的机会，得以知民生疾苦，从而在位居高位的时候可以制定更为贴合民意的政策，而不至于纸上谈兵。但是当"实历"可以"理作"之时，亲民之官不再"亲民"，而变成了一种得以关升的"资格"，这显然是不利于地方官员队伍建设的。

五、职官"负犯"行为对关升的影响

在《吏部条法·关升门》中：

> 诸监当人，考任举主虽应格，内须监司一员，听关升。即公犯罪杖以下，加举主一员。私罪或公罪徒，若亏课利一分，（课利并通比，若灾伤年

---

① 比如"神宗熙宁元年二月十一日，诏'翰林承旨以下，知杂御史以上，各于内外文官历一任通判以上人内，同罪保举一员，堪充刑狱、钱谷繁难任使'"。参见 ［清］徐松辑《宋会要辑稿》选举 28 之 6，刘琳等校点，上海古籍出版社 2014 年版，第 5789 页。又如在《吏部条法·关升门》中规定："诸知县，考任举主虽应格，须一任实历知县差遣，（职事官非。）……诸通判，考任举主虽应格，须一任实历亲民或刑狱差遣……"参见《吏部条法》，刘笃才点校，载杨一凡、田涛主编《中国珍稀法律典籍续编》第二册，黑龙江人民出版社 2002 年版，第 298 页。

② 史载："今来改官人理知县资序，两任内一任实历知县，方得关升通判。后来循袭，却将堂除差遣理当实历知县，士大夫往往不历民事，越次关升。"参见曾枣庄、刘琳主编《全宋文》第一百九十二册，上海辞书出版社、安徽教育出版社 2006 年版，第 365 页。

③ 史载："凡年高资深之人，虽未必尽贤，然累任亲民，历事颇多，知在下艰难，比于元不历亲民便任监司者，必小胜矣。"参见 ［宋］司马光：《司马温公集编年笺注》卷五五，李之亮笺注，巴蜀书社 2009 年版，第 339 页。

份依放税分数豁除。）展一任。再犯或举主未足者，更展一任。次任亦如之。累展通及十二年，有举主一员，听入亲民。其自使臣及承直郎以下改授者，许以未改授年月举主通计关升。

诸知县，考任举主虽应格，须一任实历知县差遣，（职事官非。）举主须监司一员，……即犯私罪徒，情稍轻，加举主一员，仍展一任。私罪杖，情理稍轻，若公罪徒，各加举主一员。（宫观岳庙并不理当任数。）

诸知县亲民人，两任与关升。……即虽历知县，及二考以上，非因罪犯而不满三年离任者，候通历任及六年满替，方许关升。

诸通判，考任举主虽应格，……犯私罪徒，情理稍轻，加举主一员，仍展一任。私罪杖，情理稍轻，若公罪徒，各加举主一员……①

根据上述法律条文的规定，职官任内的负犯情况直接影响着该官员关升时的考任年限和举主员数。共分三种情形：一是针对任职为监当的官员，在任内犯有公罪杖、徒和私罪的情况；二是针对任职为知县的官员，在任内犯有私罪徒、杖和公罪徒的情况；三是针对任职为通判的官员，在任内犯有私罪徒、杖和公罪徒的情况。在这三种情形之中可以发现，职官在任期间，虽有负犯，但若是情理稍轻且处罚范围均在公私罪杖、徒以下的话，并不剥夺其关升资格，只是通过相应的增加考任数和举主员数的方法，以示惩戒。这种处理方法显示了两宋在实际处罚过程中对职官的宽贷。

同时，法律又规定：

诸承务郎以上，以罪犯不理任，而因诉雪得除落罪名，合升改资序者，许通计犯时任数。（已成资者同。）其遇恩，或特旨除落罪名，（依无过人例

---

① 《吏部条法》，刘笃才点校，载杨一凡、田涛主编《中国珍稀法律典籍续编》第二册，黑龙江人民出版社2002年版，第297—298页。

同。）亦许通计犯时任数。（谓须本任合满年月罢任者，方许通理。）①

根据上述法律条文的规定，承务郎以上的京朝官虽有负犯，但在三种情况下可以通计任数：一是沉冤得雪，"除落罪名"②；二是遇恩；三是皇帝特旨。在这三种情况中，除了第一种是职官没有真正的犯罪事实以外，剩下两种都是依靠皇帝的优恩，体现了帝王在职官铨选过程之中的作用，既显示了优恩百官的政治策略，又对职官起到了良好的管控作用。当然，也应看到，在人治社会中，皇权始终处于法律运行的中心，纵使有犯罪行为的官员，只要有帝王诏令，亦可仕途通畅。

此外，法律还规定：

> 诸曾除名，（公罪非。）或元犯枉法及监主自盗赃罪者，永不得入亲民。
> 诸犯入己赃罪杖，考任举主虽应格，不入知州。③

根据上述法律条文的规定，如果因犯私罪而被除名，或者犯枉法赃以及监守自盗的官员，是永远不能进入亲民资序的。同时，在考任数和举主员数都符合规定的情况下，如果犯有赃罪杖的官员，是不能进入知州资序的。这两条限制性规定都是针对犯赃私罪的官员的，且限制进入的资序范围都是与民生息息相关的。这是因为无论是担任亲民资序的官员还是担任知州资序的官员，多是主掌一地民政事务的行政长官，一旦这些官员有犯赃罪或枉法、监守自盗的劣迹，很容易出现再犯的情况，那么这些官员就能很容易做出渔利百姓的事情，地方百姓若长期生活于水深火热之中，反动意识就会增强，地方统治就会不稳

---

① 《吏部条法》，刘笃才点校，载杨一凡、田涛主编《中国珍稀法律典籍续编》第二册，黑龙江人民出版社 2002 年版，第 298—299 页。

② 《吏部条法》，刘笃才点校，载杨一凡、田涛主编《中国珍稀法律典籍续编》第二册，黑龙江人民出版社 2002 年版，第 298 页。

③ 《吏部条法》，刘笃才点校，载杨一凡、田涛主编《中国珍稀法律典籍续编》第二册，黑龙江人民出版社 2002 年版，第 299 页。

定,进而威胁到整个基层政权的稳固,所谓千里之堤往往毁于蚁穴说的就是这个道理。因此,严格限制这类官员进入亲民资序或担任知州,实乃情理之中。

要而言之,在以"资序"为主轴的关升之法中,设计有"常调"与"出常调"等多途并举,以期满足各种各类职官的晋升之路,虽然无法真正做到以合适之人去任合适之官做合适之事,但是却在强化中央集权的要求之下,尽可能地保证了有序的差遣除授环境。

首先,分亲民资序与监当资序以区别职官关升之途。被划分为监当资序的官员多是依靠荫补、进纳等非检校才学的筛选途径入仕的无出身者,故而他们的治事和执政能力是有待评估和历练的。不率先入亲民资序,既鼓励了以科举入仕者的积极进取之心,维护了相对公平的铨选环境;又顾及了没有获得出身之人的现实利益,遂其所愿进入仕途。

其次,分"常调关升"和"出常调"两种关升模式,以"常调关升"保证绝大多数官员在安于职守的情况下正常晋升,又以"出常调"的方式"不次用人",拔擢能人志士为朝廷出力,辅助君王。

最后,以法律界定亲民、监当资序;规定"常调关升"与"出常调";完善整个关升过程之中的法律规定:对关升文书、"实历"、职官负犯情况一一予以规范。通过法的指引作用,指导官员在任职期间能够规范行为,也能够通过条法的可预期性,事先预判其关升结果,做到行为与结果的一致性。

第四节　职官铨选中对荐举的法定要求

基于整个官制上所呈现出的差遣、职、官分授的特点,荐举之法广泛存在于叙迁与关升中。其中,在叙迁中,无论是幕职官、州县官的改官还是京朝官的转官,都受到了荐举之法的影响,但是资格之法对职官叙阶的影响要远胜于荐举之法,尤其是在京朝官转官的过程之中,磨勘法更是主导。在关升中,由于差遣注拟更加关乎国家基层治理,故而是通过荐举"不次用人"还是继续坚持以"资"取人，成了摆在两宋君主面前的一道难题。当然，在一切为了稳定和统一绝大多数人的目标驱使之下，这道难题又似有了"命中注定"的答案，既坚持以"资"取人为主线，维护最广大职官的切身利益，又以荐举之法，拔擢贤才。但是这种荐举必须严格限定举主、被荐举人的资格、荐举员数和规定举主的连带责任等，以达防范之效。可见，当这道难题解开的时候，不仅为后世展现了两宋独特的荐举之法的面容，更标志着职官法的高度成熟与发展。

一、举主、被荐举人的资格应符合法定要求

荐举的主体主要是指举主与被荐举人，荐举要求无论是举主还是被荐举人都应适格，即对他们的资格都应有所限制。

(一) 举主的法定资格

总的来说，对举主资格的限定主要体现在："在任"、"职任"、"职司"、负犯情况这几个方面。

1. 关于"在任"

根据《庆元条法事类》卷第十四《选举门一·荐举总法》① 和《吏部条法·荐举门》② 中之规定，举主是否"在任"影响着其是否为适格的荐举人，行使荐举职责。而关于"在任"应该如何理解，根据《吏部条法·荐举门》中的一则申明，或许可以窥得一二：

　　侍郎左选尚书考功通用申明：

---

① 《庆元条法事类》卷第十四《选举门一·荐举总法》中规定："诸所举官与被举之官，（谓有员数合升改者。）各须在任。（其荐举日罢任者，亦同在任。）"参见［宋］谢深甫等修：《庆元条法事类》，戴建国点校，载杨一凡、田涛主编《中国珍稀法律典籍续编》第一册，黑龙江人民出版社2002年版，第289页。

② 《吏部条法·荐举门》中规定："应所举之官与被举之官，各须在任。"参见《吏部条法》，刘笃才点校，载杨一凡、田涛主编《中国珍稀法律典籍续编》第二册，黑龙江人民出版社2002年版，第242页。

绍兴十四年七月二十五日敕：吏部状，据左从事郎吴淦乞磨勘收使举主显谟阁学士左太中大夫知泉州汪藻会到尚书左选称，汪藻见任左太中大夫提举江州太平观，因言章奉圣旨落职，依旧宫祠永州居住。本部作宫观人收使了当。续据选人陈乞收使左奉议郎知邵州张九成作举主，其张九成未知邵州以前，曾任刑部侍郎，今来见降提举江州太平观，令南安军居住。缘条内即无该载，遂行申明，承都省批下，勘会选人收使举主，既是见降充宫观，指定与州军居住人，难以收使。送吏部照会施行。本部契勘吴淦已收使汪藻举状，合依今来指挥改正。奉圣旨：吴淦已收使汪藻举状，令吏部改正。①

从上述吴淦的例子可以看出，汪藻和张九成均在选人提交举状的时候被落职，降宫观差遣，且别州居住，而这类举主出具的举状，吏部"难以收使"。同样，在《庆元条法事类》②中亦有相似规定。但同样根据《吏部条法》中的规定，举主在举官之后任宫观差遣的，如果不是"降充"之人，即使年过七十，亦可"理为举主"。③

根据以上法律条文规定，关于举主是否"在任"的问题，可得出如下结论：

其一，举主荐举之时适格，在吏部收使举状之时被责降差遣，如见降宫观等，则不理为"在任"。

其二，举主荐举之时适格，在吏部收使举状之时任宫观差遣，即使年七十

---

① 《吏部条法》，刘笃才点校，载杨一凡、田涛主编《中国珍稀法律典籍续编》第二册，黑龙江人民出版社2002年版，第259页。

② 在《庆元条法事类》卷第十四《选举门一·荐举总法》中规定："诸先曾举官，见降充不应举官职任，（举官后虽除侍从官，见宫观同。）或已分司、致仕、寻医者，并不理为数。（其任侍从官，或落职后举官降宫观差遣者，非。）""诸举官不得荐充侍从、台省。（谓职未比侍从而荐以侍从；任未比台省而荐以台省之类。）其停废或责降差遣，（内侍官、散官或曾经朝廷削夺差遣者同。）并不得奏举。"参见［宋］谢深甫等修：《庆元条法事类》，戴建国点校，载杨一凡、田涛主编《中国珍稀法律典籍续编》第一册，黑龙江人民出版社2002年版，第291—292页。

③ 在《吏部条法·荐举门》中规定："诸举官后任宫观差遣，非降充者，虽年七十以上，并依元资序理为举主。"参见《吏部条法》，刘笃才点校，载杨一凡、田涛主编《中国珍稀法律典籍续编》第二册，黑龙江人民出版社2002年版，第244页。

以上，仍为举主，且按原来资序。

总体而言，举主是否"在任"要看是另授差遣还是责降差遣，若是另授差遣的举主可理为"在任"，若是责降差遣的举主则"难以收使"。

2. 关于"职任"

天圣二年（1024 年），仁宗皇帝接受了李纮的建议①，对于荐举幕职官、州县官的举主有了"职任"的限制，即要么是现担任知州、通判以上差遣的京朝官，要么是曾经担任过知州、通判的升朝官才可以行荐举之责。

另据《庆元条法事类》卷第十四《选举门一·改官关升》中规定：

> 诸知州，听岁举承直郎以下改官，迪功郎充县令。
>
> 诸路察访，听举承直郎以下改官，迪功郎充县令。
>
> …………
>
> 诸在任迪功郎有材武者，岁许转运使副、判官、提点刑狱、知州举充县令、县尉。②

上述三个法律条文，都是对荐举充任知县等基层职官的举主的限定性规定。县作为国家行政机构中的基层组织，行政长官的重要性自是不言而喻，百姓常将县令或知县称为一方父母官，这些官员在任期间能否有所作为，关系着辖下百姓能否安居乐业，故而官虽小，但责任重大。只有这一个个小的单元格能够稳定和谐，那么整个国家才能稳定有序地向前发展。对幕职官、州县官行荐举之制，就是为了荐举能够胜任该职的官员为国家所用，保证他们在任期间能够有所建树。故而对于荐举幕职官、州县官的举主的"职任"有所要求也是必然

---

① 史载："欲望自今转运、制置发运、提点刑狱劝农使副使，知州军、通判，钤辖、都监崇班以上，并令奏举本部内幕职、州县官。在京大两省以上，并许京官。其常参官及馆阁曾任知州、通判升朝官，许依条奏举；余升朝官未经知州军、通判已上差遣者，不在举官之限。"参见［宋］李焘：《续资治通鉴长编》卷一百二，中华书局 2004 年版，第 2359 页。

② ［宋］谢深甫等修：《庆元条法事类》，戴建国点校，载杨一凡、田涛主编《中国珍稀法律典籍续编》第一册，黑龙江人民出版社 2002 年版，第 295—296 页。

的。因为只有举主担任过知州、通判等职，才得以了解州县官的具体工作内容和工作要求，从而能够了解被荐举人是否适合在基层县一级任职。

3. 关于"职司"

在《吏部条法·荐举门》① 中，有专门对"职司"的法律定义。也就是说，关于职司的定义有两种，一是职司，二是"理为职司"。

同时，从《吏部条法·改官门》② 中的很多法律条文中都可看出，"职司"在荐举之中相较于"常员举主"来说，地位更为重要一些。这些法律条文集中体现了如下两点：

其一，官阶在承直郎到修职郎的官员需满六考，官阶为迪功郎的官员需满七考，在有五名举主，其中含有职司举主一人的情况下，予以改官。而如果满十二考以上的官员，可以减常员举主一名；满十五考以上的官员，可以减职司举主一名。减常员举主与减职司举主中间差了三考，可见职司举主的重要性。

其二，改官之人若因私罪被处以杖以上的刑罚，需要增添二员举主或者一员职司举主。可见职司举主的荐举意见要比常员举主的重要一些，故而只需要添职司举主一员即可。

4. 负犯情况

在荐举中，举主其实就是帝王选才的把关人，只有举主本人政治素质和专业素养过硬，才能更好地履责。故而君主是非常重视考察举主是否有"负犯"

---

① 《吏部条法·荐举门》中规定："称职司者，谓转运使、副，提点刑狱，及朝廷专差宣抚、安抚、察访。（余同知州。）诸承直郎以下改官应用举主者，若转运判官二员处，均举使副人数，与理为职司。诸任职司举官而因事罢黜者，如见理本等资序，听作职司收使。（运判因事罢系第二任通判资序者，（诈）〔许〕作举主收使。）诸六部长贰，岁举内外选人改者理为职司。"参见《吏部条法》，刘笃才点校，载杨一凡、田涛主编《中国珍稀法律典籍续编》第二册，黑龙江人民出版社 2002 年版，第 246 页。

② 《吏部条法·改官门》中规定："应承直郎至修职郎六考，迪功郎七考，有改官举主五员，内职司一员，与磨勘依格改合入官。历十二考以上，减常员举主一员。历十五考以上，减职司举主一员。""诸承直郎至修职郎六考，迪功郎七考，有改官举主五员，（历十二考以上，无赃私罪人与减一员。）内职司一员，与磨勘。公罪两犯杖，（两犯笞比一犯杖。）或一犯徒以上，加一考。私罪笞，仍加举主一员。杖以上加二考，仍添举主二员，或职司一员。如超折及权官者依本资。已上若曾经改正，与免加展。其所犯虽非前项公私，未经改正者，亦不许磨勘改官。""庆元六年三月二十三日敕：……第二项选人改官，职司文字不限员数……"参见《吏部条法》，刘笃才点校，载杨一凡、田涛主编《中国珍稀法律典籍续编》第二册，黑龙江人民出版社 2002 年版，第 316、318、322—323 页。

情况的。大中祥符四年（1011 年），真宗皇帝就关于举主"负犯"情况，颁布了《审官院牒问举主负犯速结绝供报诏》①，第二年，又诏令所有被荐举的京朝官"具举主及本官历仕簿进内"②。可见，真宗皇帝已经开始重视对于举主身份的鉴定，尤其是要对举主是否有负犯的情况进行调查核实。至和二年（1055年），颁布《论吏部流内铨南曹举主事诏》③，区别了不同职任、职级官员在担任举主时受负犯影响的程度。其中，如果是发运、转运、提点等官，对赃私罪并无特别规定，而其他的职官如果有被处以杖以上的私罪，就不能理为举主，如果是被处以笞刑的私罪，即可理为举主。可见，即使是要考察举主的负犯情况，也不能完全脱离举主的职任和职级。这是一种特权政治的表现，位高权重之人，即使有负犯情况的发生，也不影响他的举主身份；而若是其他臣僚，则需要考虑负犯的严重程度而确定是否可以"理为举主"。诏令这样设置的目的一方面是维护高级官僚的利益，给予他们特权，稳定臣心，因为这些臣僚多身居要职，维系他们的忠君之心，也就使他们能够更尽心地为帝王服务；另一方面，更为重要的因素是，在"不限赃私罪"中，其中"赃私罪"并不构成对君主统治根基的真正威胁，故而才会对举主负犯的要求有所放宽。

（二）被荐举人的法定资格

被荐举人主要分为京朝官、幕职官、州县官。而影响被荐举人是否适格而能够被荐举改官的主要因素为：考任数、出身情况和负犯情况。

---

① 《审官院牒问举主负犯速结绝供报诏》中规定："刑部，自今每有审官院牒问举主负犯，并疾速结绝供报。"参见曾枣庄、刘琳主编《全宋文》第十二册，上海辞书出版社、安徽教育出版社2006年版，第92页。

② ［宋］李焘：《续资治通鉴长编》卷七十七，中华书局2004年版，第1757页。

③ 《论吏部流内铨南曹举主事诏》中规定："吏部流内铨、南曹，自今合举官，文臣知杂御史、少卿监，武臣阁门使以上，并江淮发运、诸路转运使、副使、提点刑狱朝臣、使臣、开封府推判官、府界提点，更不限赃私罪。余犯私罪杖已上，并不理为举主，若私罪笞者听之。"参见曾枣庄、刘琳主编《全宋文》第四十五册，上海辞书出版社、安徽教育出版社2006年版，第345—346页。

1. 考任数

在《吏部条法·改官门》① 中对于选人磨勘改官的考任数进行了严格限制，即如果选人在两任五考时，便已经凑齐了举主员数，但由于任数不足，还需要满足任数之后再顺延一年，才允许改官。可见，即使凑齐了举主数，但由于任数不够，也是不能磨勘改官的，这种规定完全显示了"论资排辈"凌驾于荐举之法的铨法设计。

2. 出身情况

根据《吏部条法·改官门》② 中规定，出身不同，要求的考任数和举主人数就不同。进士及第的第二、三名，一任之后就可以改合入官，而军功出身和进纳出身的官员，就需要分别满足九考、十考的考任要求，举主分别凑齐六员、七员才能改合入官。这种规定一来鼓励了以科举入仕的有才学之士，既向他们表明了朝廷的重视之心，又为贤才扩宽了晋升之路；二来重点防范有军功的人，重点考察进纳出身的官员。将这些人的晋升与考任数、举主员数联系在一起，其实在一定程度上限制了他们的仕进之路。一方面宋廷推行重文轻武之策，对于以军功出身的官员，自然是防之又防，以增加考任年限和举主员数的方法拖延他们的上升速度，避免他们有坐大的可能，防范他们恃武弄权；另一方面，以进纳入仕的官员多是靠钱财买官位者，只有依靠日积月累的考察和足够多数量的举主把关，才能看出他们是否能够为官清廉，为民办事。

3. 负犯情况

被荐举人是否有违反法律的行为，也是影响其是否被荐举的因素之一。

---

① 在《吏部条法·改官门》中规定："应选人历两任止及五考，举主却已及格，至赴第三任及一考，考第足之后再须满一年，通及七考，方许磨勘改官。"参见《吏部条法》，刘笃才点校，载杨一凡、田涛主编《中国珍稀法律典籍续编》第二册，黑龙江人民出版社 2002 年版，第 316 页。

② 在《吏部条法·改官门》中规定："应进士及第，第二、第三人一任回，与磨勘改次等合入官。选人军功出身，历任九考，有改官举主六员，与磨勘，改合入官。应选人进纳出身，历任十考，有改官举主七员，与磨勘，改合入官。"参见《吏部条法》，刘笃才点校，载杨一凡、田涛主编《中国珍稀法律典籍续编》第二册，黑龙江人民出版社 2002 年版，第 317 页。

根据《庆元条法事类》卷第十四《选举门一·改官关升》① 中的规定，举主不应将有犯赃行为且已经被发现弹劾的官员列为可以被荐举的首要考虑名单之中。

在《吏部条法·改官门》② 中进一步对被荐举人的负犯情况作了规定，通过该法律条文可以看出，被荐举人即使有违反法律的行为，但不会就此剥夺其被荐举资格，只是可以作为在荐举改官的过程之中是否需要增加考任数和举主员数的考量因素。如果满足十二考以上的官员，在没有赃私罪的情况下，可以减少一名举主。而如果有所负犯，根据公、私罪的处罚情况，适当增加考任数和举主员数。而如果犯罪行为已经改正，就可以免于增加举主员数和考任数。可见，两宋对待职官的违法犯罪行为是非常宽容的，虽然留给了后世治官不严的印象，却给予了这些官员以优待，磨灭了他们的反叛之心。

二、荐举员数不应超过法定限制

国初之时，对于荐举员数并没有具体的限定，而随着员阙矛盾的持续激化，限制荐举员数的法律条文也陆续出台。这些限制性举措主要是从对举主的身份限制入手，即针对不同职任和职级的举主，等级化、区别化、差异化他们能够荐举的人员数额，以此达到缩减被荐举人员数量的目的。可以看出，这种限制并没有触及根本，从根本上抑制荐举数量的膨胀，而是有种"不敢轻易得罪"的意味，这种"不敢"来自赵宋君主的审慎，即只要不是根本性问题，不是触

---

① 《庆元条法事类》卷第十四《选举门一·改官关升》中规定："诸举改官关升，若被举人犯赃，已被论诉，及他司按发、台谏论列者，不在首举之例。"参见［宋］谢深甫等修：《庆元条法事类》，戴建国点校，载杨一凡、田涛主编《中国珍稀法律典籍续编》第一册，黑龙江人民出版社2002年版，第294页。

② 《吏部条法·改官门》中规定："诸承直郎至修职郎六考，迪功郎七考，有改官举主五员，（历十二考以上，无赃私罪人与减一员。）内职司一员，与磨勘。公罪两犯杖，（两犯笞比一犯杖。）或一犯徒以上，加一考。私罪笞，仍加举主一员。杖以上加二考，仍添举主二员，或职司一员。如超折及权官者依本资。已上若曾经改正，与免加展。其所犯虽非前项公私，未经改正者，亦不许磨勘改官。"参见《吏部条法》，刘笃才点校，载杨一凡、田涛主编《中国珍稀法律典籍续编》第二册，黑龙江人民出版社2002年版，第318页。

犯皇族利益的事情，就可以"宽容以待"，以图王朝稳固。

景祐三年（1036 年），规定了百官可以荐举幕职官、州县官的人员数额①；康定二年（1041 年），规定文臣知州军等的举官员数，允许他们岁举三人。至南宋，对于不同职任和职级的举主，能够荐举的人员数额的等级性限制更为具体。

根据《庆元条法事类》卷第十四《选举门一·改官关升》② 中的规定，不同职任和职级的官员在荐举员数上呈现鲜明的等级性色彩。

此外，在这些等级化限制之中，亦带有逐渐减少荐举员数的变化：

其一，前任宰相、执政官荐举员数减少。根据《吏部条法·荐举门》："岁举承直郎以下改官：前宰相执政官，三人。（以淳熙七年二月二十三日指挥重定。）"③ 根据该法律条文后的注释可知，之所以从《庆元条法事类》中规定的前宰相、执政官可以岁荐五人变为三人，是因为在《吏部条法·荐举门》中规定："淳熙七年二月二十三日敕节文：前宰相、执政官岁举改官五员，今后各减二员。"④

其二，知州荐举员数减少。据《吏部条法·荐举门》中规定："知州：一十五县，六人；一十二县以下，三人；七县以下，二人；无县处，一员。取到吏

---

① 史载："详定内外官，所举州县幕职官，各有合举员数。其转运使副、提刑不限人数，旧当三人者，止当一人，仍须有本部监司长吏及通判荐举者，始听磨勘。"参见［宋］程大昌：《演繁露校证》续集校证卷一，许逸民校证，中华书局 2018 年版，第 1120—1121 页。

② 《庆元条法事类》卷第十四《选举门一·改官关升》中规定："岁举承直郎以下改官：前宰相、执政官五人。诸路安抚及带本路安抚并主管本路安抚司公事知州者，三人。知州，一十五县六人；一十二县五人；八县四人；四县三人；三县以下二人；无县处一员。岁举迪功郎充县令：知州，一员。充县尉：转运使副、提点刑狱，三人。转运判官，二人。知州，一员。察访举官：承直郎以下改官，七人；（河北、河东、陕西、京东、京西、两浙各加二人。）迪功郎充县令，三人。"参见［宋］谢深甫等修：《庆元条法事类》，戴建国点校，载杨一凡、田涛主编《中国珍稀法律典籍续编》第一册，黑龙江人民出版社 2002 年版，第 296 页。

③ 《吏部条法》，刘笃才点校，载杨一凡、田涛主编《中国珍稀法律典籍续编》第二册，黑龙江人民出版社 2002 年版，第 250 页。

④ 《吏部条法》，刘笃才点校，载杨一凡、田涛主编《中国珍稀法律典籍续编》第二册，黑龙江人民出版社 2002 年版，第 258 页。

部状……"① 而在《庆元条法事类》中对于知州所辖县的数量分为六档，分别为十五县、十一县、八县、四县、三县和无县；而《吏部条法》中分为四档，分别为十五县、十二县、七县和无县。这种档数减少的做法使得荐举的员数也得到了相应的缩减。

此外，为有效控制荐举员数，还要求如果举主所举员数有所变更，也应及时上报，而不应私自予以定夺。②

又据《吏部条法·改官门》中规定：

> 开禧元年五月十二日敕：侍从台谏两省官集议，……止缘近年额外复放班引，是致员数滋多，殊失当时立额之意。又缘考举及格，许令不候替人离任，赴部磨勘，愈觉人数积压。又臣僚昨来奏请，历十二考不用举主及减举主，大多许令改官。积此三事，所以每岁班引之外滥额数多。若坚守孝宗皇帝立定八十员之额，断不许额外放班……③

该条敕文详细说明了奏举员数增多的三个原因：其一，额外增加荐举人数；其二，在考任数和举主员数符合要求之后，往往不等人离任便可赴吏部磨勘；其三，满十二考的官员，又可以获得不需举主或者减少举主员数的优待，便可顺利改官。上述三种情况的出现，说明了随着荐举之法的推进，荐举员数开始出现过滥的情况，故而有臣僚奏请坚守孝宗时规定的八十限额。可见，及至南宋朝廷也是在一直寻求控制荐举员数的方法。

---

① 《吏部条法》，刘笃才点校，载杨一凡、田涛主编《中国珍稀法律典籍续编》第二册，黑龙江人民出版社 2002 年版，第 251—252 页。

② 在《庆元条法事类》卷第十四《选举门一·荐举总法》中规定："诸举官有数而被旨增减，或未有数而创许举者，具得举数申尚书吏部及报进奏院。"参见 ［宋］谢深甫等修：《庆元条法事类》，戴建国点校，载杨一凡、田涛主编《中国珍稀法律典籍续编》第一册，黑龙江人民出版社 2002 年版，第 291 页。

③ 《吏部条法》，刘笃才点校，载杨一凡、田涛主编《中国珍稀法律典籍续编》第二册，黑龙江人民出版社 2002 年版，第 323—324 页。

三、举主连带责任的法律规定及执行效果

两宋的荐举之法呈现出的最大特点就是连坐处罚，举主负有连带责任。意图通过掌握少数人的方式，而达到控制绝大多数职官群体的目的，以同罪保举为主线，将举主与被荐举人拴在了一起，荣辱与共，形成了一张巨大的责任互保网络，为职官的铨选得当提供了法律制约。

北宋初年，颁布《令翰林学士文班常参官曾任幕职者各举宾佐令录一人诏》①，比较详实地规定了荐举中连坐处罚的内容。其要旨为，如果被荐举者在任期间存在职事旷废、贪污腐化等不法之事，举主应根据情节轻重程度处以连坐处罚。这样的立法用意在于，在荐举之法中举主的地位是非常重要的，若举主荐举得法，被荐举人认真履职，就会吏治清明；而若举主枉法荐举，被荐举人知法犯法，那么就会败坏吏治。故而从荐举的源头，即举主处就开始设置防线，密织责任互保的防范网，督促举主在荐举的过程中能够审慎求实。

宋廷在连坐处罚施行初期，就已经开始制定较为详细的法律条文了。太平兴国七年（982 年），太宗皇帝颁布诏令，将被荐举人犯死罪时，对举主减两等处罚立为定制。② 景德四年（1007 年），真宗皇帝颁布诏令③，该诏令要求，如果被荐举者是因为劳绩显著而改官的，在考核审查的时候发现与举状所书内容不符，则按照朝廷法律规定进行裁判，或是在改官之后又有犯赃行为的，举主不应连坐；但如果被荐举者是经常规循资改官之人，在改官后有不法行为，举

---

① 《令翰林学士文班常参官曾任幕职者各举宾佐令录一人诏》中规定："除官之日，仍署举主姓名，或在官贪浊不公，畏懦不理，职务废阙，处断乖违，并随轻重，连坐举主。"参见《宋大诏令集》卷第一百六十五，司义祖整理，中华书局 1962 年版，第 629 页。

② 史载："诏文武常参官，自今所保举人犯死罪，无轻重减二等论定，著于令。"参见［宋］李焘：《续资治通鉴长编》卷二十三，中华书局 2004 年版，第 522 页。

③ 史载："群臣举官，例皆连坐，宜有区别。自今朝官、使臣、幕职、州县官，须显有边功，及自立规画、特著劳绩者，仍以名闻。如覆之际，与元奏不同，当行朝典。或改官后犯赃，举主更不连坐。如循常课绩历任奏者，改官犯罪，并依条连坐。其止举差遣，本人在所举任中犯赃，即用连坐之制。其改官他任，纵犯赃罪，亦不须问。"参见［宋］李焘：《续资治通鉴长编》卷六十六，中华书局 2004 年版，第 1471 页。

主应受连坐处罚。至于荐举堪充具体职任的情况，如果被荐举人在荐举之任内有不法行为，举主应受连坐之法的处罚，但如果在改任其他差遣之后，即使有所负犯，举主也不受影响。这条诏令区分了在被荐举人改官和堪充职任的不同情形之中，举主是否应受连坐处罚。其中在被荐举人改官中，细化为两种情形，根据是因劳绩显著而改官还是正常循资改官的不同，区分举主的责任；而在被荐举人堪充职任方面，又对举主只保一任的制度予以确定。这种细分，避免了举主在荐举过程之中因被荐举人有所负犯而一概要受到处罚的情况发生，在一定程度上放开了举主的荐举手脚，使连坐处罚的目标更为精准，处罚也更为科学。

由上可见，在北宋初期的前三朝中，对于举主的责任划分还是比较明确的，而对于举主的责降也是比较严厉的。及至南宋时期，宋廷亦制定了系统严密的连坐处罚，主要体现在《庆元条法事类》卷第十四《选举门一·荐举总法》①中，通过法律条文的规定，可以得出如下结论：

其一，被荐举人犯赃罪的，对举主的处罚力度较重，如果被荐举人是循资改官或关升资序，于任内有所负犯的，又各减一等。

其二，举主的连坐保任只适用于所举任内，如果被荐举人在所举任内有所

---

① 《庆元条法事类》卷第十四《选举门一·荐举总法》中规定："诸举清要官，（谓举充御史、阁门祗候之类。）及举充县令若从事郎以上，并改官而用所举已充其任者，若犯入己赃，举主与同坐，（犯赃应除、免若赃轻以除、免比罪而坐奏举者，听依私罪法减等。）至死者，减一等，私罪徒以上，减二等。举改官或从事郎以上而止升资序，若举其他职任，（申差、奏差与奏同。余条奏辟、奏举职任不言申、奏差者，准此。）并泛言升陟，（谓充清要若将领任使及钱谷、刑狱亲民之类。）已用所举关升资序，或转官及举恩泽文学已注官者，各又减一等，其用举主差注入官，又减二等。（用泛举升陟而得关升者，自监当为亲民，亲民升通判，通判升知州，各于所升及虽用所举差注入官，非升资序者，于所差若举其他职任者，于所举任内有犯乃坐。）其因别敕奏举擢用者，止坐别敕奏举之官。以上被举官非故犯私罪，举主不坐。诸举官充职任，于所举任内以职事旷废至公罪徒以上，举主减二等。（即不因本职而犯者不坐。）诸举官而荐充侍从、台省，若停废及责降差遣未经叙复而奏举者，各杖一百。（依令应保奏者非。）诸举官应坐举主，若被举人犯罪后会恩虽不该原减，举主听减一等，再会恩者，听从原减法。其被举人以特旨及于法不以赦降原减者，举主自依赦降。诸举官状已经用，其举主首体量得无所首事者，杖八十。（虽无所首事，而别有驻私罪事发者，与免应坐及陈首不当之罪。）即体量官称无所首之事而别致事发者，杖一百，去官莫免。"参见［宋］谢深甫等修：《庆元条法事类》，戴建国点校，载杨一凡、田涛主编《中国珍稀法律典籍续编》第一册，黑龙江人民出版社2002年版，第288—289页。

负犯，举主才须连坐。

其三，遇有赦降，被荐举人虽因各种原因不能赦降，但并不影响举主的减免。

其四，举主负有考察被荐举人的责任，并对自己的考察结果负责。

上述条文设定背后的原因有二：

其一，因为人是一个不断发展变化的个体，举主不可能保证被荐举人为官所有职任之中都能够清正廉洁，故而对于举主的连坐保任期限规定于他所荐举的差遣、改官任期之内，举主应对其所行的荐举之事负责，如果被荐举人在其他职任期限内有所负犯，举主就不必受连坐保任法的限制和惩处。

其二，区别犯罪类型和犯罪的主观故意性，用以区分主观恶性，从个体内部找寻原因，以此来决定举主受连坐处罚的程度。将被荐举人的任内犯罪划分为赃罪和其他，就被荐举人所犯赃罪而言，对举主的处罚力度就大于其他违法行为。这是根据被荐举人在主观方面的犯罪意识不同，所以对其犯罪后连坐举主的惩罚力度也有所不同。被荐举人如果不是在任内故意犯私罪，举主不连坐，这是因为被荐举人在主观意识层面并没有犯罪的故意，这其实也证明了举主择人之时是经过慎重考量的，而情况是复杂多变的，被荐举人在任内如果过失有所负犯，并不是出于其本意，故而并不是举主荐举失实的表现。也就是说，荐举保任法设立的初衷，是用以防范并处罚举主荐举不当的行为，而不是要将被荐举人所有的过失都要归咎于举主身上。

综上，无论是北宋初年还是南宋时期，在立法层面，对于连坐处罚的法律规定还是比较严密的，然而在具体执行层面，却呈现出施行与规定相背离的场景。李心传在《建炎以来朝野杂记》中记述了这样几个例子：绍熙初年，赵温叔荐举之人有了不法行为，按规定作为举主的赵温叔应该被处以降三级官阶的惩罚，而当时赵温叔已经身为使相，如果降三级，则为银青光禄大夫，朝廷很是为难，于是只是在他的爵位上有所黜降，从卫国公降为益川郡公，削减了两千食户而已。可见，本应是降官阶却变成了降爵位，差别不可谓之不大。而之后，周洪道也因举官不当受到了连坐处罚，也是效法赵温叔，只降爵位，从益国公降为了荣阳郡公。① 当然,这种执行不严的事例并不仅仅出现在南宋,在北宋中期就已经出现了端倪:仁宗时期,赵概因失举了在渑池县任职县令的张浩,受到连坐之罚而被免官,但不久就又被委以职任。② 可见,纵览两宋,虽有连坐保任之法,但总归是治标未能治本,既然做不到严惩举主,那么就算有再严密的保任之法,也终究难以达到澄清吏治之效。

当然,虽有执行不严的情况发生,但连坐保任法的出台,还是最大限度地保证了举主能够应贤而举。如谢泌在任襄州知州期间,听闻邓城县令张密学治理有方,遂利用空闲之日,不顾路途遥远,轻车简从,亲自从襄城到邓城实地考察张密学。③ 可见,法律规定对于举主的约束还是起到了一定作用的。

四、其他法律规定

(一) 回避

北宋立国之初,囿于迫切需要贤才的政治环境,对于荐举回避的要求并不是那么严格,如《令翰林学士文班常参官曾任幕职者各举宾佐令录一人诏》④。可见,建国之初,职官举不避亲的行为是获得国家允许的。然而,随着国家走向正轨,荐举开始渗透于职官任用的各个环节,其重要性越发凸显以后,便开始有人利用举主的身份大肆荐举亲党,混乱荐举。故而,雍熙四年(987 年)

---

① 史载:"绍熙初,赵温叔所举以赃抵罪,用故事当削三秩,而温叔时为使者,若降三秩,则应落衮钺为银青光禄大夫,朝廷难之,于是自卫国公降封益川郡公,削其食户二千而已。其后,周洪道连坐,亦自益国公降封荣阳郡公,盖用温叔例。"参见 [宋] 李心传:《建炎以来朝野杂记》甲集卷八,徐规点校,中华书局 2000 年版,第 163 页。

② 史载:"坐失举渑池令张诰免,久乃起,监密州酒。"参见 [元] 脱脱等:《宋史》卷三百一十八,中华书局 1985 年版,第 10364 页。

③ 史载:"谢泌谏议居官不妄举士,或荐一人,则焚香捧表,望阙再拜而遣之。其所荐虽少,而无不显者。泌知襄州日,张密学逸为邓城县令,有善政。邓城去襄城,渡汉水才十余里,泌暇日多乘小车,从数吏,渡汉水入邓城界,以观风谣。或载酒邀张野酌,吟啸终日而去,其高逸乐善如此,张亦其所荐也。"参见 [宋] 魏泰:《东轩笔录》卷之十,李裕民点校,中华书局 1983 年版,第 116 页。

④ 《令翰林学士文班常参官曾任幕职者各举宾佐令录一人诏》中规定:"宜令翰林学士文班常参官曾任幕职州县者,各举堪为宾佐令录一人以闻,如有近亲,亦听内举。"参见《宋大诏令集》卷第一百六十五,司义祖整理,中华书局 1962 年版,第 629 页。

颁布了《令转运长吏不得擅举人为部下官诏》①，开始施行荐举回避之法。南宋时期，对被荐举人员的范围亦有法律限制。② 这样一来，一是可以有效地防止举主利用荐举活动，暗行交结朋党之勾当；二是可以抑制权贵子弟，保证举主荐举的公平性，使确有才识而苦于没有背景靠山的寒门士子能够获得荐举的机会。

（二）监司监察荐举活动

两宋特设路一级的监司，不仅要求他们监察地方州郡长官磨勘考课等，而且监司之间还可互相监督，而这种监察所部州郡和互相监督的原则和方法在荐举之中亦有所体现。

据《庆元条法事类》卷第十四《选举门一·荐举总法》之条文，可得：

其一，监司在监察所部州县的过程之中，履行荐举之责：监司每年分上、下半年各一次，巡察所辖州县，发现循吏要荐举，发现奸赃应弹劾。③

其二，监司互监法在荐举中的体现：一是诸路监司之间互相监督彼此荐举的官员，如果被荐举之人察有所虚，则举主将与他一同被治罪。④ 二是举主不能"独衔荐举"⑤，这就是要求监司、帅守在荐举所部官员的时候不能自己擅作主张，要一同行事。

---

① 史载："荐贤举善，合狗至公。行爵出禄，举无虚授。苟非得其才实，亦何吝于宠恩。近者诸处奏荐，多是亲党，既伤公道，徒启幸门，用塞津蹊，宜行条贯。自今诸路转运使副及州郡长吏并不得擅举人充部下官，如有阙员处，当以闻。"参见《宋大诏令集》卷第一百六十五，司义祖整理，中华书局1962年版，第630页。

② "诸亲戚于法应避者，不许荐举。"参见［宋］谢深甫等修：《庆元条法事类》，戴建国点校，载杨一凡、田涛主编《中国珍稀法律典籍续编》第一册，黑龙江人民出版社2002年版，第292页；《吏部条法》，刘笃才点校，载杨一凡、田涛主编《中国珍稀法律典籍续编》第二册，黑龙江人民出版社2002年版，第242页。

③ 《庆元条法事类》卷第十四《选举门一·荐举总法》中规定："诸监司每岁分上下半年巡按州县，荐举循吏，按劾奸赃以闻。"参见［宋］谢深甫等修：《庆元条法事类》，戴建国点校，载杨一凡、田涛主编《中国珍稀法律典籍续编》第一册，黑龙江人民出版社2002年版，第292页。

④ 《庆元条法事类》卷第十四《选举门一·荐举总法》中规定："诸监司每岁同审择所部，知州不得过二人，县令三人，（县令须到任二年以上者。）列其功状之实，结罪保明以闻。"参见［宋］谢深甫等修：《庆元条法事类》，戴建国点校，载杨一凡、田涛主编《中国珍稀法律典籍续编》第一册，黑龙江人民出版社2002年版，第290页。

⑤ ［宋］谢深甫等修：《庆元条法事类》，戴建国点校，载杨一凡、田涛主编《中国珍稀法律典籍续编》第一册，黑龙江人民出版社2002年版，第290页。

可见，两宋对于职官之间的监察力度可谓大矣，渗透于方方面面，一方面显示了赵宋君主为了能够实现荐举得人而尽力维护公平，但另一方面也可看出其对于职官的防范和不信任。

（三）举状应重实迹

设置荐举的初衷就是在"资"与"资序"充斥的职官铨选之中，依靠举主的举状，使得铨司查有实据，为国家择贤吏，为君主所用。故而就要严格要求荐举状的内容，一定要客观反映被荐者的真实情况。因为铨司面对的待选人群是非常庞大的，且很多来自基层，这就在客观上增加了负责铨选官员的查证难度，只能凭借举主在举状上所书的内容来判断和评估待选官员，可见举状内容是否属实其实关系到铨选用人是否得当。在《庆元条法事类》中有专门关于举状内容要求的规定①，从法律层面要求荐举官在填写举状的时候应注重被荐举人的实迹，不得以溢美之虚词敷衍了事。这足以显示宋廷希望把荐举的作用真正落到实处，为国家选拔出真正得力之人，而不是误用文字虚词堆砌出来的庸才赃吏的决心和信念。

（四）对荐举过程中产生的违法行为的处罚

荐举关切到绝大多数待选职官的仕宦晋升之路，他们为了能够符合荐举要求，可谓"各显神通"，而在这一过程之中，很容易就会滋生违法犯罪行为，根据《庆元条法事类》的规定，主要集中于以下三个方面：

其一，举主"因荐举而受财"②。举主若因荐举而受财，其处罚竟要在"受所监临赃"③的基础之上加一等，可见对于荐举中举主收受财物的处罚力度之

---

① 《庆元条法事类》卷第十四《选举门一·荐举总法》中规定："诸荐举官不得以虚词溢美，并具治迹实状以闻。"参见［宋］谢深甫等修：《庆元条法事类》，戴建国点校，载杨一凡、田涛主编《中国珍稀法律典籍续编》第一册，黑龙江人民出版社 2002 年版，第 289 页。

② ［宋］谢深甫等修：《庆元条法事类》，戴建国点校，载杨一凡、田涛主编《中国珍稀法律典籍续编》第一册，黑龙江人民出版社 2002 年版，第 289 页。

③ ［宋］窦仪等：《宋刑统》，吴翊如点校，中华书局 1984 年版，第 178 页。

大。这是因为，举主是荐举活动中最为重要的一环，也是关系人才黜陟升降的把关人，若这些举主因收受财物而荐举，势必徇私，做不到公正选人，极大可能将赃吏、庸吏选拔进职官队伍，让其成为危害国家社稷的蛀虫、败类。因此，这已经不是一人之害那么简单了，所以处罚更重。

其二，买卖举状。在荐举过程中买卖举状的官员，要被处以杖一百的刑罚，而如果是因收受贿赂而交易举状的官员，即按照"荐举受财法"①处罚。这是区分了买卖举状的情形，如果是单纯的买卖行为，则处杖一百即可；而若是因收受贿赂而给举状的，这时候给举状的情形就不是单纯的买卖行为而是因受贿而交易举状，故而处罚比照了"荐举受财法"②而施行。

其三，请托。"以违制论"③是一种概括式的处罚规定，具有统摄性和未知性，也是一种维护皇权的治理手段。概括性的处罚方式使人无法预知，这体现了一种人治的色彩。

两宋官制最引人注目的就是形成了差遣制，并在差遣制的影响下，形成了独具特色的职官铨选，即叙迁官阶和关升资序的并存。同时，在职官铨选之中，荐举亦起到了非常重要的作用。

其一，两宋差遣制的形成并不是一蹴而就的，而是经历了不断地调整逐渐完备的。宋初，实行官、职、差遣分授，官失其守，京朝官派往地方以"权知"任州县长官，对幕职官的人事权上收中央。至元丰改制，分寄禄官阶和职事官，但差遣的实质依然没有被撼动。差遣制确实发挥了非常重要的作用：缓和了职官集团内部的矛盾；为中央集权的强化起到了极其显著的推动作用；模糊了职官之间的职级，利于权力的制衡；更有利于君主通过调整官员职级与职任的方

---

① ［宋］谢深甫等修：《庆元条法事类》，戴建国点校，载杨一凡、田涛主编《中国珍稀法律典籍续编》第一册，黑龙江人民出版社 2002 年版，第 289 页。

② ［宋］谢深甫等修：《庆元条法事类》，戴建国点校，载杨一凡、田涛主编《中国珍稀法律典籍续编》第一册，黑龙江人民出版社 2002 年版，第 289 页。

③ ［宋］谢深甫等修：《庆元条法事类》，戴建国点校，载杨一凡、田涛主编《中国珍稀法律典籍续编》第一册，黑龙江人民出版社 2002 年版，第 289 页。

式，在职官升降上做文章。但是同时，差遣制也存在着不可忽视的缺陷，一来使官失其守，在其位却不谋其职，导致国难之时守城之官弃城而逃；二来造成官制紊乱，叠床架屋，权责不明，官冗严重。

其二，在差遣制的影响下，职官的铨选主要分为叙迁官阶与关升资序。就叙迁官阶而言，主要体现在幕职官、州县官的循资与改官，京朝官的转官之中。根据法律条文之规定，循资与改官主要受职官考任数，历任负犯、功过情况，举主员数，出身情况，原有官阶等因素的影响。由于选人改官最为重要，故而法律条文规定的也更为细密。而京朝官转官亦受出身、特旨、差遣、馆职等诸多因素的影响而显示出了不同的迁秩路径。就关升资序而言，在关升中，主要分为亲民资序、监当资序。这是君主有意识地根据入仕途径的不同予以区分，以刻意压抑异途入仕者的方法，因此对于亲民官、监当官的厘定也有非常细密的法律条文。此外，在关升中又有"常调"和"出常调"两种方式。其中"常调"是职官最为主要的关升途径，在《吏部条法·关升门》中亦有非常详细的规定。同时，在法律条文中，还有对关升文书、"实历"、"负犯"的系列规定。

其三，在职官铨选中，荐举具有非常重要的地位，发挥着极为关键的作用，因此宋廷对于荐举的法定要求亦是非常细密的。首先，要求举主、被荐举人应符合法定资格，而对举主的法定要求主要体现在"在任""职任""职司""负犯"四方面，对被荐举人的法定要求主要体现在考任数、出身情况和"负犯"三方面。其次，为防范荐举过滥又对荐举员数作以限定。再次，以连坐处罚的方式，规定了举主的连带责任，用以防范荐举不实、不法情形的发生，以规范荐举。最后，就荐举回避、监司监察荐举活动、举状应重实迹、对荐举过程中产生的违法行为进行处罚等四方面进行了梳理分析。

第四章

两宋职官考课内容的变化及重要发展

考课，是对职官日常工作过程的一种随时性考察，体现着对职官的规范化管理。两宋时期，考课法虽日益严密，但囿于国情所限，愈加呈现出了形式化的现象，到最后落得只剩具文的景象。相反，伴随着考课法走向没落，磨勘制反倒愈加被统治者推崇，在职官考课中发挥着愈来愈重要的作用。而为了适应磨勘法的推进，历纸也得到了更为广泛的应用。

第一节　各级职官考课内容的变化

两宋为加强对官员的管理和控制，制定了非常严密的考课之法，主要分为三个层次：中央机构所属官员、路级监司、州县守令。其中考课法的重心在于考核路级监司、通判、知州、知县等外任官。这些外任官肩负着主掌一方政事的责任，是地方治理的中坚力量，加强对他们的考课立法，既显示了宋廷对基层百姓民生疾苦的关注，又加强了中央对地方外任官的管控力度。

一、中央机构所属官员考课内容的变化

中央部分机构所属官员的考课规定，自元丰改制后渐成定制，趋于规范。

哲宗"尝立吏、户、刑三部郎官课"①。崇宁年间，仿《周官》之制，以六曹尚书考察所属郎官，又以尚书都省负责考课六曹尚书，"成者陟之，不成者黜之"②。南宋时期，考课文武官员分三等，是为上、中、下，以公正勤勉、廉洁公谨为主要评价标准。③

二、路级监司考课内容的变化

唐末五代以来，藩镇势力雄起，对于中央政权的威胁令赵宋君主深深感受到了加强地方管理的重要性。故而宋初，便着手设置路级建制，加强中央对地方的掌控力度，至道三年（997 年），定天下为十五路④，自此之后，路成了衔接中央和地方的纽带，中央通过将权力分寄于监司的方式，有效控制了地方。监司所辖区域既有交叉又有不同，且都对中央负责，这种设计粉碎了地方势力威胁中央政权的可能，标志着两宋官僚体制的新发展。由于监司的重要地位，宋廷对于监司的考核是非常重视的，制定了较为完备的考课之法。

（一）转运使考课内容的变化

作为最早出现的监司，转运使在立国之初的职责范围是非常广泛的，不仅负责转运和管理财政，而且还兼有对于辖下州郡的官员的考核评定、监察按劾、荐举保任等职责，转运使的地位首屈一指。淳化三年（992 年），太宗皇帝颁布

---

① ［元］脱脱等：《宋史》卷一百六十，中华书局 1985 年版，第 3762 页。
② ［清］徐松辑：《宋会要辑稿》职官 59 之 12，刘琳等校点，上海古籍出版社 2014 年版，第 4645 页。
③ 史载："凡文武官一是以公勤、廉恪为主，而又职事修举，斯为上等；公勤、廉恪各有一长为中等；既无廉声又多缪政者考下等。"参见［元］脱脱等：《宋史》卷一百六十，中华书局 1985 年版，第 3765 页。
④ 史载："京东、京西、河北、河东、陕西、淮南、江南、湖南、湖北、两浙、福建、西川、峡西、广东、广西。"参见［宋］王应麟：《通鉴地理通释》卷之三，傅林祥点校，中华书局 2013 年版，第 61 页。

《约束转运使诏》①，规定了对转运使考核的具体内容。康定元年（1040 年），仁宗皇帝接受了郑戬的建议，开始注重对转运使财政课利方面的考核。② 这与当时北宋朝廷受困于与西夏的常年交战以及至仁宗朝已经开始呈现出的冗员和由此带来的巨大官费开支有关。由于国家财政吃紧，故而朝廷加大了对于转运使在经济方面的考核力度，量化考核指标。至皇祐元年（1049 年），在三司任职的叶清臣认为，近年来荆湖等路所交课利亏欠不少，这与转运司无所畏惧、职事散漫、上下失职等原因是分不开的，恳请仁宗皇帝依照考核提点刑狱的方式与方法，派两制重臣分上、中、下六等考课转运使，根据不同的定等黜陟赏罚。③这一考核内容，将对转运使的考核重点几乎全部放在了财政经济方面，忽视了对转运使其他职能的审察，导致官员对百姓盘剥的现象日益严重。有鉴于此，嘉祐二年（1057 年），仁宗皇帝听从了陈升之的建议，调整了对转运使副的考核内容④，改由御史台负责考校定等，然后经中书、门下审核。

要而言之，转运使在北宋前期面临的考核主要由以下方面组成：

其一，民政方面：考核转运使能否增添户口，拓荒田土，使民安居乐业。

其二，刑事方面：考核转运使能否平反冤狱。

其三，财政方面：考核转运使能否充盈财政，保证税赋收缴，上供、籴米、和买不亏于抛数。

---

① 史载："厘革庶务，平反狱讼，及货财盈美，飞挽办集，有利于民等事。"参见《宋大诏令集》卷第一百九十，司义祖整理，中华书局 1962 年版，第 697 页。

② 史载："将一任内本道诸处务所收课利与祖额递年都大比较，除岁有凶荒别敕权阁不比外，其余悉取大数为十分，每亏五厘以下罚两月俸，一分以下罚三月俸，一分以上降差遣；若增及一分以上，亦别与升陟。"参见 [宋] 李焘：《续资治通鉴长编》卷一百二十七，中华书局 2004 年版，第 3011 页。

③ 史载："一，户口之登耗；二，土田之荒辟；三，盐、茶、酒税统比增亏递年祖额；四，上供和籴、和买物不亏年额抛数；五，报应朝省文字及帐案齐足。户口增，田土辟，茶盐等不亏，文案无违慢为上上考；户口等五条及三以上为中上考；若虽及三以上而应报文字帐案违慢者，为中下考；五条中亏四者，下上考；全亏及文帐报应不时者，为下下考。"参见 [宋] 李焘：《续资治通鉴长编》卷一百六十六，中华书局 2004 年版，第 3984—3985 页。

④ 史载："一称荐贤才，各堪其任；二按劾贪谬，修举政事；三实户口，增垦田；四财用充足，民不烦扰；五兴利除害。"参见 [宋] 李焘：《续资治通鉴长编》卷一百八十六，中华书局 2004 年版，第 4484 页。

其四，荐举人才方面：考核转运使能否举贤称才，保证被荐举者勘充其任。

其五，监察方面：考核转运使能否按劾监察贪赃枉法之官。

其六，治事方面：考核转运使能否及时得当地处理政事，改革政务，兴办对百姓有利之事，革除弊端。

至南宋，受国家财政紧缩的影响，对转运使工作的评价标准则更多地依托于财政经济方面①。在这样的考核标准影响下，造成了转运使原本应为爱民的职官，现在却"以督办财赋"②为要，反倒成了残害百姓的工具。

（二）提点刑狱官考课内容的变化

提点刑狱司是继转运使司之后设立的第二个监司，用以分化转运使的权力。景德四年（1007年），真宗皇帝颁布《置诸路提刑诏》，规定将对提点刑狱官的课绩功过书于御前印纸之上，由二府负责"议功行赏"③。景祐三年（1036年），又设立了负责专门磨勘提点刑狱官的机构。庆历二年（1042年）颁布了对提点刑狱官的三等考校办法④。嘉祐六年（1061年）又将对转运使和提点刑狱官的考校内容予以合并。宣和年间，受连年战事的影响，国家财政拮据，故而增加了经制钱和总制钱两种赋税，而这两项赋税收入的征缴情况被列在了对提点刑狱官的考核内容之中。根据《庆元条法事类》中的规定⑤，提点刑狱官每月需抽检辖下诸州的经总二税收入情况，并上报户部。可见自北宋末年到南宋，提

① 史载，"如转运使移用财赋不当致在有靡费及亏损官钱，或场务不因灾伤而课额亏减，或措置无术而岁计不足，及应合拨还诸司及别路所欠钱物而失于计量致大段亏少"则被列为"应干职事有无废弛，措置施行有无不当"的评价标准中。参见［宋］谢深甫等修：《庆元条法事类》，戴建国点校，载杨一凡、田涛主编《中国珍稀法律典籍续编》第一册，黑龙江人民出版社2002年版，第68页。

② ［宋］黎靖德编《朱子语类》卷第一百二十八，王星贤点校，中华书局1986年版，第3078页。

③ 《宋大诏令集》卷第一百六十一，司义祖整理，中华书局1962年版，第610页。

④ 史载："上等除省府判官、转运使副，中等除大藩一任，然后升陟之，下等降知州。"参见［宋］李焘：《续资治通鉴长编》卷一百三十五，中华书局2004年版，第3218页。

⑤ 《庆元条法事类》卷第三十《财用门一·经总制》中规定："诸经总钱物，提点刑狱司每月抽摘诸州分隶历点勘，有无隐漏增减不实，保明申尚书户部。"参见［宋］谢深甫等修：《庆元条法事类》，戴建国点校，载杨一凡、田涛主编《中国珍稀法律典籍续编》第一册，黑龙江人民出版社2002年版，第451页。

点刑狱官一直负责着对辖下诸州经总两项收入征收情况的监察。由于国家对经总钱的重视，经总钱的征缴情况自然也成了考核提点刑狱官的重点，这种来自政策考核层面的压迫，使"提刑本是仁民之官，今以经、总制钱，反成不仁之具"①。

（三）提举常平官考课内容的变化

提举常平司经神宗、哲宗两朝才最终被确立下来。熙宁二年（1069 年），规定由"田寺考校"② 提举常平官的课绩。之后，神宗皇帝听取了李定的建议，由御史台总体负责考察诸路监司，由户部负责考核转运使和提举常平官，由刑部负责考核提点刑狱官，自此，诸路监司的课绩考核权统收归于中央。至南宋，根据《庆元条法事类》卷第五《职制门二·考课》③ 中之规定，对于提举常平官的考核主要集中于役钱税利方面，并要求将本年及前三年的免役钱、工商场务课利情况如实呈报，是中央加强对地方赋税管控力度的一大体现。

（四）统一考课监司内容的变化

监司身为路级长官，总领路级政务，是中央加强对地方管控力度的有力抓手，严格考核监司，是保证地方吏治清明的关键。两宋时期，不仅有根据漕司、宪司和仓司具体职责不同而区别规定的考核标准和内容，更有适用于所有监司的考核内容，体现着法律条文的普适性与特殊性相结合的特点。自北宋时起，就已经有了关于统一考课监司的法律规定，并经神宗、哲宗二朝不断调整。神宗时规定，以"七事"④ 考课监司，对监司的考课内容统一集中于农业、治安、

---

① ［宋］黎靖德编《朱子语类》卷第一百二十八，王星贤点校，中华书局 1986 年版，第 3078 页。

② ［元］脱脱等：《宋史》卷一百六十五，中华书局 1985 年版，第 3904 页。

③ "本年并前三年收支免役钱若干。（具一路都数，逐年如有灾伤减额，亦约计声说。）场务净利比旧额有无增亏，限外有若干拖欠。"参见［宋］谢深甫等修：《庆元条法事类》，戴建国点校，载杨一凡、田涛主编《中国珍稀法律典籍续编》第一册，黑龙江人民出版社 2002 年版，第 69 页。

④ "一曰劝农桑，治荒废；二曰招荒亡，增户口；三曰兴利除害；四曰劾有罪，平狱讼；五曰失案察；六曰屏盗贼；七曰举廉能。"参见［清］徐松辑：《宋会要辑稿》职官 10 之 20，刘琳等校点，上海古籍出版社 2014 年版，第 3290 页。

荐举、监察、刑事、民政诸方面，范围非常广泛。哲宗绍圣二年（1095 年），又对神宗时规定的"七事"① 内容进行了调整，可见，哲宗时期，已经将"举官"列为监司考课的首要任务，并且将监察赃罪和平反狱讼的范围限制在了监司所部之内。到了大观二年（1108 年），北宋王朝已属强弩之末，地方官员玩忽职守的行为比比皆是，故而有臣僚奏请以"奉行手诏无违戾"② 作为考校监司的首条，以示强调之用。经北宋中后期的不断完善，最终形成了对于监司考课的十五项要求，并详细列于《庆元条法事类》卷第五《职制门二·考课》③之中，这是对监司考核的普适性规定，主要体现在以下六方面：

第一，行政方面：要求监司不违背皇帝亲笔书写的诏令；兴利除害；勤于职事，举措得当，据实呈报内容。

第二，民事方面：要求监司发展农业；稳定流动逃亡人群，增加户口数量。

第三，刑事方面：要求监司责罚得当，平反冤情；审核案件不拖延。

第四，监察方面：要求监司按察所部官员无违失；巡历州县合规呈报；据实稽查所部官员贼盗捕获情况。

第五，财政方面：要求监司在规定期限内上供财物而不亏欠。

第六，荐举方面：要求监司举人得当，被荐举人可勘充职事。

其中对于"奉行手诏有无违戾"④ 条的规定，从北宋徽宗朝一直被沿用了下来，并且作为考核监司的首条内容，可见其地位之重，但从侧面也可看出，中央愈加增强了对地方官员的掌控力度，把对皇帝命令的执行情况列为首要考核内容，是否可以推测，至北宋末期，吏治已经出现败坏之景，底层官员不奉行手诏的行为愈加增多了呢？

---

① "一、举官；二、劝农桑；三、招流亡；四、兴利除害；五、按察部吏赃罪；六、部内置狱及平反狱讼；七、几察盗贼。"参见［清］徐松辑：《宋会要辑稿》职官 59 之 11，刘琳等校点，上海古籍出版社 2014 年版，第 4645 页。

② ［清］徐松辑：《宋会要辑稿》职官 59 之 14，刘琳等校点，上海古籍出版社 2014 年版，第 5789 页。

③ 参见［宋］谢深甫等修：《庆元条法事类》，戴建国点校，载杨一凡、田涛主编《中国珍稀法律典籍续编》第一册，黑龙江人民出版社 2002 年版，第 68—69 页。

④ ［宋］谢深甫等修：《庆元条法事类》，戴建国点校，载杨一凡、田涛主编《中国珍稀法律典籍续编》第一册，黑龙江人民出版社 2002 年版，第 68 页。

同时，诸路监司不仅负有管理辖下事务的职责，而且还可荐举、考课辖下知州与县令，如果在此过程之中有不实、不公的情况出现，就会面临徒、杖等处罚①。此外，为保证考课的严谨性，防止监司徇私情，遂在御史台设立考课司，若有治下官员被台谏弹劾情况的发生，监司就会被处以包庇之罪。并且，诸路监司之间虽然权责有所交叉，但是互不统属，皆对中央负责，互相之间亦可监察，真正达到防范百官之效。先前，监司的考课历纸由属下州军批书，这种下级为上级批书的方式，极易滋生不实和不公，由于州军是监司的下级，归监司考校，所以在书写监司考词之时就容易刻意迎合。为改变这一弊端，遂设立了监司互批、互申法②。这样一来，由于诸监司均为路级长官，互不隶属，在他们之间采取互相批书、互相考课的方式，就可以很好地达到互相监察的效果，无疑展现了两宋职官法的一种进步性。

三、州县守令考课内容的变化与考课标准的形成

知州、县令作为府州郡县的行政长官，统称为守令，是国家实现地方有效治理的重要力量，是地方政事治理的基石，是朝廷稳固地方统治的中坚堡垒。这些官员的行政素养直接关系到地方民生，相较于路级监司而言，知州、县令与地方百姓的接触最为直接、密切，也最为了解民生疾苦。③ 故而，宋廷极为重视对守令的考课，制定的内容也是极为丰富的。守令作为一方亲民官，对他们的考核内容主要体现在民事、刑事、财政方面，而评定标准则以"善、最"、等

---

① "诸考知州、县令，课绩不实者，优、劣等徒二年，上等减二等，中下者又减一等。有所请求而不实及官司各以违制论。以上若有赏罚者，官吏一等科罪。即保奏违限者，吏人杖一百，当职官减三等。诸监司每岁审择保奏知州、县令功状不公不实，或附会观望权势若干请者，各以违制论加一等。"参见［宋］谢深甫等修：《庆元条法事类》，戴建国点校，载杨一凡、田涛主编《中国珍稀法律典籍续编》第一册，黑龙江人民出版社2002年版，第66页。

② "诸监司印纸应批书者，逐司互批。（谓转运司官印纸，提点刑狱司批书之类。）""诸监司考课，事应互申而不申者增减者，各徒二年。"参见［宋］谢深甫等修《庆元条法事类》，戴建国点校，载杨一凡、田涛主编《中国珍稀法律典籍续编》第一册，黑龙江人民出版社2002年版，第81、66页。

③ 史载："政令法度出于朝廷，而奉行之在于郡县，朝廷之所重在民，而牧养之责在守令。"参见［宋］李焘：《续资治通鉴长编》卷三百九十五，中华书局2004年版，第9632页。

级为要。

（一）州县守令考课内容的变化

1. 民事方面

农业是中国古代社会经济发展的基石，农业生产关系民生，唐末五代以来连年战乱，田地荒芜现象严重，因受灾和战乱影响而流离失所的百姓非常多，如何使这些流民能够稳定下来，安心生产，开辟田地，是基层稳定之所在。而在自然经济主导之下，人口是发展生产的推动力，也是军队补充的来源，故而对于州县守令而言，首要任务就是劝课农桑，增益户口，开辟荒地，稳定流民，抚育一方。

北宋初年，太祖沿用后周显德三年（956 年）之法令①考课县级官员。同时，通过建隆三年（962 年）的诏令②亦可发现，太祖年间对于州县官的考核主要集中在劝课农桑、抚育有方、增益户口上，这与国初面临百废待兴、亟待恢复和发展生产的社会环境息息相关。太宗至道元年（995 年），采用以课绩书于印纸之上的方式考课州县官员，"以俟旌赏"③。真宗咸平二年（999 年）二月颁布《令知州军等到任日交管户籍新旧逃户数目书于印纸历子诏》，要求州县守令等地方官员在到任之日应对户籍人数进行核对，并书于历纸之上，并且在任期间的招流民和逃移百姓的数目也应一并写于历纸之中，"具以实闻"④。可见恢

---

① 史载："课民种树，定民籍为五等，第一等种杂树百，每等减二十为差，桑枣半之；男女十岁以上种韭一畦，阔一步，长十步；乏井者，邻伍为凿之；令、佐春秋巡视，书其数，秩满，第其课为殿最。又诏所在长吏谕民，有能广植桑枣、垦辟荒田者，止输旧租；县令、佐能招徕劝课，致户口增羡、野无旷土者，议赏。诸州各随风土所宜，量地广狭，土壤瘠埆不宜种艺者，不须责课。"参见〔元〕脱脱等：《宋史》卷一百七十三，中华书局 1985 年版，第 4158 页。

② 史载："州县官抚育有方、户口增益者，各准见数每十分加一分，刺史、县令各进考一等。其州户不满五千、县户不满五百，各准五千、五百户法以为分。若抚养乖方，户口减耗，各准增户法，亦减一分降考一等。主司因循，例不进考，唯按视阙失，不以轻重，便书下考。至是，有司上言，自今请以减损户口一分、科纳系欠一分已上，并降考一等。如以公事旷遗，有制殿罚者，亦降一等。"参见《宋史全文》卷一，汪圣铎点校，中华书局 2016 年版，第 28 页。

③ 〔宋〕李焘：《续资治通鉴长编》卷三十八，中华书局 2004 年版，第 818 页。

④ 曾枣庄、刘琳主编《全宋文》第十册，上海辞书出版社、安徽教育出版社 2006 年版，第 382 页。

复农桑、增益户口一直是北宋前三朝州县守令的主要职责。至宋廷南迁，山河破碎，百姓流离失所，大多州县为战火所坏，高宗绍兴二年（1132 年），以是否增益户口为标准，分三等①考核州县守令。乾道七年（1171 年），龚茂良陈乞以"户口登耗"②为标准考课守令，如果该县施政有方，保有户口，安定百姓，则予以优赏拔擢；如果该县行为失职，人口流失，则纠察按劾。

综上可见，无论是北宋还是南宋，当国家面临百废待兴的局面之时，朝廷对于州县守令的要求都是要以恢复生产、增益人口为重。因为农业生产和人口增益是恢复、重振国力，稳固政权的基础和力量源泉，而州县守令由于最贴近基层百姓，就天然地具有地缘优势，故而国家对他们的要求自然以农业和人口为要。

2. 刑事方面

太宗时期，规定应在知州、通判的印纸上批书，共判决的"大狱"③数量。至神宗年间，将狱中的囚犯死亡数量作为推吏、狱卒、典狱官等相关官员的考核内容，如果超过了规定的死亡囚犯数量，则官员会被处以杖刑；而如果遇到死亡人数过多的情况，即使官员已经受到处罚，仍应"黜责"④。这种对狱中囚犯的死亡人数的限定，是对狱吏的一种限制，因为一旦入狱，囚犯的生命安全其实是系于狱吏身上的，如果狱吏之间狼狈为奸，里通外合，做出破坏法度之事，就会使无辜者枉死。至南宋高宗年间，张刚上呈《论狱囚瘐死劄子》，陈乞以州县为单位，每月上呈狱囚存、亡数额，年终比较各州、县的最终数据，对狱囚身亡数最多的州县相关负责职官予以黜责，而对于狱囚身亡人数最少的州县相关负责职官予以褒赏。⑤这种在考核内容上对狱囚人身安全的重视，一方面

---

① 史载："分上、中、下三等，每等分三甲置籍。"参见［元］脱脱等：《宋史》卷一百六十，中华书局 1985 年版，第 3763 页。

② 曾枣庄、刘琳主编《全宋文》第二百二十册，上海辞书出版社、安徽教育出版社 2006 年版，第 56 页。

③ 《宋史全文》卷三，汪圣铎点校，中华书局 2016 年版，第 133 页。

④ ［清］沈家本：《历代刑法考》，邓经元、骈宇骞点校，中华书局 1985 年版，第 1180 页。

⑤ 史载："令州县月具系囚存亡之数，长吏结罪保明申提刑司，岁终举行断罪之法，仍每路比较一州一县死囚最多之数，具当职官吏姓名，取旨黜责；其最少处，亦乞量行褒赏。"参见曾枣庄、刘琳主编《全宋文》第一百六十八册，上海辞书出版社、安徽教育出版社 2006 年版，第 231—232 页。

反映了基层狱吏草菅人命，以瘐死数量充当病死人数，因缘为奸现象的肆虐和猖獗；另一方面也起到了彰显德政、稳定民心的效果。

在刑事审判过程之中，考核主要集中在是否枉法裁判、徇私舞弊上。因为法律设计得再完善，也需要靠具体执行官员的秉公办理，如果这些官员行差就错，那么就会曲解良法的本来面目，引得民怨沸腾，造成国家的统治危机。因而在断狱过程之中主要考察主审官员是否"出入人罪"和能否平反冤狱、为民昭雪这两种行为。

其一，出入人罪。在《宋刑统》①中，对于"出入人罪"的规定按主审官员主观程度分为故意和过失两种类型，以实际出入的后果和主审官员审核实情的具体情况为评判依据，分"全罪"和"所剩"两种情形对案件涉及的官员定罪量刑。

其二，昭雪冤狱。景德二年（1005年），允许将州县官员雪活人命"理为劳绩"②。这样一来，充分调动了主审官员的治事积极性，有效减少了冤狱的发生。

3. 财政方面

一方面基于宋廷"积贫"之国情，另一方面受强化中央集权的影响，宋廷格外注重赋税收入，严格管控地方财政，上收地方财权为中央所有。故而对作为赋税主要征收者的州县守令而言，财政赋税的收支情况历来是考核的重点之一。开宝七年（974年），太祖皇帝诏令三司负责考校各州官员"盐、曲、市

---

① "诸官司入人罪者，（谓故增减情状，足以动事者。若闻知有恩赦，而故论决，及示导令失实辞之类。）若入全罪，以全罪论。（虽入罪，但本应收赎及加杖者，止从收赎、加杖之法。）从轻入重，以所剩论。刑名易者，从笞入杖，从徒入流，亦以所剩论。（从徒入流者，三流同比徒一年为剩。即从近流而入远流者，同比徒半年为剩。若入加役流者，各计加役年为剩。）从笞杖入徒、流，从徒、流入死罪，亦以全罪论。其出罪者，各如之。即断罪失于入者，各减三等。失于出者，各减五等。若未决放，及放而还获，若囚自死，各听减一等。即别使推事，通状失情者，各又减二等。所司已承误断讫，即从失出入法。虽有出入，于决罚不异者勿论。"参见［宋］窦仪等：《宋刑统》，吴翊如点校，中华书局1984年版，第486—487页。
② ［宋］李焘：《续资治通鉴长编》卷六十，中华书局2004年版，第1341页。

征、地课"① 的征收情况，厘定官员殿最。及至南宋，在《庆元条法事类》② 中可以发现，对于州县守令的赋税征收情况的规定越来越具体化。

（二）州县守令考课标准的形成

1."善"和"最"

神宗朝，依"四善、三最"③ 法考校守令，这一考核标准直接影响到了哲宗朝。元祐七年（1092 年），在"四善"不变的基础之上，丰富和发展了"三最"的内容④。其中，在"治事之最"条中增加了对于官员赋税征收无误、发布命令条缕清晰、公文齐整、公允差遣徭役的内容；在"劝课之最"条中对于农桑的开垦要求为无荒芜的土地，对于水利的兴修要求可以为百姓所用。徽宗大观年间，正式确立了"四善四最"⑤ 作为考课标准，沿至南宋。

根据《庆元条法事类》卷第五《职制门二·考课》中的规定⑥，"四善"是没有改变的，而"四最"则不断丰富起来。徽宗朝正值北宋末年，国家存亡之

---

① ［元］马端临：《文献通考》卷十五，中华书局 2011 年版，第 439 页。

② "诸课利场务年终比较祖额，（监专公人管两务以上，若州县镇寨当职官各随所部场务，并同比。）亏二厘，酒匠（拦头之类同。）笞五十，专副减一等，并听赎；满五厘各加一等，监官罚俸半月，每一分收各加一等，至三分五厘止，添差者减正官二等，令佐、都监、（添差都监减正都监二等。）寨主减监官一等，知州（缘边者免。）通判、职官、曹官又减一等；不满二厘，次年并计科罚。"参见［宋］谢深甫等修：《庆元条法事类》，戴建国点校，载杨一凡、田涛主编《中国珍稀法律典籍续编》第一册，黑龙江人民出版社 2002 年版，第 531—532 页。

③ "德义有闻、清谨明著、公平可称、恪勤匪懈为四善；狱讼无冤、催科不扰为治事之最，农桑垦殖、水利兴修为劝课之最，屏除奸盗、人获安处、振恤困穷、不致流移为抚养之最。"参见［元］脱脱：《宋史》卷一百六十三，中华书局 1985 年版，第 3839 页。

④ "以德义有闻、清慎明著、公平可称、恪勤匪懈为四善；以狱讼无冤、催科不扰、税赋别无失陷、宣敕条贯、案帐簿书齐整、差役均平为治事之最；农桑垦殖、野无旷土、水利兴修、民赖其用为劝课之最；屏除奸盗、人获安处、赈恤穷困、不致流移为抚养之最。"参见［宋］李焘：《续资治通鉴长编》卷四百七十二，中华书局 2004 年版，第 11271 页。

⑤ 参见曾枣庄、刘琳主编《全宋文》第一百一十九册，上海辞书出版社、安徽教育出版社 2006 年版，第 254 页。

⑥ "知州县令四善四最：一善德义有闻。二善清谨明著。三善公平可称。四善恪勤匪懈。一生齿之最：民籍增益，进丁入老，批注收落，不失其实。二治事之最：狱讼无冤，催科不扰。三劝课之最：农桑垦殖，水利兴修。四养葬之最：屏除奸盗，人获安居，赈恤困穷，不致流移，虽有流移而能招诱复业，城野遗骸无不掩葬。"参见［宋］谢深甫等修：《庆元条法事类》，戴建国点校，载杨一凡、田涛主编《中国珍稀法律典籍续编》第一册，黑龙江人民出版社 2002 年版，第 69—70 页。

际，受战火影响，北民南移，故土难守，背井离乡，山河破碎，百废待兴，故
而对于州县守令的考核标准首先增加了"生齿之最"的规定，表现出了对于户
口管理的重视；其次，将"抚养之最"变更为"养葬之最"，在宋廷南迁的过
程中，很多百姓因战乱和灾荒等因素而命丧荒野，由于中国古代社会非常重视
丧葬，故去之人能否入土为安不仅是百姓的需求，也是对地方官吏的考核要求，
使"城野遗骸"得以掩葬，一来可抚慰流移之民，稳定民心，二来也优化了环
境，不至于因遍野遗骸而传播疾病。此外，随着国家统治的颓势渐显，流民现
象非常严重，地方长吏很难控制人口迁移，故而放宽了对于流民的控制要求。
如果地方官员在百姓有所"流移"的情况下能够"招诱复业"，也一样符合考
核规定。自此，对于州县守令的考课标准基本趋于定型。

2. 等级划分

开宝九年（976 年），宋廷将对州县官的考校划分为上、中、下三个等级。①
景德元年（1004 年），又以开宝九年（976 年）的三级划分为蓝本，对其予以丰
富和发展，从治事、清廉和品行三个方面对官员定等考评。② 嘉祐六年（1061
年），又在三等评定等级的基础之上增加了优、劣二等。③ 神宗朝进一步发展了
三等考核之法，在"四善三最"的基础上，划分上、中、下等。④ 哲宗时期，
进一步细化三等标准。⑤ 至南宋绍兴年间，朝廷从舒清国所请，以能否增益户口
为标准划分为三等考核官员，同时又在每等之内再次划分三等，使评定等级更

---

① 史载："政绩尤异者为上，恪居官次、职务粗治者为中，临事弛慢、所莅无状者为下。"参见
[宋] 李焘：《续资治通鉴长编》卷十七，中华书局 2004 年版，第 385—386 页。

② 史载："公勤廉干、惠及民者为上，干事而无廉誉、清白而无治声者为次，畏懦贪猥者为
下。"参见 [元] 马端临：《文献通考》卷三十九，中华书局 2011 年版，第 1154 页。

③ 史载："转运使副、提点刑狱：'每岁终，定部下知州军一人能否尤著者为优劣。如连二考俱
在优劣等，即具以闻，当议特行赏罚。'"参见 [宋] 李焘：《续资治通鉴长编》卷一百九十五，中
华书局 2004 年版，第 4720 页。

④ 史载："通善、最分三等：五事为上，二事为中，余为下。"参见 [元] 脱脱等：《宋史》卷
一百六十三，中华书局 1985 年版，第 3839 页。

⑤ 史载："七事为上，五事为中，余为下。"参见 [宋] 李焘：《续资治通鉴长编》卷四百七十
二，中华书局 2004 年版，第 11271 页。

为细化。孝宗乾道年间，确立了以臧否为等考校官员的方式。① 可见对官员施行等级划分的考核标准延至南宋而未废，且呈现出愈加具体化的趋势，不再是简单的概括总结式评定，这样更有利于考核官员，同时也限缩了主考官的主观考量权，加大了对地方州县官员的考核管理权。

第二节　磨勘在职官考课中的重要地位及对磨勘的法定要求

伴随着考课法的没落，磨勘逐渐成了对职官考课的重要手段，而磨勘法的要义便是对职官的考课重心向年劳和资格倾斜。这就要求在立法层面，需要对磨勘者的资格和磨勘年限、磨勘文状等进行详细的法律规定，以实现公平，维系稳定。

一、磨勘使对职官的考课重心向年劳和资格倾斜

磨勘法的设立初衷是使出身任何阶层的官员都能够享有相对公平和平等的晋升环境，"以岁月为劳，而不以亲疏为异"②。这是在大兴科举的环境下的一种选择，两宋以科举入仕者大多出身平民或普通地主之家，他们无所依托，也没有强大的政治背景可以为他们的仕进之路增色，故而，磨勘法可以为这些寒门士子提供一个相对公平和透明的考课环境。然而，磨勘法终究产生于强化中央集权的架构之内，仍然绕不开对于上层统治阶层利益的维护，故而磨勘法的施行主要是针对中下级的官员而言的③。高级官员主要凭借的是自身的政绩和资

---

① 史载："臧否为三等：治效显著为臧，贪刻庸缪为否，无功无过为平。"参见［元］马端临：《文献通考》卷三十九，中华书局 2011 年版，第 1160 页。
② ［宋］苏辙：《苏辙集》卷二十七，陈宏天、高秀芳点校，中华书局 1990 年版，第 457 页。
③ 史载："凡开府仪同三司至通议大夫，无磨勘法；太中大夫至承务郎，皆应磨勘。"参见［元］脱脱等：《宋史》卷一百五十八，中华书局 1985 年版，第 3708 页。

望，而他们的恩赏和黜陟则由帝王亲自定夺，这当然是一种用人策略的体现。磨勘①以年资为主要评判依据，作为考课的一种发展和变形，逐渐降低了对官员在任期间日常功绩和治理能力的考校，取而代之以年劳和资历。② 自此，考核官员的重心开始由功绩向资格转移，年劳和资格成了官员考核之中的关键性因素。

二、磨勘者的资格应符合法定要求

只有符合法律要求的磨勘者，才能按规定提交相应文状，进入下一轮的沙汰。因此，磨勘者是否适格是磨勘的重要关注之点。

（一）针对磨勘者出身的法律规定

两宋大兴科举，根据入仕途径的不同区分为有出身人和无出身人，对二者磨勘的法律规定也是作以区分的。

1. 有无出身对迁秩速度和止讫官阶的影响

在《吏部条法·磨勘门》中对有、无出身人的迁秩速度和止讫官阶作以详细的规定③，可以看出在有出身人的超转和无出身人的逐官循转之间，有出身人的迁秩速度比无出身人几近快了一倍，而且止讫官阶也因有无出身而大不一样。这样的迁秩设计，一方面鼓励了知识分子通过科举正途入仕为官；另一方面亦对荫补等异途入仕的官宦之家形成了压制，使得无出身人难以跻身上层官僚体系。这样一来，为官子弟虽可任官，但已然无法形成核心权力的代代相沿之势，

---

① "磨勘内容有两项，一为审核资历，一为稽核功过。"参见龚延明编著：《宋代官制辞典》，中华书局1997年版，辞典正文第640页。

② 史载："率以法计其历任岁月、功过而序迁之。"参见［元］脱脱等：《宋史》卷一百六十三，中华书局1985年版，第3840页。

③ "应有出身人，承务郎超转承事郎，承事郎超转宣教郎，宣教郎超转奉议郎，奉议郎并逐官转至朝请大夫，已转至朝请大夫讫，超转朝议大夫，已转至朝议大夫讫，超转中奉大夫。应无出身人，自承务郎逐官循转至朝请大夫，若带阁职，依有出身人超转朝议及中奉大夫。若无出身曾带职人，除在京职事官与理作寄职人超转，若在外任已落职，后却登朝者，即不合超转朝议中奉大夫。"参见《吏部条法》，刘笃才点校，载杨一凡、田涛主编《中国珍稀法律典籍续编》第二册，黑龙江人民出版社2002年版，第334页。

破坏了滋生权力关系网形成的土壤，稳固了皇权的地位。

2. 有无出身对磨勘年限的影响

《吏部条法·磨勘门》中规定，需要磨勘转官的职官，若为"太中大夫以上"①，则进士出身者只需要八年，而非进士出身者则需要十年，这之间就相差了两年的磨勘时间。

对于磨勘的应理年数，据《吏部条法·磨勘门》中规定②，有出身者的应理年数，应从该职官拥有出身之期起算，而荫补者的应理年数要受他是否厘务的影响。幕职官、州县官和使臣要奏改、换授的要从他们的改、换日计算。如果是没有磨勘过的无出身人，还需要厘务两年，并有符合规定的举主一人荐举才得以磨勘，如果没有举主又须增加两年。磨勘年限是最为重要的硬性条件，磨勘年限的时间越长，官员获得转官或改官的时间就越长，直接影响了官员的迁秩，这也就直接拉开了有出身人和无出身人之间的差距。

3. 有无出身对入阙的影响

在《吏部条法·磨勘门》中：

> 诸御史台牒到奉直大夫、朝议大夫阙，以见任朝请大夫授告先后，（待制权六曹侍郎以上，非。）先取年劳该满应磨勘迁补人，无即以乞用减年贴理年劳该满人。（皆系用减年人亦以年劳深者为上。）以上逐色同，先以有出身，次无出身人，理为资次。仍以名次合转人取索磨勘。③

该法律条文规定，官阶有阙额时，在评定磨勘人条件的时候，在磨勘年限

---

① 《吏部条法》，刘笃才点校，载杨一凡、田涛主编《中国珍稀法律典籍续编》第二册，黑龙江人民出版社 2002 年版，第 348 页。

② "诸磨勘应理年者，有出身人自出身日，（荫补人曾厘务者许通理以前月日。）荫补初出官人自到任日，幕职州县官奏改，若使臣换授者，自改换日。即未经磨勘无出身者，仍须厘务及二年。（未改换前，曾经任，通理年数。）有安抚监司知州侍御史或待制以上举主一人，方得磨勘。无举主者展二年。"参见《吏部条法》，刘笃才点校，载杨一凡、田涛主编《中国珍稀法律典籍续编》第二册，黑龙江人民出版社 2002 年版，第 348—349 页。

③ 《吏部条法》，刘笃才点校，载杨一凡、田涛主编《中国珍稀法律典籍续编》第二册，黑龙江人民出版社 2002 年版，第 348 页。

等条件相当的情况下，要优先考虑有出身人，其次才考虑无出身人，这种从考虑的前后次序上对有出身人予以照顾的规定，使其能够获得较快的晋阶。

4. 有无出身对考任数、举主员数的影响

据《吏部条法·磨勘门》中规定①，进士出身的第一名至第五名分别给予不同的优待，其中第一名可以直接授予京官，他们在磨勘迁秩的时候并不需要考虑考任数和举主员数的限制。而诸如流外人、进纳等人则需要一定的考任数和举主员数才能够获得磨勘资格。如果在任内有赃私罪，还需要增加举主员数。对没有出身的人来说，磨勘是需要相当严格和烦琐的条件与程序的。

要而言之，通过对上述法律条文之分析，可以发现，在诸因素的相互作用之下，有出身人得以快速晋升，无出身人则要受制于各种条件的限制和约束。宋廷以限制、区分出身的方式将入仕群体分为两大类，这些能够快速获得晋升的有出身人代表了一种新兴官僚阶层的崛起，这一新兴官僚阶层以维护皇权为其天然的使命，由他们组成的职官队伍呈现出平民化趋势，这是较之唐制的一大改变，而这种改变也是两宋职官法的一大历史性进步。

（二）针对磨勘者年龄的法律规定

1. 七十以上者不在磨勘之列

两宋时期，年七十以上的官员并不在磨勘的序列之中，而对于临近七十却又面临磨勘的官员来说，是否允许他们磨勘，是会影响他们致仕后的政治待遇的，因此需要慎而又慎。

《吏部条法·磨勘门》中规定："……若年七十以上，或因老疾陈乞宫观岳

---

① "诸进士及第第一任回，第二、第三人与磨勘。第四、第五人与文林郎。诸流外人三任七考，有县令举主六员，与就移县令。就移后通有使臣举主三员，与磨勘换本等使臣。三省祗应人出职三任七考，有县令举主六员，与占射迪功郎一次。经占射后通有使臣举主四员，并从政郎三任七考，常调迪功郎四任十考，有使臣举主六员，（有私罪者添职司一员，或余官二员。受供馈并和市有剩利各计赃不满匹者，添职司二员或余官四员。）并与磨勘，奏举移注依流内法。（进纳摄官准此。）"参见《吏部条法》，刘笃才点校，载杨一凡、田涛主编《中国珍稀法律典籍续编》第二册，黑龙江人民出版社 2002 年版，第 349—350 页。

庙留台，并不在磨勘之限……"①

　　该法律条文中明确规定，年七十以上的官员不适用于磨勘了。这是因为年过七十的官员无论是体力还是智力都不能与年轻力壮之人相比，职官队伍要想永远充满活力和干劲，就需要新鲜血液的不断注入，以促进官僚队伍的新陈代谢。此外，随着员阙矛盾日益显现，如果继续允许七十以上的职官磨勘转官，无疑会更加激化员阙矛盾，加重国家的财政负担。故而，一般情况之下，年七十以上的官员就不在磨勘之列了。

　　2. 以陈乞日确定年龄

　　《吏部条法·磨勘门》中规定②，文武官员陈乞磨勘，在磨勘年限该满日未及七十，但磨勘文状到部日已满七十时，不以到部日计算年龄，允许其磨勘。即以陈乞磨勘官员主观上的陈乞时间为衡量标准，因为磨勘文字要历经一定的时间方能到部，且路途远近不同，其中又有很多不确定因素，有时就会造成稽程，而官员磨勘年限在年七十之前已满并已经陈乞磨勘，那么在其主观层面是没有任何问题的，不能因为一些客观因素造成官员磨勘不成，这对官员来说是不公平的，故而以他们陈乞和保明的日期为评判标准，是较为客观的一种选择。

　　3. 允许甫及七十的官员磨勘

　　对于甫及七十的官员，也允许他们磨勘。在《吏部条法·磨勘门》中规定："应文武官陈乞磨勘，该满日甫及七十者，许磨勘。"③ 又根据刘汉弼陈请，对于刚刚年满七十之官，允许他们磨勘，尤其可以体现"优老从厚"④ 的美意。这也是对为朝廷奉献一辈子的官员的一种优待，更加彰显了宋廷对官员的优遇。

----

　　① 《吏部条法》，刘笃才点校，载杨一凡、田涛主编《中国珍稀法律典籍续编》第二册，黑龙江人民出版社 2002 年版，第 341 页。

　　② "应文武官陈乞磨勘，该满日年未七十，而申发文字到部已七十者，与磨勘。"参见《吏部条法》，刘笃才点校，载杨一凡、田涛主编《中国珍稀法律典籍续编》第二册，黑龙江人民出版社 2002 年版，第 333 页。

　　③ 《吏部条法》，刘笃才点校，载杨一凡、田涛主编《中国珍稀法律典籍续编》第二册，黑龙江人民出版社 2002 年版，第 333—334 页。

　　④ 《吏部条法》，刘笃才点校，载杨一凡、田涛主编《中国珍稀法律典籍续编》第二册，黑龙江人民出版社 2002 年版，第 348 页。

之所以对于年满七十的官员区分不同的情况予以说明，是因为对于年龄的限制方式不同，足以影响官员致仕后的待遇和所获恩泽。《吏部条法·磨勘门》中的一则申明中这样规定：

> 尚书考功申明
>
> 嘉泰三年十二月十七日敕：考功郎官主闻礼劄子，窃见文武两选以年劳磨勘，或三年，或四年，或五年，其法不一。且以四年者论之，谓如庆元六年正月一日受告，合至嘉泰三年十二月三十日考已足，从条磨勘。今则不然，必欲至四年后正月一日放行。一日固所不较，其间有年至十二月三十日为六十九岁，明日则七十岁矣。文臣有合转朝奉郎，武臣有合转武翼郎，以一夕之隔遂不获与致仕恩泽，利害非细。欲乞凡理磨勘者，以正月一日至岁终为全年。他日准此。奉圣旨：依。①

也就是说，仅以四年磨勘为例，有的官员已经于第四年的十二月三十日满足了磨勘年限，但是却要到次年的正月一日方与磨勘，虽然这期间只是差了一天，但是如果恰巧有的官员在第二天就满七十了，而如果能够磨勘转官至朝奉郎阶，就可以获得致仕恩泽，但是因年满七十不与磨勘，就会影响他所获得的恩泽。这中间关系重大，因为致仕恩泽是对官员一辈子辛苦勤干的一种慰藉，如果仅仅因一夕之隔就丧失了，对官员来说无疑是一个沉重的打击。故而奏请以正月一日至每年的岁终为一全年，这样就会避免官员遭受因一夕之隔而恩泽全变的境遇。

观之上述法律条文，宋廷对于磨勘年龄的规定可谓细之又细，这也从侧面验证了磨勘对当时官员的影响，而如何在衡量磨勘者资格的过程中兼顾公平与调和各方利益，是磨勘法在制定过程之中需要充分考虑的。

---

① 《吏部条法》，刘笃才点校，载杨一凡、田涛主编《中国珍稀法律典籍续编》第二册，黑龙江人民出版社2002年版，第343页。

（三）负犯情况

磨勘过程之中，铨司反复提及和重点考量的因素之一就是官员的负犯情况，这主要体现在有无赃私罪中。其中赃罪是处罚官员的重点，而私罪名目繁多，主要是与公罪相对而言的。

根据规定，官员若有犯赃罪的情况，磨勘年限需要相应增加，文臣由五年变为七年，武臣由七年变为十年。[①] 此外还区别了有无赃罪官员的磨勘路径。[②] 天圣七年（1029年）颁布诏令，规定了赃罪、公罪、私罪对升任的影响。[③] 皇祐四年（1052年）进一步详细规定了负犯和处罚标准。[④]

南宋时期，将官员根据负犯情况划定等次并规定相应的磨勘年限[⑤]。

这些法律条文将负犯情况与磨勘年限联系在了一起，也反映了负犯情况在官员磨勘过程中的重要地位。当然在这种等级的划分中可以发现，犯赃罪者的处罚最重，私罪者次之，公罪最轻。这是按照职官的负犯情况对国家的危害程度，以及职官的主观恶性进行的一种划分，其中，赃罪直接威胁了国家的财政收入，并且对辖下百姓的危害极大，一旦姑息纵容，就极易动摇统治根基，故而处罚最重。但是，即使是在职官有所负犯的情况之下，宋廷也并没有一下子剥夺他们的官位，仅仅是予以展磨勘年限的处罚，这已经是对百官优遇的过限行为了，显示了两宋惩官宽贷、治官不严的弊端。

---

① 史载："文臣五年、武臣七年，无赃私罪始得迁秩。曾犯赃罪，则文臣七年、武臣十年，中书、枢密院取旨。"参见［元］脱脱等：《宋史》卷一百六十，中华书局1985年版，第3757页。

② 史载："右常调转员外郎者，转右曹。（内有出身自屯田，无出身自虞部，赃罪叙复人自水部转。）"参见［元］脱脱等：《宋史》卷一百六十九，中华书局1985年版，第4025页。

③ 史载："知州军、文武升朝官岁举见任判官、主簿、尉，有罪非赃私、有出身三考、无出身四考堪县令者各一人，转运使副不限以数。举者及二人，移注近县令。任满无赃罪，公私罪情轻，用刑无枉滥，捉贼无追扰，本部上治状，升幕职。再知县又无过谴，或有罪而公私情轻、职业愈修者，替还，引对，特迁京官。仍逐任与免选、纳粟及流外入令，皆增考举数。"参见［宋］李焘：《续资治通鉴长编》卷一百八，中华书局2004年版，第2525页。

④ 史载："诏文武官磨勘，私罪杖以下增一年，徒以上二年，虽犯杖而情重者奏听裁赃罪杖以下增二年，徒以上三年。"参见［宋］李焘：《续资治通鉴长编》卷一百七十三，中华书局2004年版，第4171页。

⑤ 参见《吏部条法》，刘笃才点校，载杨一凡、田涛主编《中国珍稀法律典籍续编》第二册，黑龙江人民出版社2002年版，第341—342页。

三、磨勘年限应满足法定要求

由于年劳和资历成了职官磨勘的核心考量依据，故而对磨勘年限的确立和调整就直接关切着官员的黜陟升降，成了磨勘法始终绕不开的主题。

（一）京朝官磨勘年限的确立

景德四年（1007 年），真宗皇帝颁布诏令，规定京朝官只有任职三年以上方许磨勘引对，标志着京朝官的磨勘年限正式确立。[①] 此后，对京朝官的磨勘年限又经历了反复的调整和修订。大中祥符九年（1016 年），又对外任京朝官的磨勘年限予以确定。[②] 由于京朝官往往被派以外任，该诏书的颁布将京朝官的差遣与本官阶的迁升分离开来，也就是说，无论差遣职任结束与否，只要本官阶的转官年满三周年，都可以得到迁转，而不受差遣职任的影响。由于官员的本官阶直接影响着其政治待遇和经济待遇，这种官员叙阶不受差遣职任影响的规定，既缓和了因员阙矛盾造成的内部紧张，又鼓励官员安守本分，稳定了臣心。天禧元年（1017 年），进一步补充说明京朝官改秩不得有"犯入己赃"[③] 的情况，这是在满三周年即磨勘的基础之上又对官员负犯情况作以规定。至天圣七年（1029 年），颁布《京朝官磨勘诏》[④]，以三周年为限予以磨勘转官，其中还有一部分官员差遣到任但未满三周年磨勘年限的，并不影响其差遣注拟，同时又特别说明了在川、广任职的官员的转官期限不受差遣的影响，更进一步将本

---

① 史载："真宗即位，命审官院考京朝官殿最，引对迁秩。京朝官引对磨勘，自此始。"参见[元] 脱脱等：《宋史》卷一百六十，中华书局 1985 年版，第 3759 页。

② 史载"自今但转官及三周年，虽在外，并磨勘以闻。"参见曾枣庄、刘琳主编《全宋文》第十二册，上海辞书出版社、安徽教育出版社 2006 年版，第 376 页。

③ [宋] 李焘：《续资治通鉴长编》卷八十九，中华书局 2004 年版，第 2042 页。

④ 史载："宜令审官院，今后京朝官并宜依景德四年敕，到阙以前转官及三周年者并收接文字，依例磨勘；如到阙已来未及三周年者，依例差遣，仍候转官四年者，亦与磨勘。其川、广转官及三周年，许令在任中发文字赴审官院磨勘。仍命御史台晓示，今后京朝官得替，仰依程限赴阙，如不因事故显有拖延，具官位姓名闻奏。"参见曾枣庄、刘琳主编《全宋文》第四十四册，上海辞书出版社、安徽教育出版社 2006 年版，第 188 页。

官阶与差遣职任分离开来。由于任职于川、广的官员路途遥远，特令他们不需离职赴京磨勘引对即可磨勘转官，体现了朝廷对这些偏远地区职官的优恩和厚待。

总的来看，由于京朝官的官与差遣互相分离得更为彻底，故而磨勘的特点体现得也较为集中一些。治平三年（1066 年），满三周年即予磨勘所造成的官冗弊端显现出来，英宗皇帝听从了群臣的建议，设立"碍止法"① 规定了官员磨勘的"封顶"阶位。② 这样一来，区分开了位于不同官阶的官员依年限而转官的情况，立磨勘转官的不同界限和人员限额，一方面限制了官员迁转的速度，另一方面又避免了员额数的无限制膨胀。至神宗朝，进一步调整了磨勘年限。③ 此后，京朝官的磨勘转官年限大体相沿，未有较大变动。

（二）幕职、州县官磨勘年限的确立

幕职官、州县官的磨勘主要涉及循资和改官，由于选人改官意义重大，故而对磨勘的限定条件也相应严格一些。

大中祥符二年（1009 年），朝廷颁布诏令，明确了对选人改官的考任数限制。④ 次年正月，真宗皇帝在诏书中又一次明确规定了幕职官、州县官须满三任六考方得荐举改官，故"限考受荐"⑤ 自此成为定制。

当然，选人改官的考任数并不是一成不变的，《吏部条法·磨勘门》中又有

---

① "文武官吏、内侍磨勘迁转官阶到一定阶位，停止磨勘，即不许再往上升阶，近于今人所谓'封顶'，除非特旨。"参见龚延明编著：《宋代官制辞典》，中华书局1997年版，辞典正文第641页。

② 史载："自今待制已上，自迁官后六岁无过，则复迁之；有过亦展年，至谏议大夫止。京朝官四岁磨勘，至前行郎中止。少卿监仍以七十员为定员，有阙即检勘前行郎中迁官及四岁以上、校月日之久者，以次补之。少卿监以上迁官听刑。如别有劳绩，或因重任使，特旨推恩者，即不在此例。"参见［宋］李焘：《续资治通鉴长编》卷二百八，中华书局2004年版，第5061页。

③ 史载："开府仪同三司至通议大夫以上无磨勘法，太中大夫至承务郎应磨勘。待制以上六年迁两官，至太中大夫止。承务郎以上，四年迁一官，至朝请大夫止，候朝议大夫有阙次补，其朝议大夫以七十员为额。"参见［宋］李焘：《续资治通鉴长编》卷三百八，中华书局2004年版，第7483页。

④ 史载："幕职、州县官初任，未闲吏事，须三任六考，方得论荐。"参见［元］脱脱等：《宋史》卷一百六十，中华书局1985年版，第3741页。

⑤ ［宋］李心传：《建炎以来朝野杂记》乙集卷十四，徐规点校，中华书局2000年版，第747页。

根据差遣繁剧情况厘定的不同磨勘年限：

> 尚书侍郎左右选考功通用申明
>
> 开禧二年七月十四日敕：……，乞将极边州县官到任，与减二年磨勘，任满更转一官。次边州县并权与推极边之半例，减三年磨勘。内选人任满愿先循一资，即将到任所得一年磨勘，留改官后收使者听。未愿循资亦许留改官后收使，作实历月日磨勘。奉圣旨：依。①

从该条申明中可以看出，受差遣繁剧的影响，磨勘年限也相应有所变化，君主往往通过减少磨勘年限的方式对出任边远州县的官员以一种安慰和鼓励，既可达到稳定这些戍边守令的效果，又可激励更多的官员愿意出任边关。

要而言之，磨勘年限的确立，一方面，以法律明文规定了百官的迁秩改官时间，缓和了职官因超速迁秩而壅滞于上，或数十年不得迁而滞留于下的内部矛盾；另一方面，由于官员磨勘改、转官与差遣注拟是并立的两大系统，在满足一定年限的条件下，就可获得本阶的迁转，这在员多阙少的注拟环境下，确保了官员的政治待遇不受差遣的影响，仍可依阶而升，一定程度上鼓励了官员安于职守，有利于政权的稳定。但是，磨勘年限确立之后，对于政绩的考量就退居次要地位，满足磨勘年限成了获得迁秩的主要考量依据，虽然体现了优宠百官的用人策略，但是也造成了官员冗滥。同时，随着本官阶的依次迁转，官员的俸禄就会随之增加，国家的财政支出也会相应增长，这些随之而来的副作用也是造成赵宋王朝"积贫"的原因之一。

（三）有关比折日期的法律规定

基于"本官"与"差遣"相分离的特点，磨勘年限的计算，基本上不受差遣职任是否完结的影响，但由于员众阙少，官员调动频繁，往往职官一任时间

---

① 《吏部条法》，刘笃才点校，载杨一凡、田涛主编《中国珍稀法律典籍续编》第二册，黑龙江人民出版社 2002 年版，第 352 页。

未到，就被委以他职，在这种情况下，原来职任中所理岁月应当如何计算，就关系着官员的磨勘年限。

《吏部条法·磨勘门》中规定①，宗室子弟调任官职，出领外任，允许其将在宫内任职理过的年月按照十日比作四日的方式换算。这是因为，宫里任职是明显优于外任的，因此按照职任的繁易程度进行了比折。

又据《吏部条法·磨勘门》中申明：

尚书考功申明

淳熙六年五月十六日敕：吏部状，朝散郎充集英殿修撰知太平州李椿，乞将历过权吏部侍郎月日以三日比折四日磨勘。本部照得本官见依条合理四年磨勘，先权吏部侍郎九个月二十二日，当来合理三年磨勘，今指定欲依本官所乞，以权侍郎上三日于见今官上比作四日，与本官依条磨勘。仍乞今后依此施行。奉圣旨：依吏部指定到事理施行。②

根据李椿的陈乞，以先前任职为权吏部侍郎期间的月日按照三日比作四日的方式换算。

从上述两种情况来看，比折日期有将以前的实历岁月限缩折比的，也有增加折比的，体现了在复杂的官员磨勘过程中，不是简单地以实历计算日月即可。当然，现实中的操作要远比法律上的规定复杂得多，但是铨司秉持的宗旨和考量的标准是近乎一致的，即参照差遣职任繁剧等诸因素加以综合考量。

---

① "应宗室换授外官，许将在官理过年月，十日比折作四日磨勘。"参见《吏部条法》，刘笃才点校，载杨一凡、田涛主编《中国珍稀法律典籍续编》第二册，黑龙江人民出版社 2002 年版，第 333 页。

② 《吏部条法》，刘笃才点校，载杨一凡、田涛主编《中国珍稀法律典籍续编》第二册，黑龙江人民出版社 2002 年版，第 351 页。

四、对磨勘文状的法定要求

文状是指磨勘者所提交的相关文书，主要包括官告、解状、荐举书、家状、考状（历子批书）等。这些文字材料对于铨司来说，是全面了解职官的主要途径，也是磨勘的重要凭证；而对于职官来说，只有在这些文状都具备并且符合要求的情况下，才能够顺利磨勘。因此，文状是保证磨勘顺利进行的重要一环。

《庆元条法事类》和《吏部条法》中有关于文状的法律规定，笔者现将其分类整理、分析。

（一）针对负责审核和保明文状的官员的法律规定

在《庆元条法事类》卷第十三《职制门十·磨勘升改》①、《吏部条法·磨勘门》② 中，规定了当校对官员在审核文状时出现"漏落"或"不如式"的行为，以及负有保明之责的官员不依条保明时所做出的处罚性规定。可以看出，对于职官所呈报的文状，如果点校官员在校对过程中没有发现有所遗漏或者文书未按规定格式书写等情况，将被处以杖一百的处罚。而所属官司负有向上申明的责任，如果不按规定保明，相关官员也要受到相应处罚。此外，对于应保明却未保明的行为的处罚，《吏部条法》规定得更加具体化，不仅处罚负责校对的官员，而且还要根据职官在这一过程之中所起作用的程度不同，区分首、从犯定罪量刑，并交由本路的转运司勘断。这样一来，就对负责点校文状的官员有了法律的强制性规定。此外还可以看出，整个法律设计的重心在于核对文状是否符合格式要求，以及是否依条保明。这种对于形式上的要求是行政公文的

---

① "诸被差点对应磨勘及关升人录白、告敕、宣札、印纸而漏落不如式者，杖一百。所属官司不保明缴申尚书吏部者，罪亦如之。"参见［宋］谢深甫等修：《庆元条法事类》，戴建国点校，载杨一凡、田涛主编《中国珍稀法律典籍续编》第一册，黑龙江人民出版社2002年版，第262页。

② "诸州军申发官员磨勘文字不依条保明者，对读官吏杖一百。分首从科罪。下本路转运司勘断。"参见《吏部条法》，刘笃才点校，载杨一凡、田涛主编《中国珍稀法律典籍续编》第二册，黑龙江人民出版社2002年版，第338—339页。

必备条件，体现着对职官的规范化管理。而依条保明则是对文状的真实度又添了一层的保障。

（二）针对文状中所体现的内容是否"圆满"的法律规定

《吏部条法·磨勘门》① 中规定了对文状内容稍有不圆、身份证明内容有缺失（按有无照验分别对待）等情况的处理。由于文状记录着职官的身份、历任情况、家世等诸多信息，是磨勘的重要凭证，在符合磨勘条件之后赴铨待选，因为各种原因造成文状的稍有瑕疵、遗漏、丢失部分凭证有时是在所难免的事情，如果因为一些可以互相对照证实且无关宏旨的原因就剥夺了职官待选的权利，一来容易使职官滋生不满的情绪，挫伤其干事的积极性，甚至心生对朝廷的怨怼之情，不利于官僚群体内部的稳定；二来不利于磨勘的正常实施，有些锱铢必较的意味，甚至使一些负责校对的吏员从中作梗，夸大问题，故意刁难赴铨人，收受贿赂，激化官员内部的矛盾。因此，立法者将一些文状虽有不圆或虽有部分丢失但有照验文字的情况，规定在了予以磨勘的范围之内，有效减少了负责校对的吏员因此而刻意刁难待选官员，滞留文状、吹毛求疵的机会，同时，也给予了赴铨官员一定程度上的便利和优待。

（三）关于文状的程序性法律规定

《庆元条法事类》卷第十三《职制门十·磨勘升改》②、《吏部条法·磨勘

---

① "诸磨勘人文书虽未足，及小节不圆，但有照验者听磨勘。……诸应磨勘，而付身文字内虽有去失，（谓去失告却有敕剳之类，或去失非应照用要切文字。）若有初补及见任官资付身可照验无伪冒者，并放行。诸曾去失付身而乞磨勘，有未去失以前磨勘干照者，以干照内月日起理。无即以陈乞去失日起理。（投状月日不明者即以给去失干照日。）"参见《吏部条法》，刘笃才点校，载杨一凡、田涛主编《中国珍稀法律典籍续编》第二册，黑龙江人民出版社 2002 年版，第 339 页。

② "诸应磨勘若关升，（谓因朝廷直差官司举辟就移并应在外授差遣及再任者。）具家状，仍录白未经磨勘所授告敕、宣剳、印纸应用文书，（有未经批书功迁别项具。折官升者，不录告敕、宣剳。）经所在州纳。州为差官点对，责依式点对，无漏落状，（磨勘者，本处于该日除程两月，八路，三月前。）保明缴申在京所属。其承直郎以下应就任关升者，准此，副尉不用此令。即发运、监司官被取索磨勘者，并互相保明申发。"参见［宋］谢深甫等修：《庆元条法事类》，戴建国点校，载杨一凡、田涛主编《中国珍稀法律典籍续编》第一册，黑龙江人民出版社 2002 年版，第 262—263 页。

门》① 中对磨勘文状的流程和会问他司的时间进行了规定和限制，从程序上为磨勘的顺利实施提供了保障。不仅使职官能够对整个文状的流转清晰明了，而且在整个实施文状传递过程之中负有校对、保明之责的官员也能够清楚自身的权力和责任。同时，设定具体的时间限制，可有效防止行政拖延情况的发生。

第三节　历纸在职官考课中发挥的重要作用及对历纸的法定要求

由于各级职官的课绩内容均应书于历纸之中，故而对于历纸"不圆"情形的处罚也是非常细密的，同时，历纸关系着职官的黜陟赏罚，因此更加要求历纸信息应该真实客观。同时，由于历纸中所批内容之要求，更是体现着历纸的监察之效。

一、各级职官的课绩内容应书于历纸之上

历纸②作为一种记录职官考绩功过的档案文书，是铨司沙汰官员的重要参考凭据，也是官员改、转官和注拟差遣的重要官给文书，是为连接官员历任课绩功过的考核和改、转官之间的桥梁与纽带，其重要性不言而喻。纵观赵宋一朝，对于历纸的法律规定可谓详尽，这主要是源于在高度集权的统治之下，君主希望通过这一可以查阅的途径了解和掌握官员的任职情况，限缩主考官的裁定权，将任职内外的官员尽纳入国家的考核范围，是中央上收人事权的一种表现。

宋廷对于各类各级官员应书于历纸上的内容的法律规定不尽相同，依据其职任不同、承担责任不同，对其考核审查内容也有不同的侧重。

---

① "诸承受磨勘文书，合会问者，限三日。"参见《吏部条法》，刘笃才点校，载杨一凡、田涛主编《中国珍稀法律典籍续编》第二册，黑龙江人民出版社 2002 年版，第 339 页。
② "职事官依州县给南曹历子，天下知州、通判、京朝官厘务于外者，给以御前印纸，令书课绩。"参见［元］脱脱等：《宋史》卷一百六十，中华书局 1985 年版，第 3758 页。

其一，职官通用的考核批书内容一共为六项。① 是适用于所有需要考核的职官的，除其中明确规定不能适用的官员除外。

其二，发运监司官②的考核批书内容一共为四项。③

其三，专差干办仓库官的考核批书主要体现在任官期间收取的课利有无盈亏之上。④ 该法律条文规定的官员主要是指厘务官，他们主管着地方的茶盐、坑冶、茶马、征输、冶铸等，所收钱物关系国家财政，故而对他们的要求就是所收课利有无盈亏，而且非常具体，对于有所亏欠的情况，也要说明是不是因为灾害引起的，若是因灾伤放税，那么放多少税，乃至官物的损坏情况、畜产孳息情况都要根据实际数额上报。这种非常细致入微的申报规定，说明了宋廷对于厘务官管控的严格，也从中说明国家对于财政支出和收入的重视，更表明了国家上收财政权的决心。

---

① "劳绩推赏。请假参假月日。（愿补填者，展补成考批书，若曾应举或试刑法准此。发运、监司等官只批请假参假月日。）差出月日。（具准条合差事因。若非条制指定应差者，即声说系与不系朝旨或不拘常制及急切干办差时本官曾与不曾申陈。发运、监司等官唯准朝旨差出则批。）转官循资受讫月日。（依限批上外，本考更批书。）曾应举若试刑法月日。（知州及发运、监司以上官不用此项。）经取勘或追摄及住公事，并责罚案后收坐，及去官自首、释放之类。"参见［宋］谢深甫等修：《庆元条法事类》，戴建国点校，载杨一凡、田涛主编《中国珍稀法律典籍续编》第一册，黑龙江人民出版社2002年版，第86页。
② "诸称'监司'者，谓转运、提点刑狱、提举常平司；称'按察官'者，谓诸司通判以上之官（发运、转运判官同。）及知州、通判各于本部职事相统摄者。"参见［宋］谢深甫等修：《庆元条法事类》，戴建国点校，载杨一凡、田涛主编《中国珍稀法律典籍续编》第一册，黑龙江人民出版社2002年版，第128页。
③ "兴利除害。（谓已施行者。）荐举及按劾部内官。（有不当者亦批书。余按察官并准此。）驳正出入刑名。（唯转运使副、判官，提点刑狱用此。）本路见管粮草、钱帛都数。（唯转运使副、判官到罢用此。）"参见［宋］谢深甫等修：《庆元条法事类》，戴建国点校，载杨一凡、田涛主编《中国珍稀法律典籍续编》第一册，黑龙江人民出版社2002年版，第86页。
④ "所收课利。（通管两务以上，须每务批书，自到任及年终、却自以次全年或替罢月日立两项。凡收课利并先具祖额一般每年月日数目比较有无增亏。如系亏欠年分，则开说系与不系灾伤，曾与不曾放税。如灾伤放税，即具夏秋日限、各放若干分数，仍于祖额内计合免比分数，随夏秋限所放月分，各于本年内除出若干不比外，计若干应比较。如放三分以上应免比，即依此将祖额今收内免比并合比月分数目，各别开具，至得替，仍将一界内都收钱物衮比年额增亏都数。如不系衮比课额，即别立项。或有差出假故月日，于法应除出者，即据实月日比较。遇闰则以所附之月为准。内官物批有无欠剩损败，畜产批有无孳息死失，各计实数。如系兼监课利场务曾经责罚，并依专监例批书。）"参见［宋］谢深甫等修：《庆元条法事类》，戴建国点校，载杨一凡、田涛主编《中国珍稀法律典籍续编》第一册，黑龙江人民出版社2002年版，第86—87页。

其四，巡检、捕盗官的考核批书内容共计十一项。①

通过上述法律条文可以看出，对于巡检、捕盗官的批书内容最为详细，共涉及十一项考核规定：将盗分为强盗和窃盗两种情况分别规定；捕盗的方式分为亲自带人还是出谋划策遣人捕获，被捕获者应处以何种刑罚；在任期间捕获了多少强盗，以及不曾捕获等都要予以详细说明。将职官在任期间的捕盗情况书于历纸之上，可作为官员转、改官中能否获得酬赏的依据，故而在法律规定中就显得非常严格且细致入微。以苏轼上呈的两篇奏状②为例，从这两篇奏状中可以看出，在汝阴县担任县尉一职的李直方，率众捕盗，并亲自出界追捕群贼之中最为奸诈之人尹遇，而其他弓手领先于李直方，捕获盗贼三人。于情而言，李直方可堪奖赏；但于法而论，李直方无缘第三等的恩赏。而苏轼因怜惜人才，接连上奏，为李直方陈乞转官酬奖。从苏轼连上两状可以看出，正是因为第一次的陈乞没有被允许，才会有第二次陈乞的发生。由此可见，在考核之中对于捕盗条件的衡量是十分严格的。

通过对于监司、按察官，厘务官，巡检、捕盗官的考核批书内容的梳理，可以发现，越是任职于基层的官员，对他们的考核内容就越是详细，这与官员

---

① "强盗。依强盗赏罚者同，下文称'强盗'准此。凡遇盗发，即时取印纸具年月日、事因、人数批书。元申无人数者，即审察事状约数。其前界未获数应后人认限者，亦准此。并留空纸候捕获即批捕获月日、人数，用印书字。或他处捕获亦依此批书。其未获人数，候罢任日仍批未获□□□□□□□事因、曾与未曾勘劾。窃盗。（每考内批书未获若干火若干人。）获强盗若干火若干人，系第几限，躬亲率众或设方略遣人或差人捕获；（如捕获前界及别州县者，只声说系前界及某州县，更不批限。）若干火若干人，系他人捕获。获窃盗若干火若干人，系躬亲或差人捕获，若干杖以上罪，若干笞罪；若干火若干人，系他人捕获，若干杖以上罪，若干笞罪。获逃军若干人，系躬亲或差人捕获；（若干系禁军并因犯盗配军；若干人系厢军或刺面人及剩员。）若干人系他人捕获。获杀马牛人若干人，系躬亲或差人捕获。捕盗官替罢比较：（将一界内不获强、窃盗别立两项，各将任内躬亲或差人捕获强、窃盗并逃军、杀马牛人等依条比折。如有折除不尽火数，并分明开说。）在任不获强盗若干火共若干人。（将躬亲或差人捕获某贼若干人合折除。不获窃盗项折除准此。）在任不获窃盗若干火共若干人。折除外下项。在任不获强盗若干火共若干人。（内限未满承认交付者，则批若干火若干人系第几限交付，合理或不理强盗、窃盗火数。）在任不获窃盗若干火共若干人。（内限未满承认交付者，则批若干火若干人系未满百日交付，合免理火数。）"参见［宋］谢深甫等修：《庆元条法事类》，戴建国点校，载杨一凡、田涛主编《中国珍稀法律典籍续编》第一册，黑龙江人民出版社 2002 年版，第 87—88 页。

② 分别为《乞将合转一官与李直方酬奖状》《再论李直方捕贼功效乞别与推恩札子》。参见［宋］苏轼：《苏轼文集编年笺注》，李之亮笺注，巴蜀书社 2011 年版，第 312—315、372—373 页。

所受职任或者说注拟差遣的特点有关。越到基层，官员管理的政务事项就越是烦琐和细微，对他们的考核内容就越要依据这些官员主要承担的政务而定，所以就呈现出越发细密的特点。并且随着基层官员主管事务的变动，对他们考核的内容也随时变化。比如《吏部条法·印纸门》中一则申明：

> 尚书左选申明
>
> 嘉熙三年八月十四日敕：修纂条例所看详，知县批书除保明六项课绩之外，节次增批三项，如推排经界物力，有无借兑常平义仓钱米，及预借民户税额，皆合批上。但州郡既已放行批书，名言别无缩系，其间偶有失批条目，不过是州郡人吏卤莽。行下监司，追承行人料断，其本官却听召保官二员，委保谐实放行，参注具钞。奉圣旨：依。①

也就是说，理宗嘉熙三年（1239 年），对知县的批书内容又在原有六项的基础之上增加了三项，而这三项内容是经过了宝庆三年（1227 年）的两则申明②以及绍定三年（1230 年）的一则申明③的不断完善，才最终形成的。

二、针对历纸"不圆"情形的处罚

历纸作为官员考核的重要依凭，记录内容的真实性备受关注，"不圆"的出

---

① 《吏部条法》，刘笃才点校，载杨一凡、田涛主编《中国珍稀法律典籍续编》第二册，黑龙江人民出版社 2002 年版，第 237 页。

② "宝庆三年五月二十九日，尚书省劄子：知县推排民户物力，满替批书，从所属保明批上，曾于任内推排，候参部日以凭点对，方许注授。若任内推排未毕，本任已满，或因事去替，或任内未该，并合声说，批书印纸。如不曾批书因依，从本部行下取会圆备，方许放行参部。右劄付吏部，证应施行。""宝庆三年十一月十四日，尚书省劄子：……今后知县、县令任满，批书印纸，书项开说本县前任内有无预借，本官任内有无预借，其有预借者，并实书数目，依凭到部稽考……"参见《吏部条法》，刘笃才点校，载杨一凡、田涛主编《中国珍稀法律典籍续编》第二册，黑龙江人民出版社 2002 年版，第 236 页。

③ "绍定三年七月五日，尚书省劄子：……自今为始，应本县知县遇考，及满替，批书印纸，先次取会社仓，有无支移借兑移易社仓钱米一项……"参见《吏部条法》，刘笃才点校，载杨一凡、田涛主编《中国珍稀法律典籍续编》第二册，黑龙江人民出版社 2002 年版，第 237 页。

现是被考核的官员对于自身功过的一种趋利避害的隐恶扬善，而对于历纸内容真实性的要求又是朝廷对于官员实际功过和治事效能的一种掌握。因此对"不圆"的情形予以详细的法律规定，正是君主迫切希望获得真实信息的一种表现。

首先是针对书写、审核"不圆"批书的官员以及知情者，根据情节不同，分情况予以处罚。

《庆元条法事类》卷第六《职制门三·批书》①中规定，由于印纸中所记述的官员考核情况与实际不符，导致后续依凭该印纸内容对官员所进行的赏罚、磨勘与注拟差遣等有所偏差的，本官与知情官员一并处以徒二年的刑事处罚。其中又分两种情形做减等处罚：一是虽有"不圆"情形，但还未造成后果，影响后续评定的；二是虽有"不圆"情形，但评定者并不知情的。此外，因印纸"不圆"，造成相应后果的，吏人和签书官也分别处罚。该法律条文在设计时，根据情节的不同，酌情分别处罚等级。根据行为人在整个过程之中所起的作用和应负的责任不同，分别予以不同形式的处罚，其中将刑事处罚、行政处罚和经济处罚相结合，对承担责任不同和主观意识不同的官员分别规定处罚内容，体现了一种立法的进步性。

其次是区分"不圆"的三种主要情形。

在诸多不圆的情况之中，大致可以分为三类，分别为"隐落过犯""不依式"和其他情形，《吏部条法·印纸门》②中对不属于"隐落过犯"和"不依式"的情形的处罚是相对较轻的，需要升朝官两人作保。而对属于"隐落过犯"

---

① "诸批书考任、印纸若出给公凭及保明阙报功过，而增减不实致误赏罚、磨勘、差注者，本官（殿侍、下班祗应同。）并知情官吏徒二年，不以去官赦原减；未施行者，减二等；不知情及不误赏罚、磨勘、差注者，又减一等。供在京所属家状，准此。下班祗应年未及格而本家为供不实者，杖一百。诸批书印纸不圆，致降名次，及违条式致行会问者，吏人杖八十，职级减二等，签书官罚俸一月。"参见［宋］谢深甫等修：《庆元条法事类》，戴建国点校，载杨一凡、田涛主编《中国珍稀法律典籍续编》第一册，黑龙江人民出版社2002年版，第80页。

② "应批书印纸不圆，非隐落过犯，或不依式，并召升朝官二员委保。""诸批书印纸不圆，非隐落过犯，（谓如不批罢任月日，而有官司名牒，或批鉴料钱历可以照据之类。）或不依式，（元无给到印纸，本处出给公据，声说到罢月日，无不了事件者，同。初任人仍理为经任人。）并召升朝官二员委保诣实，与降两月名次注授。其批书不圆，官吏符转运司取勘。"参见《吏部条法》，刘笃才点校，载杨一凡、田涛主编《中国珍稀法律典籍续编》第二册，黑龙江人民出版社2002年版，第230—231页。

和"不依式"的处罚会比较重的一个原因在于，由于负犯情况是职官转、改官，获得荐举等情形下的重点考量因素，官员本着趋利避害之本能，往往会将任内的过犯情况隐瞒下来。同时，作为一类重要的行政文书，符合格式要求是最基本的，"不依式"就容易使审核吏员钻空而收取贿赂，同时增加审核的难度。正基于此，立法者在制定法律的时候尤其重视上述两种行为。

最后规定了"小节不圆"的情形，不因此而为难职官。

为避免审核吏员故意刁难职官，混乱铨选秩序，法律也将很多"小节不圆"的情形规定下来，既方便了职官，也营造了有条不紊的考核秩序。根据《吏部条法·印纸门》中的两则申明①可以发现，如果在官员批书中存在一些漏落字或者将专有名词错误调换顺序但不影响理解批书主旨的行为，分情况看是否需要升朝官作保，但最后都不影响职官的参注。这种根据"不圆"内容有层次的区分，既在无关宏旨的情况下保证考核的正常进行，使职官不因一些"小节不圆"的行为影响参注，从而激化官员内部矛盾；也使得审核吏员不因此而故意为难职官，从中牟取私利。

三、历纸信息应真实

对于历纸真实性的核验主要分为两部分，一是对职官身份真实性的核验，二是对职官任内负犯情况的核验。

---

① "乾道九年九月十三日，都省批状：选人批书六项课绩，内一项，不曾批书转官二字，有出身人不曾批书应举二字，或应批作转官循资却误作循资转官之类，并作小节不圆放行，升改注授。""宝庆三年六月空日，尚书省劄子：臣像奏，今后印纸批书不圆，若是行移中漏落一二字，不碍节目，与召在朝职事官二员委保，听其参注。或阙条件失批，首尾差错，未得放令参注，须候元批州军保明，方与放行。奉圣旨：依。"参见《吏部条法》，刘笃才点校，载杨一凡、田涛主编《中国珍稀法律典籍续编》第二册，黑龙江人民出版社 2002 年版，第 233、236 页。

1. 对职官身份真实性的核验

《吏部条法·印纸门》① 中规定，给堂除之人发放印纸，需要进行身份核验，除非是遇到特殊情况，如在边远地区或者是军情紧急之下，才可以灵活掌握，但之后仍需核验完毕后，经两人作保，本州验明，才得以完成全部印纸发放的流程。而对于其他参选官员，由于人数众多，铨司需通过书铺首先点检，核对职官身份的真实性，然后再由铨司官员进行二轮核对。通过这样层层把关、层层检验的方式，提高行政效率，增加核验的准确率。

而如果弃毁或者亡失了表明身份的文字资料，根据《庆元条法事类》卷第十七《文书门二·毁失》② 中的规定，职官在丢失这些重要文字凭证的时候，需要有人作保，并且有日期限制。根据丢失原因的不同，处理的方式也不尽相同，而作保人如果对上述保明事项有所隐瞒等致保明不实，也要予以处罚③。通过几无遗漏的查验措施，为保证职官身份的真实性提供了一道又一道保险。

---

① "诸堂除人应给印纸者，本部取索出身以来文字，照验出给。在外或军期见阙紧切不可待者，令先次之任，后下所在州取索照验。仍（名）〔召〕本色保官二员（内一员升朝官。）委保，无诈冒，本州验实保明，申部出给，其去失付身人，即候整会了日方给。诸参选者，录白出身以来应用文书，（曾经参选已录白在部者，止录前一任付身印纸，内关升人止录差劄印纸。）并同真本，于书铺对读，审验无伪冒，书铺系书其真本，令本官收掌，候参部日，尽赴本选，当官照验。"参见《吏部条法》，刘笃才点校，载杨一凡、田涛主编《中国珍稀法律典籍续编》第二册，黑龙江人民出版社 2002 年版，第 230—231 页。

② "诸弃毁亡失印记、制书、官文书，即时申所在官司（非州县即誊申。）勘验。诸弃毁亡失付身、补授文书，（谓告、敕、宣、劄、印纸、帖、牒、请受文历之类。）限十日经所在官司自陈，（若身在他所，即除驿程限，仍于保状声说。）召本色二人保。（谓命官，召命官；将校，召将校之类。文臣须召升朝官，武臣须大使臣以上，甘伏朝典委保。仍取索保官付身或印纸，长吏躬亲审验分明批凿。即因毁失经勘断者，免召保。如全去失及去失初补或未后及改行付身若印纸，应召管军、知阁、御带、监察御史以上之类委保者，自依本法。）系命官、将校付身印纸，所在州保奏，余报元给官司，给公凭，过限更添召保官一员。如二十日外陈乞者，官司不得受理。（诸军亡失、弃毁宣、帖之类同。不得于本官陈乞一面出给公据。其僧、道度牒非因水火盗贼及被人毁失者，不在给限。其应给者，仍下元受业寺观取法眷二人及纲维、主首委保。如本寺观无僧、道，即僧、道正司保明，并勘会元牒有无批书过犯。）因事追毁而改正者，准此给之。"参见［宋］谢深甫等修：《庆元条法事类》，戴建国点校，载杨一凡、田涛主编《中国珍稀法律典籍续编》第一册，黑龙江人民出版社 2002 年版，第 367—368 页。

③ "诸毁弃、亡失付身补授文书，（谓告、敕、宣劄、帖、牒之属。）官司保明不实者，杖一百。"参见［宋］谢深甫等修：《庆元条法事类》，戴建国点校，载杨一凡、田涛主编《中国珍稀法律典籍续编》第一册，黑龙江人民出版社 2002 年版，第 367 页。

2. 对职官任内负犯情况的核验

本着趋利避害的人性特点，职官对于在任期间的负犯情况有所隐瞒有时也是在所难免的，而这种隐瞒往往会造成考核的不公平，故而对于职官任内负犯情况的核验也是至关重要的。《吏部条法·印纸门》中规定：

> 诸过犯会恩去官，不曾批书印纸，官司失报而自陈者，公罪杖以下，听取结罪状，送大理司约法。若会所属有欺隐违碍，即结断改正。
>
> 诸投纳文书，内或揩改而有可照据者，不得会问。即历子内批书，事节无凭磨勘者，会本处，或在京官司。内获盗批书不明，关刑部借元断公案。①

从上述两个法律条文中可以看出，职官负犯行为因不同的情况而被隐漏，可根据不同的情形分别到大理司、本属、在京官司或刑部决断，尽量做到犯无遗漏。

四、历纸批书中所体现的监察职能

从《吏部条法·印纸门》②的两则申明中可以看出，官员在离任批书时，须在历纸内注明替罢时间，以及与后官的交割时间，并且前后交割官员之间应

---

① 《吏部条法》，刘笃才点校，载杨一凡、田涛主编《中国珍稀法律典籍续编》第二册，黑龙江人民出版社2002年版，第231页。

② "开禧二年正月二十七日，尚书省劄子：淮西总领申，乞将太平州、南康军、……满从本所点对，任内催发起遣过纲运若干，有无违滞，保明批书，方许离任。如有违戾，申乞朝廷，重作施行……所看详，上件指挥，太平州等处十二州主管淮西总领钱物官，并税务监官，任满赴总所，批书离任……"嘉定十七年三月十六日敕：吏部看详，臣僚上言，今后应选人，在任三考得替罢任，于印纸内明批本官于何年月日替罢，令项批后官姓名于某年月日交割，并批在前官印纸之上，其后官印纸亦仰当日同批，如前后官所批异同，后官已先批到，前官却作后批，本部点检诣实，则前后官守臣，具申朝廷重行责降。其承行人决配施行。奉圣旨：依吏部看详到事理施行。"参见《吏部条法》，刘笃才点校，载杨一凡、田涛主编《中国珍稀法律典籍续编》第二册，黑龙江人民出版社2002年版，第234—235页。

同批。这样在铨司核实之时，前后官员之间的批书就可以形成相互照验，有效防止了职官随意涂改磨勘时间的情形出现。可见，印纸已经不单单是一种文书凭证，更肩负着监察职能，在批书考词之中体现着官员之间的互相监察，渗透着朝廷对官员的处处防范、处处掌控。

考课主要是指国家在职官法的框架之内，对官员的德、才、功绩、过犯等进行综合考量评定，作为对官员奖惩、黜陟的重要依据。考课设定的初衷是希望通过考核、监督、评估、督促的作用，激励官员恪尽职守，洁身自好，克己奉公，为王朝尽忠、为君主服务。而囿于各朝各代的政治大环境不同，考课所呈现出的法定内容和法定标准也就不尽相同，但作为考核官员的重要方法，考课为历朝君主所重视。两宋时期的考课在继承唐朝的基础之上不断丰富和完善，不仅在内容的设计上极具王朝特色，而且也确实起到了考察官员之功用。然而这套考课法受各种因素的影响，在具体施行的过程中，逐渐呈现出形式化的倾向，这也是在职官法基本原则的要求之下考课的必然归路。

其一，宋廷制定了非常严密的考课各级职官的法定内容，既包括中央机构所属官员，又包括路级监司，还包括州县守令。同时，由于路级监司地位特殊，不仅制定了考课漕司、宪司、仓司的法定内容，更是有对监司统一适用的法定内容。此外，由于州县守令是为地方政事治理的基石，是基层治理的一道防线，故而尤为重视对州县官员的考课，不仅从民事、刑事、财政诸方面规定了考核内容，更是以"善"、"最"、等级划分为考课法定标准。在整个考课法的制定过程中，由北宋至南宋，职官考课的内容和标准呈现出不断的变化性，以适应不同时期对职官考课要求的不同侧重，总体上呈现出愈加细密，且逐渐限缩主考官员主观考量权的特点。

其二，两宋考课的重要发展有二：磨勘、历纸之制的渗入。

就磨勘而言，两宋考课法不立的重要原因，就是形成了以年劳和资格为主要评价标准的磨勘法，随着磨勘法在职官考课中所发挥的作用愈益凸显，对磨勘的法定要求亦愈加细密。首先是磨勘者的资格应符合法定要求，包括了对磨勘者出身的要求，以及对年满七十、甫及七十的年龄的衡量，负犯情况三方面的法律规定。其次是磨勘年限应满足法定要求。由于磨勘最重要的就是要考察职官的年劳和资格，因此，磨勘年限对职官来说就非常关键，不仅规定了京朝官的磨勘年限，还规定了幕职官、州县官的磨勘年限。同时，受员众阙少的影响，职官调动频繁，故而如何计算原来职任中的所理岁月，亦是需要法律重点规定的。最后是对磨勘文状的法定要求，包括对负责审核和保明文状的官员的责任与处罚规定、文状内容是否"圆满"的法律规定、呈递文状过程之中的一些程序性法律规定等三方面。

就历纸而言，这是充分适应磨勘法的必然结果。历纸是连接官员历任课绩功过的考核和改、转官，黜陟赏罚之间的桥梁与纽带。因此，各级职官的课绩内容应书于历纸之上，不仅有职官通用六条，还有对发运、监司官的批书规定，专差干办仓库官的批书规定，巡检、捕盗官的批书规定。从这些批书要求中可以看到，越是基层职官，法律要求的批书内容也越详细，并且这些批书内容并不是一蹴而就的，而是经历了不断地调整和补充，使批书内容更加贴合于职官的职责。可见历纸在职官考课中之重要性。正基于此，两宋对历纸的法定要求也是非常全面和具体的，首先是针对历纸"不圆"情形的处罚。不仅有针对书写、审核"不圆"批书的官员以及知情者，根据情节不同，分情况予以处罚；还着重区分了"不圆"的三种主要情形："隐落过犯""不依式"和其他情形，且视此三种情形的不同分别处理；又规定了"小节不圆"的情形，用以保证吏员不因此为难职官。其次是要求历纸信息应真实。其中既包括对职官身份真实性的核验，又包括对职官任内负犯情况的核验。最后是历纸批书中所体现的监察职能。批书不仅仅呈现了职官任内课绩，而且前后官员共同批书的法律设计使得批书还具有了法律监督的功用，起到了对职官的监察之效，而这也是防范百官的要求。

第五章
两宋监察官的法定职责及履职方式

　　两宋时期，基于加强防范百官的需要，对监察法更是进行了细之又细的规定，而为了更好地落实监察法的运行，更是进一步加强并完善了监察官的选任，以法律的形式厘定了监察官的法定职责和具体的履职方式。

　　两宋时期，由中央到地方，监察官主要分为台谏官和监司、通判，这些监察官分工不同，职责各异，但都以效忠皇权、监察百官为己任，为实现对百官的监察奉献着自己的微薄之力。

第一节　台谏官的选用标准与法定职责

　　两宋时期，为使台谏官①的监察权更好地发挥作用，真正起到监察百官的效果，发挥"耳目之司"的最大功用，朝廷从台谏官的选用、监察权行使的范围、对台谏官的监察等方面入手，加强立法，为台谏官履职提供法律依据和法律保障。

----

　　① 本书主要讨论的是以御史台和谏院为主构成的第一监察系统中的台谏官。参见朱瑞熙：《中国政治制度通史》（第六卷　宋代），人民出版社 1996 年版，第七章。

一、赵宋君主亲选台谏官

为保证台谏官更好地行使监察职权，赵宋君主非常重视台谏官的选任，其中最为引人注目的当属由皇帝亲擢台谏官这一设计。如周必大在《台谏员数回奏》[1] 中的总结，即台谏官的选任，必须经皇帝亲自拔擢，出自圣断。这样一来，经由皇帝亲擢的台谏官，政治地位明显获得了提升，并且在行使监察权的时候可以不受干扰，无所偏颇，同时，皇帝掌握了台谏官的最终决定权，有效地避免了台谏官与荐举官员或宰执形成关系网，造成"宪司朋党之欺"[2]。而由皇帝亲自选拔的台谏官，因未出大臣私门，故而皆以天子门生自居，亦效忠"于万钧之下"[3]。

二、对台谏官出身、资序、品行才干的要求

（一）出身要求

由于台谏官地位特殊，关系国家监察命脉，选拔之官更是对其出身有严格的要求。这是因为：一来有出身者大多经科举入仕，才识甚高，品德言行更为出挑，且在君主看来他们更易秉公履职；二来这些有出身人相较于通过荫补等途径入仕者来说，大多没有显赫的家世背景，故而可心无旁骛地效忠皇权，行监察之责，不会为身后盘根错节的关系网络所限制。台谏之官只有"登进士

---

[1]　史载："号天子之耳目，辨人才之邪正，最宜遴选。"参见曾枣庄、刘琳主编《全宋文》第二百二十八册，上海辞书出版社、安徽教育出版社2006年版，第246页。

[2]　曾枣庄、刘琳主编《全宋文》第四十四册，上海辞书出版社、安徽教育出版社2006年版，第420页。

[3]　曾枣庄、刘琳主编《全宋文》第一百三十三册，上海辞书出版社、安徽教育出版社2006年版，第341页。

第"①，颇具文采之人，可堪为任。靖康元年（1126 年），陈过庭在《乞改除唐恕差遣奏》中认为，唐恕虽然治绩甚优，却是荫补入仕，按照祖宗旧制，不应被授予监察御史之职，故而陈乞"改除一等差遣"②。可见，有无出身是决定能否担任台谏官的一道重要门槛。

（二）资序要求

台谏官作为君主的"耳目之司"，肩负监察总务，人员的选择自当慎之又慎。自唐起便规定凡任职于台谏的官员，均应在"历州县"③ 者中选拔。北宋初年，台谏官甚至只能由升朝官担任，至北宋中期，对于资序的要求逐渐放宽，虽对资品不做限制，但仍需"京秩荐授"④。甚至到了哲宗时期，更是允许不拘泥于"资序"⑤。这样一来，不仅为一些资历尚浅但颇有才干之人入台任职提供了机会，而且这些入台官员资历浅，官阶低，尚未形成盘根错节的关系网，相较于权臣、重臣来说，更"纯粹"一些，更易于被君主掌控。同时，虽然这些台谏官资序不高，却由皇帝亲擢，负有总领百官的监察之权，权力极重。

总的来看，台谏官员虽有极重之权，却不敢行僭越之事；虽有较低资序，却能行监察之权，以卑察尊。这种一"低"一"高"的选任设计，体现着赵宋君主的"匠心"。

（三）品行才干要求

所谓"清苦而鲠亮"⑥ 者，台谏官是也。可见身为台谏之人，首先就要受

① 曾枣庄、刘琳主编《全宋文》第二百七十九册，上海辞书出版社、安徽教育出版社 2006 年版，第 25 页。
② 曾枣庄、刘琳主编《全宋文》第一百四十一册，上海辞书出版社、安徽教育出版社 2006 年版，第 63 页。
③ ［宋］欧阳修、宋祁：《新唐书》卷四十五，中华书局 1975 年版，第 1176 页。
④ ［宋］苏颂：《苏魏公文集》卷十六，王同策等点校，中华书局 1988 年版，第 220 页。
⑤ ［清］黄以周等辑注：《续资治通鉴长编拾补》卷十二，顾吉辰点校，中华书局 2004 年版，第 473 页。
⑥ ［宋］罗大经：《鹤林玉露》卷之二，王瑞来点校，中华书局 1983 年版，第 271 页。

得住清贫廉苦。由于台谏官的言行和品德是否合乎操守，直接关系着监察工作能否顺利开展，进而影响吏治的清明与否，故而须精择而慎取。真宗咸平四年（1001 年），陈彭年认为要以"孤立无党，忠直不欺，言行相符，名实相称"① 之人任职台谏重职。皇祐三年（1051 年），仁宗皇帝更是颁布诏令，要求必须选用"忠厚淳直、通明治体"② 的人任职台谏。熙宁元年（1068 年），司马光更是提出关于台谏官选拔的三条准则。③

由于台谏官肩负极重的监察之责，权力尤大，地位甚重，是帮助君主全面监察百官的强有力的臂膀，因此只有严格考察任官之人的品行与才干，使台谏官在履职过程之中不受朋党的影响，始终保有一颗忠诚不贰的赤子之心，效忠皇权，甘为帝王所用，才能稳固政权。欧阳澈在《上皇帝第三书》④ 中总结道，尧、舜、禹、汤之所以昌盛，桀、纣之所以被灭亡，均由台谏而起。开言路，揽天下之策，则国昌；塞言路，堵谏臣之口，则国亡。因此，台谏正，则吏治清，天下平。

此外，台谏官的俸禄虽然不高，却是士子心向往之的官职，所谓入仕为官，如果当不了宰相，"必为谏官"⑤。士大夫们将这一腔报国热情和强烈的使命感融入监察活动之中，忠于职守，欧阳修在《上范司谏书》⑥ 中对此有着非常精

---

① ［宋］李焘：《续资治通鉴长编》卷四十八，中华书局 2004 年版，第 1046 页。

② 曾枣庄、刘琳主编《全宋文》第四十五册，上海辞书出版社、安徽教育出版社 2006 年版，第 253 页。

③ 史载："凡择言官，当以三事为先：第一不爱富贵，次则重惜名节，次则晓知治体。"参见［清］毕沅编著：《续资治通鉴》卷第六十六，中华书局 1957 年版，第 1627 页。

④ 史载："臣又闻君以兼听博照为德，臣以献可替否为忠，专己者孤，拒谏者塞，孤塞之政，亡国之风。是故立敢谏之鼓，置诽谤之木，开言者之路，来天下之策，此尧舜禹汤所以昌也。比干剖心，箕子为奴，折直士之节，结谏臣之舌，此桀纣幽厉所以亡也。台谏虽卑，实可与宰相等，何则？风霜之任，弹纠不法，发擿有过，百僚震恐，莫敢为非义者，实有赖于此。盖御史台为朝廷之纲纪，台谏正则朝廷理，朝廷理则天下理矣。"参见曾枣庄、刘琳主编《全宋文》第一百八十二册，上海辞书出版社、安徽教育出版社 2006 年版，第 383 页。

⑤ ［宋］吕祖谦编《宋文鉴》卷第一百一十三，齐治平点校，中华书局 1992 年版，第 1582 页。

⑥ 史载："天子曰是，谏官曰非，天子曰必行，谏官曰必不可行，立殿陛之前与天子争是非者，谏官也。宰相尊，行其道；谏官卑，行其言。言行，道亦行也。九卿、百司、郡县之吏守一职者，任一职之责，宰相、谏官系天下之事，亦任天下之责。"参见［宋］欧阳修：《欧阳修全集》卷六十七，李逸安点校，中华书局 2001 年版，第 974 页。

准的概括总结。正是由于台谏官有着如此重要和特殊的地位，才使得赵宋君主须臾不敢放松对台谏重臣的管控和择拔。

三、台谏官的法定职责

台谏官监察权行使的范围是非常广泛的，上可察宰相得失，下可纠州县官稽违，无论是中央机构抑或地方官署，都在台谏官的监察范围之内。此外，台谏官还负有对于皇权、内廷的监察之责。

（一）监察皇权

纵观历朝，凡是君主敢于身体力行，将自身置于被监督的范围之内的，大多开创了盛世，相反，堵塞言路、刚愎自用者大多导致国势衰微，成为亡国之君。对于皇权的监察，主要是通过对皇帝已经做出的言行直接予以劝谏而实现的。早在隋朝之时，便有隋文帝身体力行、不徇私情的例子。[①] 无独有偶，端拱元年（988 年），次子赵元僖恳请太宗宽宥，然而太宗皇帝却劝慰赵元僖，认为这是朝廷法度，无人敢违背，如果朕有过错，百官尚可以纠举，你作为开封府尹，怎么能不"奉法耶?"[②]，遂未予宽宥。可见，在北宋建国初期，君主自然想立万世不朽之功，创盛世之局面，延续王朝万世而不绝，故而能够从长远利益的角度出发，将皇权置于臣下的监督之中，不仅自己接受监督，而且要求皇子亦应奉守仪制规则。又如太祖即位初始，因造熏笼数日却未至而很是愤怒，遂问左右，被告之须经由尚书省等多道程序，方可制造，太祖因怒责问赵普，而赵普却用一段话打消了太祖的怒气。[③] 这种对于皇权的限制性措施无疑为稳定政局起到了积极作用。明道二年（1033 年），仁宗皇帝以郭皇后无子自愿请入

---

① 参见 ［唐］李延寿：《北史》卷七十一，中华书局 1974 年版，第 2467 页。
② ［宋］李焘：《续资治通鉴长编》卷二十九，中华书局 2004 年版，第 655 页。
③ 史载："此自来条贯，不为陛下设，为陛下子孙设。后代若有非礼制造奢侈之物，经诸处行道，必有台谏理会。此条贯深意也。"参见 ［清］黄宗羲原著、［清］全祖望补修：《宋元学案》卷二十，陈金生、梁运华点校，中华书局 1986 年版，第 822 页。

道为由，废之。范仲淹与一众台谏官垂拱殿门，劝谏皇帝，认为皇后不应被废弃。皇祐二年（1050 年），张贵妃恃宠而骄，向仁宗皇帝陈请封自己的伯父张尧佐担任重职，却被身为谏官的包拯劝谏，认为仁宗皇帝决断问题时应将国家大义作为首要考量，"稍割爱情"①。此外，对于皇帝的"内降"诏书，台谏官亦有谏诤之责。即使是凡事辄用"御笔"最多的徽宗一朝，亦有诸如陈禾之清流，不畏权势，敢于谏诤。

台谏官对于皇权的监督，多受帝王是否善于纳谏、英明与否的影响，故而实施效果参差不齐，有时台谏官的谏言并不为皇帝所接受，故而往往自请罢黜，以彰显风宪之体。比如元祐元年（1086 年），任职为御史中丞的刘挚因累章弹劾权臣蔡确、章惇，却未被哲宗皇帝允准，遂自请罢黜。②

总的来看，台谏官对皇权的监督多集中于规谏皇帝严守法度、以身作则，并对皇帝施政过程中的违制行为予以及时纠正。通过对君权进行合理监督与限制，可以有效地保证国家的平稳运行。

（二）监察宰执

两宋时期，台谏官亦可对宰执之臣行监察之权。

其一，台谏官可以起到制衡宰执的作用。欧阳澈在《上皇帝第二书》③中认为，将政事付之于公议，可以使忠言尽显，民情不屈。此外，靖康元年

---

① ［宋］李焘：《续资治通鉴长编》卷一百六十九，中华书局 2004 年版，第 4068 页。

② 史载："御史、谏官之弹劾大臣岂敢轻易哉！言既出口，疏既上闻，则其势不可以中辍，其义不可以两立也。幸而人主听用其言而罢大臣，则谏官、御史可以安其职而守其官矣。若人主不用其言，不罢大臣，则谏官、御史失职，不敢不求去矣，此官官之分，职业之守也。"参见［宋］李焘：《续资治通鉴长编》卷三百六十六，中华书局 2004 年版，第 8783 页。

③ 史载："凡大臣有所升黜，必询于台谏之臣，决其可否。宰相曰可，台谏曰不可，宰相曰是，台谏曰非，则召馆阁之臣而问之，佥曰可然后用，佥曰否然后去。庶几用舍合天下之公议，则忠言日闻于朝，民情不屈于下矣。"参见曾枣庄、刘琳主编《全宋文》第一百八十二册，上海辞书出版社、安徽教育出版社 2006 年版，第 353 页。

（1126 年），程瑀在上呈的《乞内中置籍录台谏章奏劄子》① 中将君王比作人的心脏，宰执重臣比作四肢，台谏之官比作耳目，认为只有耳聪目明，则四肢方可行动。同时，宰执与台谏之间互相制衡，贤明之君要善于兼听明辨，在宰执和台谏的进言之中，皇帝可以处于一种不站在任何一方的超然地位，以利、害，是、非为评判标准，保所行之策以万全。故而，在台谏、宰执和君主三者之间形成了一种微妙的关系，而最终目的是宰执之臣秉持政务而不敢有失，台谏之官行监察之权而不敢有所徇私，无论宰执之臣，抑或台谏之官，均为拱卫皇权、稳固朝纲而共同努力。

其二，台谏官可按劾宰执之臣。庆历三年（1043 年），身为谏官的蔡襄竟然对任职为宰相的吕夷简行弹劾之事，认为吕夷简位居宰辅二十年，却做不到为君主兴利除害，为相期间姑息养奸，甚至如今已是病弱之躯，仍旧贪恋权位，不肯"力辞"②。蔡襄言辞极为激烈，最终迫使吕夷简请辞。皇祐三年（1051年），身为谏官的陈旭、包拯与吴奎联合弹劾宋庠，认为他对内不约束子弟，对外无所建树，最终宋庠被罢免相位，外任知州。③

总的来说，由于宰执之臣常伴帝王左右，距离权力核心最近，故而将宰执纳入台谏官的监察范围之中，通过台谏监督的形式将宰执的政治活动限定在合理合规的范围之内，可以有效地防止宰执擅权、专权现象的出现，这是防范宰执的必然选择。同时利用宰执与台谏之间"异论相搅"的制衡，使二者互为监督，互相冲突，帝王坐收"渔翁之利"，从而兼收宰执与台谏两大阵营之官，为君所用，保证他们能够尽臣之责，忠君之事。此外，由于宰执重臣为百官之长，

---

① 史载："臣闻君犹心也，宰执犹之股肱，台谏犹之耳目。耳司听，目司视，视听不废，运用股肱，无为于中而治者，此心所以为真君也。人君亦何为哉？相与论治道者，台谏也；相与行治道者，宰执也。天下之理不过是与非，天下之事不过利与害。台谏曰是，宰执曰非，人君察焉，果非也，过在台谏，不在宰执；若以是为非，则宰执何所逃罪哉！宰执曰利，台谏曰害，人君察焉，果害也，过在宰执，不在台谏；若以利为害，则台谏何所逃罪哉！万几至繁，吾之所以用聪明者，特在于审是与非、辨利与害，此以一应万之要也。"参见曾枣庄、刘琳主编《全宋文》第一百七十七册，上海辞书出版社、安徽教育出版社 2006 年版，第 347—348 页。

② ［宋］李焘：《续资治通鉴长编》卷一百四十，中华书局 2004 年版，第 3368 页。

③ 参见［宋］李焘：《续资治通鉴长编》卷一百七十，中华书局 2004 年版，第 4084 页。

君主掌握了宰执之臣，就相当于掌握了整个官僚集团；而台谏之官总领全国监察，君主控制了台谏之员，就相当于把控了全国范围内的监察网络。因此，这种以台谏监察宰执、二者互为牵制的制度设计，既保证了政权不受任何一方的轻易控制，又突出了皇权的至尊性，无疑体现着两宋官制发展的一种进步。

（三）监察中央行政机构、官员

首先是对于中央机构的监察，主要采取六察的方式。元丰改制后，六察制度获得了长足发展。经历了元丰三年（1080 年）① 和元丰五年（1082 年）② 的恢复与发展，六察范围大为扩展，从唐时的仅对尚书省六部的监察，发展到几近覆盖了绝大部分中央行政机构。此外，六察制度的监察范围还包括负责点检三省文书等。总的来说，六察官的职责范围主要包括对于中央行政机构的稽违和失当行为的按察、点检文书等。

关于六察官员的人员设置，元丰三年（1080 年），根据工作繁简、难易程度，按照三人设定编制，以一人负责吏、工二部，一人负责兵、刑二部，一人负责户、礼二部。到了南宋孝宗时期，人员设置增至十数人。③

为保证六察制度有序推进，元丰年间特别制定了较为翔实的六察之法：其一，中央机构及其所属官员若在履职期间有稽违或失当的行为，可随时举察和弹劾；其二，六察官严守保密法的规定，如出现泄露的情况，则被处以"杖一百"④ 的处罚。

六察实际上是通过御史台来达到对中央行政机构的监察，以较少的人力达到最大范围的监察效果，提高中央各行政机构的治事效率。同时，六察制度契

---

① 史载："御史台言：'奉诏复置六察，察在京官司。今请以吏部及审官东西院、三班院等隶吏察，户部、三司及司农寺等隶户察，刑部、大理寺、审刑院等隶刑察，兵部、武学等隶兵察，礼祠部、太常寺等隶礼察，少府、将作等隶工察。'从之。"参见［宋］李焘：《续资治通鉴长编》卷三百三，中华书局 2004 年版，第 7382 页。

② 史载："诏三省，枢密院，秘书、殿中、内侍、入内内侍省，听御史长官及言事御史弹纠。"参见［宋］李焘：《续资治通鉴长编》卷三百二十九，中华书局 2004 年版，第 7916 页。

③ 参见贾玉英：《略论宋代御史六察制度——兼与刁忠民同志商榷》，《史学月刊》2002 年第 12 期，第 19 页。

④ ［宋］李焘：《续资治通鉴长编》卷三百三十四，中华书局 2004 年版，第 8045 页。

合了对中央机构有所防范、分权制衡的需要，将天下诸事分六曹而治，都省总领，又以六察按劾，加强管控，形成相互制衡之景。① 此外，六察制度在两宋时期的进一步发展和完善也为明清监察制度提供了借鉴和指引。

其次是对于在中央机构任职官员的监察，主要采取上书纠弹的方式。监察的范围主要包括按察官员是否有职事旷废、贪污渎职等行政违法行为，残害无辜等刑事违法行为，非法买卖交易等民事违法行为，以及不遵守礼仪、有失人臣之范的犯礼违制行为。

其一，行政监察。元丰年间，御史黄廉上书弹劾，进士虞蕃击登闻鼓状告，认为凡是入中上舍之人，非富即贵，孤寒之人，惨遭黜落。神宗皇帝根据此二人之说，将虞蕃带入开封府中审问，虞蕃遂告发王沇之、沈季长等人收受贿赂，徇私而允许郑居中、章公弼等人进入中上舍。然而虞蕃却被任职为权知开封府的许将诬告，神宗皇帝疑心许将不公，遂将虞蕃移交御史府，最终查实虞蕃冤情，同时许将得了个"落翰林学士，知蕲州"② 的下场。

其二，刑事监察。至和元年（1054 年），担任殿中侍御史一职的赵汴进言，听闻宰臣陈执中家中女奴被殴打致死，虽然关于女奴的死因有两种说法，有传闻是陈执中亲自执杖殴打，有传闻是他的妾室以物殴打致死。然而无论是上述何种说法，陈执中都不能以无罪开脱。③

其三，民事监察。嘉祐四年（1059 年），包拯弹劾担任三司使之职的张方平，"坐买豪民产"④，遂罢其职而以宋祁代之。可见即使身为三司使，掌全国的财政大权，如果被御史弹劾属实，则一样被黜其职。

其四，对犯礼违制行为的监察。仁宗朝，王洙因"与女妓杂坐"⑤ 而被御史弹奏，遂被贬黜至任濠州知州，徙襄州。在中国古代社会，郊庙祭祀是一项

---

① 史载："六曹失职，则都省在所纠；都省失纠，则六察在所弹。上下相维，各有职守。"参见 [宋] 李焘：《续资治通鉴长编》卷三百三十，中华书局 2004 年版，第 7953 页。

② [宋] 魏泰：《东轩笔录》卷之六，李裕民点校，中华书局 1983 年版，第 71 页。

③ 参见 [宋] 李焘：《续资治通鉴长编》卷一百七十七，中华书局 2004 年版，第 4296 页。

④ [元] 脱脱等：《宋史》卷三百一十六，中华书局 1985 年版，第 10317 页。

⑤ [元] 脱脱等：《宋史》卷二百九十四，中华书局 1985 年版，第 9814 页。

非常受君主重视的政治活动，故而对于参加祭祀的文武官员的要求也相当严格。太平兴国六年（981 年），太宗皇帝颁布《诫饬郊庙行事官虔肃诏》，要求御史台按劾文武臣僚在郊祀时的违礼之举，比如是否"沐浴澣濯衣服"① 等。此外太宗朝还颁布了关于百官违反朝廷仪制的十五项内容，主要是监察百官在朝堂之上是否有失礼、喧哗、失仪等行为。

（四）监察地方职官

台谏对于地方官员的监察主要体现在对于监司的监察和派遣专使按察地方。

首先是对于监司的监察。台谏对于监司的监察主要体现在两个方面，其一是通过监督和主持地方监司的考课来达到监察监司的效果。通过由"御史中丞、侍御史"② 负责考校监司以上职任官员的方式，由御史台直接参与对监司的考课。同时，监司负责将其所隶属官司的兵甲数量、买办军器的数量等情况，于次月登记造册，申报御史台以作评定课绩之用，御史台分三等③ 划分，以定赏罚。其二直接弹奏监司稽违和失当的行为。徽宗时期，颁布了令台谏官负责监察按劾诸路监司的诏令。④ 嘉泰元年（1201 年），施康年上书宁宗皇帝，陈乞整饬诸路监司拖延词讼的行为，要求监司断案务必秉公，不可推诿扯皮，肆意拖延日期，如有违者，可令御史台弹劾。

其次派遣专使按察地方。这种派遣专使按察的方式，不仅仅针对分布于地方诸路的监司，而且对任职于州县的官员亦有按劾监察的权力。因为地方官员地处四方，职责行使的好与坏，往往是身在中央的台谏官无法具体以闻的，故而朝廷往往遣使出访，行监察之责，体量地方。而遣使按察的重点是路级监司，监司作为连接中央和地方的桥梁与纽带，若地方监察在监司这一

---

① 《宋大诏令集》卷第一百九十，司义祖整理，中华书局 1962 年版，第 696 页。

② ［元］脱脱等：《宋史》卷一百六十，中华书局 1985 年版，第 3761 页。

③ 史载："中者无所赏罚，上者或转官、或减磨勘，下者降官、展磨勘。"参见［元］脱脱等：《宋史》卷一百六十，中华书局 1985 年版，第 3765 页。

④ 史载："诏察诸路监司贪虐者论其罪。"参见［元］脱脱等：《宋史》卷二十，中华书局 1985 年版，第 373 页。

环就有所败坏，那么不仅会大坏地方吏治，更会直接影响中央对地方的掌控，故而元祐二年（1087 年），哲宗皇帝听从了担任监察御史之职的上官均的进言，参酌旧制，定期向诸路派遣"郎官或御史"① 对监司行按察之事。遣使按察由于是代表中央下来督查，因此可以监察的官员范围是非常广泛的，而且监察力度与惩办力度也是非常大的，比如绍兴三年（1133 年），朱异巡防浙东、福建等地，在出使的九个月中，按察的官员就有八人之多，这些人中上自转运副使，下至知县、县丞，均被弹奏，可见朱异按察效果之显著。② 此外，在遣使按察的过程中，还可考课官员，据实考察并呈报地方官员的政绩情况，以"官吏能否，生民利病，刑狱枉滥"③ 为考察重点，这样一来，这些由中央派遣的按察官除了可以监察地方官员之外，还可考课地方官员的政绩情况，通过考课与监察两种方式，互为补充，更为全面、细致地考察地方官员的实际治理情况，同时也便于朝廷随时掌握地方官员的实际动向，加强对地方官员的管控力度。

要而言之，两宋时期的台谏之官在督察百官方面确实起到了至关重要的作用，比如在绍兴年间，正值宋廷刚刚南迁、百废待兴之际，台谏的发展不能说是大振，也不能说是废弛，常公在任殿中侍御史期间，仅仅只有十月任期，却总计弹劾了八十余人④。根据史料显示，常公此人既不是非常出色，亦不是平庸，却有此番不俗的治绩，可以说台谏对于监察百官确实起到了非常积极的作用。

四、监察台谏官的两种法定方式

宋廷对于百官的防范可谓细密至极，由于台谏官权力尤重，故而对于他

---

① ［宋］李焘：《续资治通鉴长编》卷三百九十五，中华书局 2004 年版，第 9633 页。
② 参见［宋］李心传：《建炎以来系年要录》卷六十七，中华书局 1988 年版，第 1129 页。
③ ［元］脱脱等：《宋史》卷二百七十七，中华书局 1985 年版，第 9433 页。
④ 参见［清］王梓材、冯云濠编撰：《宋元学案补遗》卷十九，沈芝盈、梁运华点校，中华书局 2012 年版，第 1477 页。

们的防范也不容君主掉以轻心。因为一旦稽违、失当等行为由监察体系内部而滋生，那么又谈何督察百官呢？且若台谏官自身腐化严重，那么其对皇权的威胁可谓大矣。故而两宋君主颇为重视对于台谏官的监察，而对台谏官的监察方式主要有两种：其一是台谏官受尚书省的督察，其二是台谏官内部的相互纠察。

（一）台谏官受尚书省的督察

宋廷南渡后，沿用北宋之制，仍于中书置籍，负责考课台谏官。这样一来，台谏官的治事能否就被掌握在了尚书省的手中，但同时台谏官又可弹劾尚书省的官员，台谏与尚书省之间形成了互相监察的制约平衡机制，二者看似都有非常大的权力，但权力的行使却都受到监督与制约，从而使皇帝掌握了最终的决定权，制衡之线紧紧把控在皇帝手中，这种相互牵制和制约，促进了政权的稳定。

（二）台谏官内部的相互纠察

台谏官不仅要受到尚书省的督察，其内部亦可相互纠察，这样一来，官官皆为监察者，亦为被监察者，在监察权行使的同时也受到监督和制约，时时刻刻处于被监察之中。这种从台谏系统内部使监察权力受到制约、限制台谏官监察权恣意行使的方式，体现了对台谏官更为细密的防范。庆历四年（1044 年），谏官欧阳修在上呈仁宗皇帝的《论王砺中伤善人乞行黜责劄子》中就对同是台谏官的王砺行弹奏之权，认为王砺妄加弹奏王尧臣，属于公报私仇、以泄私愤的行为，乞请仁宗皇帝对王砺"早行黜责"[1]。元丰二年（1079 年），担任知谏院一职的蔡确弹奏同为台谏官的邓润甫和上官均"按狱失实"[2]，最后，邓润甫和上官均被罢黜。可见，即使是同为台谏官，亦可对彼此的不法行为予以弹劾，

---

[1]　曾枣庄、刘琳主编《全宋文》第三十二册，上海辞书出版社、安徽教育出版社 2006 年版，第 199 页。

[2]　[清] 吴乘权等辑：《纲鉴易知录》，施意周点校，中华书局 1960 年版，第 1954 页。

显示了宋廷对官员的防范之极、监察之密。

第二节　监司、通判行使监察权的法定方式

路级监司和府州通判作为地方监察体系的重要组成部分，就路级监司而言，主要是通过监司巡历和监司互相监察的方式行使监察权；而就通判而言，主要是通过与知州的"联署"办公实现监察权的行使的。

一、监司行使监察权的法定方式：监司巡历、监司互监

对于宋廷来说，由于地方州郡数量众多，中央不可能实现事事监督、官官尽察的效果，而要想实现对地方诸官的应察尽察，必然需要将权力分寄于监司①之上，从而通过控制监司达到控制地方的效果。因此，监司作为中央控制、监察地方的有力抓手，上需对中央负责，下应尽监察之事，同级之间亦行互察之举，在维护地方统治秩序的稳定、防止官员腐败、制约地方行政权力等方面起到了积极的作用。正如叶适所说："监司者，操制州郡者也。"②

总体来说，监司监察权的行使主要有两种法定方式：一是监司巡历，二是监司互监。

（一）监司巡历

监司主要依靠定期巡历的方式来实现对所属州县的监察。巡历主要是指在规定时间内，巡遍所部州县，以察属官在司法、军事、农业、财政课税、荐举

---

① 《庆元条法事类》卷第七《职制门四·监司知通按举》中对监司的定义为："诸称监司者，谓转运、提点刑狱、提举常平司。"参见［宋］谢深甫等修：《庆元条法事类》，戴建国点校，载杨一凡、田涛主编《中国珍稀法律典籍续编》第一册，黑龙江人民出版社2002年版，第128页。

② ［宋］叶适：《叶适集》卷之十四，刘公纯、王孝鱼、李哲夫点校，中华书局2010年版，第809页。

循吏等方面的政绩情况，据实上报中央，作为评定州县属官黜陟赏罚的依据。以下内容主要根据《庆元条法事类》中的相关法律规定，辅之以其他史料的综合运用加以整理、分析。

1. 监司巡历的主要任务

监司巡检所部州县，从多方面按察地方官员，督促他们恪尽职守，廉洁奉公，"平反冤讼、搜访利害、及荐举循吏、按劾奸赃以闻"①。

第一，司法监察。监司巡历州县，负有监察辖下狱讼有无冤抑情况的责任。其一，亲虑冤抑。法律规定，如果监司在亲自审查州县囚狱的过程中发现有冤情者，应先行释放。如果不能行遍所部州县或有所干扰，也应差官前去。② 其二，在监司巡历的过程中，如遇管辖权不在本司的狱讼，亦可审问。法律规定，监司若在审问过程中发现有冤情等情况，应呈牒于本案所属监司，若呈文未被允许或被允许却所行不当的，可备文上奏。③ 其三，监司还负有对州县官淹留禁囚不决，或审核狱讼冤枉失实行为的按劾之责。法律规定，监司在每年巡检州县的过程中，若发现州县所禁之囚有故意羁留和被冤枉的情况，监司可具名按劾。④ 其四，依据监司岁巡州县、释放冤囚的数量，对其进行奖励。该法律条文旨在鼓励监司按察巡历之时积极处理冤狱，其中人数计算只针对监司亲自虑囚

---

① ［宋］谢深甫等修：《庆元条法事类》，戴建国点校，载杨一凡、田涛主编《中国珍稀法律典籍续编》第一册，黑龙江人民出版社 2002 年版，第 117 页。

② 《庆元条法事类》卷第七《职制门四·监司巡历》中规定："诸州县禁囚，监司每季亲虑（不能遍诣及有妨碍者，听差官）。若有冤抑，先疏放讫，具事因以闻。（谓囚人本无罪而不应禁系者。）"参见［宋］谢深甫等修：《庆元条法事类》，戴建国点校，载杨一凡、田涛主编《中国珍稀法律典籍续编》第一册，黑龙江人民出版社 2002 年版，第 118 页。

③ 《庆元条法事类》卷第七《职制门四·监司巡历》中规定："诸监司巡按，遇诸州院、司理院并县禁罪人及品官、命妇公事各徒以上者，虽非本司事，听审问。若情涉疑虑，或罪人声冤，或官司挟情出入而应移推者，牒所属监司行，若承报不行、或虽行而不当者，具事因奏。"参见［宋］谢深甫等修：《庆元条法事类》，戴建国点校，载杨一凡、田涛主编《中国珍稀法律典籍续编》第一册，黑龙江人民出版社 2002 年版，第 118 页。

④ 《庆元条法事类》卷第七《职制门四·监司巡历》中规定："诸监司每岁点检州县禁囚淹留不决或有冤滥者，具当职官职位、姓名按劾以闻。"参见［宋］谢深甫等修：《庆元条法事类》，戴建国点校，载杨一凡、田涛主编《中国珍稀法律典籍续编》第一册，黑龙江人民出版社 2002 年版，第 118 页。

的实际数量而言，对于差官者的人数则不计入在内。①

第二，对农业生产的监察。农业生产直接关系到百姓的生活质量与幸福度，故而历朝君主都相当重视农业生产，保障民生。两宋时期，亦着力发展农业生产，而作为地方主管农业的州县官，其执行劝农政令的力度如何，理应受到监司的管理和监察，以此起到督促州县官大力发展农业生产之目的。因此，法律规定，监司在点检州县劝农情况时，可据实根据州县数量保奏州县官，用以奖励那些积极从事农业生产发展的官员，并以优、劣二等区分。②

第三，军事监察。监司还负有按阅弓手、教阅士兵、点检招填禁军及军需物品、按劾守戍禁军私自归营等职责。③ 由监司来负责对军事事务的监察，体现了两宋时期对武将的防范。唐末五代以来，政权更替多是因武将篡谋而得，武将专权现象屡见不鲜，至太祖赵匡胤以黄袍加身，发动陈桥兵变，亦是以武将身份夺取政权，故而深知武将之害。这种以监司监察辖下军事的方式，也是重文轻武指导下之必然。同时监司监察的内容主要包括：监察士兵训练、军需物资、士兵管理、部队纪律等，通过监司对部队的监督管理，从而得以加强国家

---

① 《庆元条法事类》卷第七《职制门四·监司巡历》中规定："监司岁终巡历州县，疏放冤抑禁囚（差官者不理数。）一百人以上，减磨勘一年；二百人以上，减磨勘二年。"参见 [宋] 谢深甫等修：《庆元条法事类》，戴建国点校，载杨一凡、田涛主编《中国珍稀法律典籍续编》第一册，黑龙江人民出版社 2002 年版，第 125 页。

② 《庆元条法事类》卷第七《职制门四·监司巡历》中规定："诸监司被受劝农手诏，每岁春秋检行下所属，遇巡历所至，检察知州、县令劝农之勤惰，岁终较其尤著者为优、劣等，（如未至岁终替移者，牒后官通计。）限次年正月终保奏。（知州各一员，所部五十县以上者，县令各二员；五十县以下者，各一员。或无，不听阙。）罢任到阙日，具任内已保奏优、劣之人以闻。（外移准此。）"参见 [宋] 谢深甫等修：《庆元条法事类》，戴建国点校，载杨一凡、田涛主编《中国珍稀法律典籍续编》第一册，黑龙江人民出版社 2002 年版，第 120 页。

③ 《庆元条法事类》卷第七《职制门四·监司巡历》中规定："诸巡检、县尉遇在廨宇，每日躬亲教阅，仍具注于历，监司因按阅取历点检。诸监司巡历所至，按阅弓手，每岁一阅，不至者，听差官。诸守戍禁军因差出枉路私归营，若缘路托疾寄留避免征役并官司容纵及审验不实者，监司因巡历觉察按劾。诸将副训练官，应约束措置兵政军情不便，并职事违法或勘断不当，听州县长官觉察，申经略安抚、钤辖司或提举将兵官。（事小者，移文本州改正。）如应勘，仍权移别将。监司巡历所至点检。诸将下军须什物，转运、提点刑狱司岁一点检。诸州招填禁军，转运司巡历所至，听点检，有违法者，牒提点刑狱司行。（将兵，牒提举将兵官。）"参见 [宋] 谢深甫等修：《庆元条法事类》，戴建国点校，载杨一凡、田涛主编《中国珍稀法律典籍续编》第一册，黑龙江人民出版社 2002 年版，第 119 页。

对部队的掌控力度，防止武将擅权。

第四，财政课税监察。为有效防止地方侵夺中央财政收入，宋廷严管地方课税。法律规定，将正税与增收钱物具以申州，州以每年历尾收入仓库实数作以比较，这样一来，就可以获得税收实入情况。且以转运司负责点检，遍历州县，即使无法亲身到达，亦应委官前往，严防州县官徇私舞弊，保证国家财政课税收入不致有失。①

第五，荐举循吏。荐举是职官铨选的重要环节，通过举主荐举的方式来弥补以"资"和"资序"为主导的叙迁与关升的不足之处，选贤与能。由于监司最是了解辖下州县官员的实际履职情况与道德品行，故而由他们负责荐举所部州县官员最为合适，其中荐举知州的人数不能超过两人，荐举知县的人数不能超过三人。② 并且监司在荐举的过程中，不得过于美化被荐举官员，而应据实迹以闻。③ 且监司对所部县令中政绩显著者与谬懦不职之人均可据实申尚书省。④

---

① 《庆元条法事类》卷第七《职制门四·监司巡历》中规定："诸夏秋税增收钱物，（谓正税租额外，分烟析生，典卖割移之类合零就整者。）并以实数，每户计之，仍总都数于簿头别项为额。转运司因巡历点检。如巡历不至者，委官分诣，岁一周遍，候纳毕，本县与正税各具申州，州取受纳仓库历尾截日实数，通比分数科校。"参见［宋］谢深甫等修：《庆元条法事类》，戴建国点校，载杨一凡、田涛主编《中国珍稀法律典籍续编》第一册，黑龙江人民出版社 2002 年版，第 120 页。

② 《庆元条法事类》卷第十四《选举门一·荐举总法》中规定："诸监司每岁同审择所部，知州不得过二人，县令三人，（县令须到任二年以上者。）列其功状之实，结罪保明以闻。"参见［宋］谢深甫等修：《庆元条法事类》，戴建国点校，载杨一凡、田涛主编《中国珍稀法律典籍续编》第一册，黑龙江人民出版社 2002 年版，第 290 页。

③ 《庆元条法事类》卷第十四《选举门一·荐举总法》中规定："诸荐举官不得以虚词溢美，并具治迹实状以闻。"参见［宋］谢深甫等修：《庆元条法事类》，戴建国点校，载杨一凡、田涛主编《中国珍稀法律典籍续编》第一册，黑龙江人民出版社 2002 年版，第 289 页。

④ 《庆元条法事类》卷第七《职制门四·监司知通按举》中规定："诸监司分上下半年，具所部县令有无善政显著及谬懦不职之人申尚书省。"参见［宋］谢深甫等修：《庆元条法事类》，戴建国点校，载杨一凡、田涛主编《中国珍稀法律典籍续编》第一册，黑龙江人民出版社 2002 年版，第 129 页。

总的来看，根据《监司岁具巡按奏状》中的规定①，可以非常清晰地看出监司巡历治下州县期间的按察职责，在列举的监司所要奏报的内容中可以看出，这些奏报内容紧紧围绕监司巡检的主要任务而设置，且非常详尽和具体，以此来确保监察实效，防止弄虚作假情况的发生。尤其值得注意的是，对于诸项内容不仅要说明"有的"情况，对于"无的"情况亦要说明，这是因为，"无"也是一种监察活动的体现。

此外，监司还负有对地方官员履行祭祀等事务的监察，若发现州县官员有失仪行为的，则应奏报。②

2. 监司巡历的限制性规定

监司在巡检的过程中，掌握着所属州县官吏的政绩评定之权，所监察的内容可谓面面俱到，其辖下属官就有可能因为迎合讨好监司而曲意逢迎，试图左右监司监察活动的正常进行。故而对监司在巡历期间的行为做系统性的限制性规定，不仅可用以防范监司在巡检过程之中越格、肆意用权行为的发生，而且尽可能地规避州县官试图通过巡检的机会拉拢监司、谋取私利、掩盖罪行的行为，从而最大限度地保证巡检过程的公正，起到有效督察地方州县守令的作用，为地方秩序的稳定保驾护航。具体见表5-1所示。

---

① "具位：准令云云，臣某年分遍历所部州县巡按，今有下项事件须至奏闻者：平反冤狱共若干件，共计若干人，（无，即云无。）某州某处某公事若干件。余州依此开。搜访利害共计若干件，（无，即云无。）某州某处某事利害若干件。余州依此开。荐举循吏若干人，（无，即云无。）某官任某州某县某差遣，某人委有是何治状显著，臣已具奏闻讫。余人依此开。按劾奸赃共若干人，（无，即云无。）某官任某州某县某差遣，某人缘犯是何奸赃事，本司。于某年月日具奏因、如何按劾了当。余人依此开。右谨件如前，谨录奏闻。谨奏。年 月 日依常式"参见［宋］谢深甫等修：《庆元条法事类》，戴建国点校，载杨一凡、田涛主编《中国珍稀法律典籍续编》第一册，黑龙江人民出版社2002年版，第126页。

② 《庆元条法事类》卷第七《职制门四·监司巡历》中规定："诸州县长官到任，亲谒社稷点检坛墠，若春秋祈报，非有故不得差官。监司巡历检察得坛墠修饰有不如仪者，具事因奏闻。"参见［宋］谢深甫等修：《庆元条法事类》，戴建国点校，载杨一凡、田涛主编《中国珍稀法律典籍续编》第一册，黑龙江人民出版社2002年版，第120页。

表 5-1　监司巡历的限制性规定①

类别	主要内容	法律条文
监司巡历在配置方面的限制性规定	在所带人员方面，监司若因事多吏少而添差，不应超过人数限制	诸监司巡按，（本路、邻路体量审复之类同。余条称"巡按"准此。）事多而吏少，听于所至处量事添差，其带不尽当直人，听留本家。逐州差迎送借事兵级，（无厢军，差有衣装剩员。）通计，随行兵级不得过应破当直人数（属官差出准此）
	监司所带武将人数根据出行总人数的规定，不应超过相应的限制	诸当直人及十人以上，差节级一名；三十人以上，将校、节级各一名；（监司巡按，所差迎送借事人同。已有节级者，止差将校一名。）五十人以上，各二人；每百人，各三人，并数外差
	监司巡按期间总体配置人数	监司官巡按：吏人二人；（应副军期及别奉朝旨干办，别带二人。）通引官或客司一名；书表司一名；当直兵级一十五名；般担军人一十五人
	监司巡按所乘船数，牵马人数、般担人等，不应超过相应限制	诸监司巡按，（本司属官差出同。）乘船数依之官法。牵驾人听破十分，逐州交替，般担人不差
	因巡历经过路段山险，而需雇的抬轿人数，不应超过必要限制	山险和雇人抬轿子，每员监司及朝旨专差干办官，一十人；属官，六人

①　数据来源：《庆元条法事类》卷第七《职制门四·监司巡历》。参见［宋］谢深甫等修：《庆元条法事类》，戴建国点校，载杨一凡、田涛主编《中国珍稀法律典籍续编》第一册，黑龙江人民出版社 2002 年版，第 116—125 页。

续表5-1

类别	主要内容	法律条文
对监司及其所部吏人在经济方面的限制性规定	在受馈送方面，如果监司已经依例巡视过州县了，但又承旨有特殊公干或前期因疾病等原因没有巡视完全而需巡视的，再到同一地方，不可再受供馈酒食	诸监司（依监司例，人凡可按刺州县及属官同。）每岁巡历所部州县，若承指挥非泛干办，及因疾故未遍复出，（虽已遍，而别因公事复出同。）辄再受到，发酒食供馈，并依例外受馈送法
	发运、监司的随行吏人在巡历过程之中受额外供馈的，以"受所监临财物"论处	诸发运、监司巡历，随行吏人所在受例外供馈，以受所监临财物论
	在收受财物方面，监司随行若受乞财与物，允准他人告发	诸监司巡按，（州县官及属官差出干办公事同。）随行公吏、兵级于所部受乞财物者，许人告
对监司在接见宾客方面的限制性规定	允许监司在巡按过程之中会见宾客，但不允许再回访	诸监司巡按，许接见宾客，唯不报谒
对监司在点检方面的限制性规定	监司在司法监察时，若非"除外"情形，只能进行形式审查	诸监司巡历所至，止据公案簿书点检，非有违法及事节不圆，不得分令供析。无公事不得住过三日

　　总的来说，对于监司巡历的限制性规定主要从所行配置、经济、会见宾客、司法监察方面予以限制。对监司出行所应配备的具体吏员以及随行武将的人数都做了详细的限制性规定，既体现了对监司出行的一种防范，防止其假借巡历之名，暗自与武将勾结；也防止监司刻意增加随行人数，摆阵仗，显官威，不利于巡历实效。并且严防监司及其随行吏员收受财物、接受额外馈送等经济犯罪，防止所历州县官员借机勾结监司，干扰监察。此外，对监司会见宾客的限制主要是为了防止监司利用巡历之机交结朋党，而在司法监察中，非有违法及"不圆"情况只能形式审查的原因在于防止监司借监察之机大兴狱讼，提高司法成本。

　　3. 监司巡历的处罚性规定

　　在监司巡检的过程中，如果有违法律规定，则应对其予以处罚。而监司在无特殊情况之下，应亲自遍历所部州县，这样才能察访实情；若未予巡遍或巡遍后没有申报所察，则应受到处罚。① 此外，针对一些具体违法行为，对监司予以不同程度的处罚，以示规诫。具体见表5-2所示。

表5-2　对监司在巡历期间违法行为的具体处罚规定②

类别	主要内容	法律条文
对监司违反巡历配置方面的规定而予以处罚	监司巡按不得巧立名目，随意带巡、尉及弓兵出本界，以防止其拥兵作乱	诸监司巡按，巧作名目追呼巡、尉、弓兵将带出本界者，杖一百
	在船只人马使用方面，如果不是巡历却差占人员，或巡历所差人数超过规定限制，又或已归本司却仍不放还人马的，处以杖一百的刑罚	诸监司（属官同。）沿流应给船，非遇巡按辄差占牵驾人兵，若巡按而差过数，或已归本司不即发遣者：各杖一百

---

　　① 《庆元条法事类》卷第七《职制门四·监司巡历》中规定："诸监司巡历所部不遍者，杖一百，遍而不申，减二等。"参见［宋］谢深甫等修：《庆元条法事类》，戴建国点校，载杨一凡、田涛主编《中国珍稀法律典籍续编》第一册，黑龙江人民出版社2002年版，第116页。

　　② 数据来源：具体法律条文除特别注明者，其他均摘录自《庆元条法事类》卷第七《职制门四·监司巡历》。［宋］谢深甫等修：《庆元条法事类》，戴建国点校，载杨一凡、田涛主编《中国珍稀法律典籍续编》第一册，黑龙江人民出版社2002年版，第116—117页。

续表5-2

类别	主要内容	法律条文
对监司及其所部吏人违反经济方面的规定而予以处罚	徽宗政和六年（1116年）十二月十日颁布《禁诸监司辄赴州县筵会收受上下马供馈诏》	赴州县筵会及收受上下马供馈者，各徒二年①
	官吏违法发放驿券，发放者和接受之人都要受到徒二年的刑罚	诸发运、监司巡按，（提点坑冶铸钱、提举市舶之类若属官及诸州通判同。）随行公吏违法出给驿券，及所给官司各徒二年（所请赃重者，自从重）
	在非法交易方面，如果发运、监司巡历，以所获得的酒买卖交易的，处以杖一百的刑罚	诸发运、监司巡按，以所得酒卖易，杖一百
对监司违反点检方面的规定而予以处罚	监司在司法监察过程之中，于令应亲自点检、不应派官却委官者，予以处罚	诸监司每岁诣所部点检、催促结绝见禁罪人，于令不应委官而辄委者，徒二年
	违限点检贼盗，予以处罚	诸贼盗发，州取索捕盗官印纸批书而违限者，杖一百，监司所至不取索印纸点检，减二等

对监司在巡历过程中违反法律规定的行为予以处罚，既可使监司在巡历按察的过程中有所忌惮，又可防止被按察州县属官趁机钻空谋私。并且通过对上述处罚性规定的整理可以看出，宋廷对于监司在巡历过程中的经济犯罪的处罚

① 曾枣庄、刘琳主编《全宋文》第一百六十五册，上海辞书出版社、安徽教育出版社2006年版，第197页。

力度更大一些，制定的规则也更为详细，这是因为监司若在巡历过程中出现受乞财物等行为，极易对正常的监察活动形成干扰，结成上下勾结的网络，使巡检无法达到预期的监察效果。

4. 监司巡历的时间限制

在监司巡历所属州县的过程中，需要对其巡历和按劾时间进行限制，有助于更好地保证巡历监察活动的完成。

由于监司需要巡遍所部州县，如果对巡历时间无所限制的话，不仅会出现各地监司巡历时间不一致而无法统一管理的现象，而且容易被监司刻意耽误巡历时间，懒政怠政，故而根据州县距离远近规定巡历期限。① 此外，如果监司有所按劾，应于三十日内将事情经过以及当事人员的具体情况上呈尚书刑部。②

（二）监司互监法

路级监司不仅对辖下属官负有监察之责，亦须互相监察，以防止监司在行使监察权的过程中恃势弄权，无所忌惮，各自为政，收受贿赂，徇私枉法，包庇赃吏。由于监司地位特殊，肩负着对地方官员的监察大权，若无法做到严于律己，就会导致自路以下的监察体系的崩溃，使贪赃四起，民受其害，中央丧失对地方的监察掌控力，进而威胁王朝统治。故而监司之间互相监察的这种设计，其目的不单是保证监司在行使监察权的过程中公正不二，更重要的是起到了防范监司、保障中央对地方可控力的作用。崇宁五年（1106 年）六月三日，徽宗皇帝颁布《令诸路监司互相察举诏》，规定监司互举之法，如若监司之间互

---

① 《庆元条法事类》卷第七《职制门四·监司巡历》中规定："诸监司岁以所部州县量地里远近更互分定，岁终巡遍，提点刑狱仍二年一遍，并次年正月已巡所至月日申尚书省。（巡未遍而移罢者，至次年岁首，新官未到，即见任官春季巡毕。）"参见［宋］谢深甫等修：《庆元条法事类》，戴建国点校，载杨一凡、田涛主编《中国珍稀法律典籍续编》第一册，黑龙江人民出版社 2002 年版，第117—118 页。

② 《庆元条法事类》卷第七《职制门四·监司知通按举》中规定："诸监司有所按劾，限三十日具所按事状及应推治人录奏，仍申尚书刑部。"参见［宋］谢深甫等修：《庆元条法事类》，戴建国点校，载杨一凡、田涛主编《中国珍稀法律典籍续编》第一册，黑龙江人民出版社 2002 年版，第130 页。

相包庇，则"以其罪罪之"①，同时责令御史台亦可对监司互监之中的不法行为予以监察，最后由皇帝亲自验明决断。监司互察的范围非常广泛，涉及刑狱、财政、赈济等方面。在刑狱方面，如若提点刑狱官不亲自疏决刑狱，可由帅、漕二司"纠举以闻"②；财政方面，元丰七年（1084 年），神宗皇帝诏令若地方诸路官员征购"上供"③之物，强行摊派，可令漕司、宪司、仓司点检、互察；社会赈济方面，如绍兴二十七年（1157 年），王珪认为常平仓乃是为了抑制兼并、救济贫弱而设，却被不法之官利用，致米价突增，饥民难食，官员无粮可赈，陈乞令诸路仓司巡历所属州县，察访得实，若遇到州郡之官将本应赈济百姓之粮擅自占用而不发放者，允许百姓越级告诉，"监司互察"④，台谏按劾。

此外，《庆元条法事类》中更有关于监司互监的系统性法律规定，内容主要涉及以下几个方面：

其一，监司及其所部若有职事违慢，不行按举之责，对不法行为要么施行略阔，要么庇匿不举者，监司之间可行互察，若不互察者，则分情况定罪处罚。⑤

其二，监司违戾本司职事内容，可互相按举。在遇有灾伤的情况下，安抚司负责体量措置，转运司负责验灾放赈，常平司负责籴米借贷，提点刑狱司负责按察妄滥。⑥

---

① 曾枣庄、刘琳主编《全宋文》第一百六十四册，上海辞书出版社、安徽教育出版社 2006 年版，第 45 页。
② ［宋］李心传：《建炎以来系年要录》卷一百五十八，中华书局 1988 年版，第 2562 页。
③ ［宋］李焘：《续资治通鉴长编》卷三百四十八，中华书局 2004 年版，第 8355 页。
④ ［宋］李心传：《建炎以来系年要录》卷一百七十七，中华书局 1988 年版，第 2934 页。
⑤ 《庆元条法事类》卷第七《职制门四·监司知通按举》中规定："诸监司知所部推行法令违慢，非本职而已具其事牒所属监司，若承报不即按举，或施行阔略，而元牒之司不奏举者，减所属监司应得之罪一等。即监司于职事违慢，逐司不互察者，准此。若犯赃私罪庇匿不举者，以其罪罪之。"参见［宋］谢深甫等修：《庆元条法事类》，戴建国点校，载杨一凡、田涛主编《中国珍稀法律典籍续编》第一册，黑龙江人民出版社 2002 年版，第 128 页。
⑥ 《庆元条法事类》卷第七《职制门四·监司知通按举》中规定："诸灾伤路分，安抚司体量措置，转运司检放展阁，（军粮阙乏，听以省计通融应副。）常平司籴给借贷，提点刑狱司觉察妄滥，如或违戾，许互相按举，仍各具已行事件申尚书省。"参见［宋］谢深甫等修：《庆元条法事类》，戴建国点校，载杨一凡、田涛主编《中国珍稀法律典籍续编》第一册，黑龙江人民出版社 2002 年版，第 129 页。

其三，严格互察的内容范围。宋廷有鉴于监司之间假借互监之名，暗行侵职之实，使得奸邪之人得以逃脱免除处罚，故而根据申明中之规定，命诸监司分职治事，如果不属于自身职权范围内的事务，应行文通知该司，而不得侵犯他司职权范围。①

其四，在监司按察所部属官的过程中，不得暂停被调查官员的俸给，仍允许诸司之间互相监察。② 从中可以看出宋廷对于官员的待遇之优越，即使被调查、存在不法的可能性，在没有坐实之前也没有剥夺其享受俸禄的权利。

二、通判行使监察权的法定方式与监察实效

两宋时期在州级监察体系中最突出的特点就是设置通判一职。通判的地位极其特殊，"既非副贰，又非官属"③，为分化州府长官之权而设，从防范知州的角度出发，以强化中央集权为目的。通判既具有行政职能，又身负监察之责。④ 不仅如此，在宋廷南渡之后，通判还负有一部分经济职能，遇有战争等军事活动，则专门负责钱、粮之事，以及经总制钱，与本州长官一同协力催促，而后一并"入于户部"⑤。

此外，通判不仅负有对所部官员的监察之权，以及与知州一起签书方予生效的联署之权，而且通判和知州之间亦可互相监察。大中祥符五年（1012 年），

---

① 《庆元条法事类》卷第七《职制门四·监司知通按举》中规定："绍熙元年十一月二十九日敕：……欲望诏外路诸司体分职之意，若暴横赋敛以摇民心，若隐蔽水旱以欺主听，若大吏奸赃而蠹国，若兵将包藏而干纪，则当令互察。其余词诉，苟非其事，并关牒各司，随职举按而不得杂治侵官。"参见［宋］谢深甫等修：《庆元条法事类》，戴建国点校，载杨一凡、田涛主编《中国珍稀法律典籍续编》第一册，黑龙江人民出版社 2002 年版，第 131—132 页。

② 《庆元条法事类》卷第七《职制门四·监司知通按举》中规定："诸所部官有犯，监司郡守依法按治，不得倚阁俸给，仍许诸司互察。"参见［宋］谢深甫等修：《庆元条法事类》，戴建国点校，载杨一凡、田涛主编《中国珍稀法律典籍续编》第一册，黑龙江人民出版社 2002 年版，第 129 页。

③ ［清］梁章钜：《称谓录》卷二十二，中华书局 1996 年版，第 330—331 页。

④ 史载："凡兵民、钱谷、户口、赋役、狱讼听断之事，可否裁决，与守臣通签书施行。所部官有善否及职事修废，得刺举以闻。"参见［元］脱脱等：《宋史》卷一百六十七，中华书局 1985 年版，第 3974 页。

⑤ ［元］脱脱等：《宋史》卷一百六十七，中华书局 1985 年版，第 3974—3975 页。

王嗣宗任镇州知州的时候，掌握了前任镇州知州、现为给事中的边肃的不法事实，边肃在任镇州知州期间，以公款交易谋取私利，且派遣属下吏员强买强卖，甚至买妾，最终，边肃被贬官受惩。王嗣宗以上告下，亦以"按边肃"① 为去三害之一。嘉祐三年（1058 年），兖州知州王逵被兖州通判马预弹劾②，最终王逵被处以勒停、追一任官的处罚。

两宋时期进一步加强了对百官的控制和防范，以"耳目"之官充当帝王防范百官的有力臂膀，以层层按察的方式③，既提高了监察效率，又可以通过掌握少数人以达到控制大多数人之效果，试图将所有为宋廷服务的官员都囊括入国家的监察网络之中。因此对监察官的法定职责和履职方式亦是规定得非常严密和具体。

其一，在中央监察体系中，尤以台谏官为重，总领对百官的监察，因此选用标准也尤为严格，不仅由皇帝亲擢，更是对资序、出身、品行才干都有严格要求，其中对于资序的要求呈现出逐渐放宽的趋势，体现着以卑察尊的设计匠心。同时严格规范了台谏官的法定职责，既可以监察皇权，宰执，中央行政机构、官员，还可监察地方官员。此外，台谏官亦受到尚书省的督察，且内部之间亦可互相纠察。总体来看，台谏官对于监察百官确实起到了非常积极的作用。

其二，路级监司和州府通判作为中央加强对地方监察力度的重要之举，对监司和通判行使监察权的法定方式亦有严格规定。两宋时期在路一级设立监司之职，监司之间互相监察，互不统领，共同对中央负责。监司行使监察权主要有两种法定方式：一是监司巡历，二是监司互监。就监司巡历而言，监司巡历的主要任务体现在司法监察、对农业生产的监察、军事监察、财政课税监察、

---

① ［元］脱脱等：《宋史》卷二百八十七，中华书局 1985 年版，第 9651 页。

② 史载："逵以公用蜡烛及墨遗京师要官，又课人收枯骨而葬之，以故冢墓多被发者；及离细民夫妇，而自主其家婚嫁。"参见［宋］李焘：《续资治通鉴长编》卷一百八十七，中华书局 2004 年版，第 4507 页。

③ 史载："宰相察监司而已。监司察郡守，郡守察县令，朝廷据其所察而行赏罚"。参见［宋］李焘：《续资治通鉴长编》卷四百六十八，中华书局 2004 年版，第 11178 页。

荐举循吏五方面。同时法律还对监司巡历进行了限制性规定（包括监司巡历在配置方面的限制性规定，对监司及其所部吏人在经济方面的限制性规定，对监司在接见宾客方面的限制性规定，对监司在点检方面的限制性规定）、处罚性规定（包括对监司违反巡历配置方面的规定而予以处罚，对监司及其所部吏人违反经济方面的规定而予以处罚，对监司违反点检方面的规定而予以处罚）、程序性规定（包括对监司巡历、按劾时间的规定），为监司巡历提供法律依据。就监司互监而言，两宋制定了监司互监法，允许监司互相监察。此外，为加强对知州的监察力度，又设通判一职，通判的政治地位极为特殊，不仅可以监察所部官员，亦有与知州的"联署"之权，但到南宋中后期，随着国家财政日紧，通判的监察权力减弱，经济职能提升。

第六章

两宋职官俸禄制及致仕制的特色

若论在中国历史上哪一朝代对职官的待遇保障体系最为优厚，宋朝必然是当仁不让的。两宋君主为了实现对百官的拉拢，在俸禄和致仕政策中体现了最为优厚的物质保障，极大地免除了宋朝官员的后顾之忧，实现了在高压防控之下，职官心甘情愿为赵宋王朝肝脑涂地的忠君之景。

第一节　两宋职官俸禄制的特色、影响因素及效果评估

两宋时期的职官群体多由寒门士子组成，这些人"先天不足"，极大地仰赖于国家给予的物质保障，而俸禄就是其中重要的组成部分。他们与君主形成了交换买卖关系①，这些职官群体的衣食住行全部要依靠与帝王交换而得，而帝王赐予他们的官爵，则是决定他们吃穿用度的重要依凭。正是基于此，赵宋君主才可以游刃有余地运用经济策略，对职官形成掌控之势，而俸禄制亦成了帝王用以优遇职官、控制职官、拉拢职官、稳定职官队伍的重要手段。

---

① 史载："主卖官爵，臣卖智力。"参见［清］王先慎：《韩非子集解》卷十四，钟哲点校，中华书局 1998 年版，第 338 页。

一、不断推进的益俸立法

两宋职官俸禄之法主要经历了三个阶段的调整，首先是从北宋立国初期至仁宗嘉祐年间的《嘉祐禄令》的出台；其次是元丰改制后至北宋末年，随着官制改革的变化而适应性变化形成的"元丰制禄之法"[①]；最后是宋廷南渡后，在结合北宋旧法的基础之上，所形成的"绍兴禄令"，最显著的变化是增设了许多名目。

（一）北宋初期：《嘉祐禄令》

北宋立国之初，百废待兴，俸禄沿袭五代旧制，官员收入甚微，即使身为县令也不满十千，且收入的三分之二又要被折为实物。所幸国初物价并不是很高，虽然俸禄不高，日子过得艰难困窘，但不至冻馁。然而，这种使官员在温饱线上苦苦挣扎的俸禄之策显然不是长久之计，故而自太祖始，就开始定"益俸"之法令，希望通过厚俸解除职官的后顾之忧。[②]乾德四年（966年），颁布《复置俸户诏》[③]，仿照后汉乾祐三年（950年）的规定，为州县官设置俸户，除二税以外，免除俸户剩下的所有徭役，而将州县官的月俸分摊到这些俸户身上。开宝三年（970年），颁布《省西川州县官增俸诏》[④]，增加州县官料钱，且以现

---

① ［元］马端临：《文献通考》卷六十五，中华书局2011年版，第1966页。

② 史载："太祖哀怜元元之困，而患吏之烦扰，欲高吏之行以便民，于是定俸户之制，修益俸之令。太祖犹以为烦民也，于是出库财以赋吏禄。诏书屡出，欲吏之有余而无内顾之忧，然后于义德备焉。"参见［宋］曾巩：《曾巩集》卷第四十九，陈杏珍、晁继周点校，中华书局1984年版，第671—672页。

③ 史载："复于中等无色役人户内置俸户，据本处所请料钱，折支物色，每一贯文给与两户货卖，逐户每月输钱五百文，除二税外，与免余役，其所支物色，每岁委官随蚕盐一并给付，如州县阙正员，差人承摄者准此。"参见《宋大诏令集》卷第一百七十八，司义祖整理，中华书局1962年版，第639页。

④ 史载："其州县官等料钱，仍于旧俸外，每月更加五千，并以见钱充，米麦仍旧支给。"参见《宋大诏令集》卷第一百六十，司义祖整理，中华书局1962年版，第605页。

钱的方式进行支付，同时，米麦仍旧照例支给。纵览太祖一朝，始终贯彻着"益俸"① 之策。至太宗朝，继续"益俸"之策，

太平兴国二年（977 年）规定，在支付幕职州县官的俸禄时，应以当时物价而定折支之数，但总体上损耗不得超过百分之三十。雍熙四年（987 年），为最大限度地维护文武百官的实际利益，保证俸禄的最大收益额，太宗皇帝颁布《内外文武官俸以实价给诏》，规定"以实价给"② 官员俸禄，而不是按照过去以百分之八十的额度进行支付。至淳化元年（990 年），太宗皇帝又对于曾经有过"中外职任"③ 经历的致仕官给以半俸，致仕官由此开始发放俸禄。

真宗景德四年（1007 年），颁布《文武官折支并给见钱六分诏》④，进一步对掌有所事的文武官员的折支和给现钱的情况予以规定。然而纵观上述调整方案，虽然一直在贯彻"益俸"之策，但是总的来看，都是局部性的调整，涉及范围并不是很大。至大中祥符五年（1012 年），颁布《定百官俸诏》，第一次在全国范围内对文武官员进行了加俸，上自三公、三师，每月月俸为一百二十贯，下至侍禁，每月月俸为三贯，涉及加俸官员之多尚属首次，以体现"推恩于赋禄"⑤。

宋初三朝对于官员俸禄的调整，经历了一个由幕职官、州县官到百官，由局部地区到全国的转变，这种转变有以下三个原因：其一，优遇职官，试图通过"经济赎买"的方式换取官员的忠心，因此不断颁布"益俸"之诏；其二，北宋立国之初，百废待兴，亟须发展农业生产，而幕职官、州县官任职于基层，最是鼓励并发展农业的骨干力量，因此注重提高活跃在基层一线的幕职官、州县官的待遇；其三，经历了太祖、太宗、真宗三朝的努力和恢复发展生产，国家经济得到了很好的复苏，国家财政收入有所提高，经济实力的增强为大范围、

---

① ［清］魏源：《皇朝经世文编》卷十五，载《魏源全集》第十四册，岳麓书社 2004 年版，第 11 页。

② 《宋大诏令集》卷第一百七十八，司义祖整理，中华书局 1962 年版，第 640 页。

③ ［宋］李焘：《续资治通鉴长编》卷三十一，中华书局 2004 年版，第 701 页。

④ 《宋大诏令集》卷第一百七十八，司义祖整理，中华书局 1962 年版，第 641 页。

⑤ 《宋大诏令集》卷第一百七十八，司义祖整理，中华书局 1962 年版，第 641 页。

全国性地增加官员俸禄提供了保障。而也正是有了北宋初期三朝的铺垫，才为后来《嘉祐禄令》的出台奠定了基础。

仁宗嘉祐二年（1057 年），三司使张方平等人上呈了十卷《新编禄令》，是为《嘉祐禄令》。《嘉祐禄令》的问世，在将"益俸"之策固定下来的同时，也改变了前朝以官品确定官员俸禄的规定，代之以本官确定俸禄。并且在俸禄的构成中，除了料钱，还有衣赐等，涉及春、冬二季中所需的绫、罗、绵等物，根据不同官员等级，确定不同的发放标准，共计四十一等。这次调整，不仅是对北宋前期俸禄之制调整的一次总结性更革，更代表着中国古代社会俸禄之制的又一次进步。

（二）元丰改制后至北宋末年："元丰制禄之法"[①]

神宗元丰年间，参照《唐六典》，进行官制改革，受此影响，原来以本官定俸禄的法律规定已经明显不适用于此时的官制了，故而，宋廷改为以寄禄官阶作为官员正俸的主要给付依据，但同时又考虑具体职任的俸禄之法，这一立法调整，兼顾了寄禄官阶和具体职任双轨并行的官制特点。同时，为适应这种双重俸禄标准兼行的状况，调整由此而产生的矛盾，对职钱的发放又进一步细化。[②]

为更好地看出"元丰俸禄之法"[③]与《嘉祐禄令》之间的差别以及个中变迁，现制表 6-1：

---

① ［元］马端临：《文献通考》卷六十五，中华书局 2011 年版，第 1966 页。

② 史载："凡职事官职钱，不言'行''守''试'者，准'行'给，衣随寄禄官例支；及无立定例者，并随寄禄官给料钱，米麦计实数给；应两给者，（谓职钱、米麦。）从多给。承直郎以下充职事官，（谓大理司直、评事，秘书省正字，太学博士、正、录，武学博士、谕，律学博士、正。）听支阶官请给。（衣及厨料、米麦不支。）"参见［元］脱脱等：《宋史》卷一百七十一，中华书局 1985 年版，第 4114 页。

③ ［元］马端临：《文献通考》卷六十五，中华书局 2011 年版，第 1966 页。

表 6-1　北宋京朝官俸禄对比①

《嘉祐禄令》					元丰制禄之法				
官名	料钱/千	衣赐			寄禄官阶	料钱/千	衣赐		
		春、冬绫，绢/匹	罗/匹	绵/两			春、冬绫，绢/匹	罗/匹	绵/两
三师、三公	120	10，30			开府仪同三司	120	10，30		
尚书左、右仆射	90	5，20			特进	90	10，25		
吏部尚书	60		1	50	金紫光禄大夫			1	50
其他五部尚书	60	5，17			银青光禄大夫	60	7，20		
					光禄大夫				
左、右丞	55	5，17			宣奉大夫	55			
诸行侍郎	55	5，17			正奉大夫	55	5，17	1	50
					正议大夫	55			
太子宾客	45	7，20			通奉大夫	55			
给事中、中书舍人	45	3，15			通议大夫	50			
谏议	40	3，15			太中大夫	50	3，15	1	50

---

① 数据来源：［元］脱脱等：《宋史》卷一百七十一，中华书局 1985 年版，第 4101—4111 页；龚延明编著：《宋代官制辞典》附表 27，中华书局 1997 年版，第 704—709 页。表格中并没有涉及全部官员，主要是依照元丰官制改革前后官称和寄禄官阶对应而制作，以此更直观地看出职官俸禄的沿革。

续表6-1

《嘉祐禄令》

官名	料钱/千	春、冬绫,绢/匹	罗/匹	绵/两
诸卿监	正卿、监45；少卿、监35	3，15，绢13		
郎中（前行郎中、中行郎中、后行郎中）	35	绢13		
侍御史	30	绢13		
起居郎、舍人	30	绢13		
左、右司谏，殿中侍御史	30	绢13		
左、右正言，监察御史，太常博士	20	绢10	1	30
太常，宗正、秘书、殿中丞，著作郎	20	绢7		
太子中允、中舍、洗马、赞善	18	绢7		
著作佐郎	17	绢6	1	20
大理寺丞	14	绢5		
诸寺、监丞	12	绢5		
大理评事	10	绢3		15
太祝、奉礼	8	绢5		
司天监主簿	5	绢3		15

元丰制禄之法

寄禄官阶	料钱/千	春、冬绫,绢/匹	罗/匹	绵/两
中大夫	45	3，15	1	50
中奉大夫	45			
中散大夫	45			
朝议大夫	35	绢30	1	50
奉直大夫	35			
朝请大夫	35			
朝散大夫	35			
朝奉大夫	35			
朝请郎	30			
朝散郎	30			
朝奉郎	30			
承议郎	20	绢10	1	30
奉议郎	20	绢7		30
通直郎	20			
宣教郎	17	绢6	1	20
宣义郎	12	绢5		15
承事郎	10	绢3		15
承奉郎	8			
承务郎	7			

通过表 6-1 对比我们可以发现，总的来说，元丰时期的俸禄之法，基本沿袭了《嘉祐禄令》的规定，而与表 6-1 相关联的有如下两个问题：

其一，位居使相之人地位尊崇，俸禄极具特点和代表性，在他们厚俸的背后渗透着两宋治官精髓。这些官员的俸禄规定并不是简单地按照位阶排位的。根据《嘉祐禄令》① 中的规定，宰相料钱明显低于使相，至元丰年间，一如宋初旧制。也就是说，身居高位之人并不完全受法律规定之约束。使相是以宰相兼将位②，俸禄颇高，是以显恩宠之意。这源于宋初君主吸取前朝武将擅权的教训之后，对武将的一种防范与忌惮，从而夺其实权，而给以经济上的优待，类似于一种"经济赎买"之策。

其二，官员之间俸禄收入差距悬殊。无论是《嘉祐禄令》还是"元丰制禄之法"③，都显示了不同位阶官员之间的俸禄差距，比如使相的料钱高达四百千之多，而特进之阶的官员，地位亦是不容小觑，却只有九十千，中间差了约四到五倍；若为承务郎，竟只有七千，与使相相差约五十七倍！显示了俸禄发放的严重不平衡。在看似"益俸"的背后，是居高位者得俸多，居低位者俸禄薄的现实。这是因为，居高位者距离皇权最近，是权力的暴风眼，最有能力和机会颠覆政权统治，同时也是帝王治国的"智库"储备人选，因此要以厚俸养之，拉拢之，诱惑之，控制之。

哲宗时期，对于官员俸禄的调整经历了从减少部分官员俸禄到恢复元丰旧制的变化。徽宗一朝，虽然以奉行元丰之制为中心，但是受蔡京等人擅权的影响，又于料钱、职钱外另立名目，以增收入，国家的财政支出又较之元丰年间"增倍矣"④。

总的来说，元丰改制后的俸禄之法在前期基本上遵循着"益俸"之策，且

① 史载："宰相，枢密使，月三百千。（春、冬服各绫二十四，绢三十四，冬棉百两。）枢密使带使相，侍中枢密使，（春、冬衣同宰相。）节度使同中书门下平章事已上及带宣徽使，并前两府除节度使及节度使移镇，枢密使、副、知院带节度使，四百千。"参见［元］脱脱等：《宋史》卷一百七十一，中华书局 1985 年版，第 4101 页。

② 史载："相而宠以将之名。"参见［元］马端临：《文献通考》卷六十四，中华书局 2011 年版，第 1923 页。

③ ［元］马端临：《文献通考》卷六十五，中华书局 2011 年版，第 1966 页。

④ ［元］马端临：《文献通考》卷六十五，中华书局 2011 年版，第 1966 页。

秉持惠官之政，君主首要考虑的仍是礼遇、优遇士大夫的问题，较之徽宗时期的"益俸"，虽然表面上都增加了官员俸禄，但是出发点却有所区别，继而对吏风造成的影响亦有所不同。

（三）南宋时期：《绍兴重修禄秩新书》与《绍兴重修禄秩敕令格》

总的来看，宋廷南渡之后，俸禄之法在参照《嘉祐禄令》、"元丰制禄之法"①以及徽宗一朝对俸禄调整的基础之上，稍有增损而成。就立法而言，从《绍兴重修禄秩新书》② 至《绍兴重修禄秩敕令格》③ 可见，南宋时期关于官员俸禄的法令规定源自此。其间虽有时受战争影响减少了宰执等官的俸禄，但也都是权宜而行，在此之后，不仅有添支钱，有料钱，还有厨食钱、茶汤钱等，总体呈现出名目繁多之态。其中文臣俸禄的主要内容如表6-2之规定：

表6-2　南宋文臣俸禄汇总④

官名		料钱/贯		衣赐		
				春冬绢、绫/匹	春罗/匹	绵/两
京朝官	开府仪同三司	100	料钱：一分见钱，二分折支。每贯折钱，在京六百文，在外四百文。到任添给驿料⑤	25，10	1	50
	特进	90				
	金紫光禄大夫	60		20，7	1	50
	银青光禄大夫	60				
	宣奉大夫	50		17，5	1	50
	正奉大夫	50				
	正议大夫	50				
	通奉大夫	50				

---

① ［元］马端临：《文献通考》卷六十五，中华书局2011年版，第1966页。

② 参见［宋］佚名：《皇宋中兴两朝圣政辑校》卷之二十，孔学辑校，中华书局2019年版，第642页。

③ 参见［宋］佚名：《皇宋中兴两朝圣政辑校》卷之二十三，孔学辑校，中华书局2019年版，第749页。

④ 数据来源：［元］马端临：《文献通考》卷六十五，中华书局2011年版，第1966—1967页；龚延明编著：《宋代官制辞典》附表37，中华书局1997年版，第724—729页。

⑤ ［元］马端临：《文献通考》卷六十五，中华书局2011年版，第1967页。

续表6-2

官名		料钱/贯		衣赐		
				春冬绢、绫/匹	春罗/匹	绵/两
京朝官	通议大夫	45	料钱：一分见钱，二分折支。每贯折钱，在京六百文，在外四百文。到任添给驿料	17，3	1	50
	太中大夫	45				
	中大夫	45				
	中奉大夫	45				
	中散大夫	45				
	朝议大夫	35		绢15	1	30
	奉直大夫	35				
	朝请大夫	35				
	朝散大夫	35				
	朝奉大夫	35				
	奉议郎	20		绢各10	1	30
	通直郎	18		绢各7	1	30
	宣教郎	15		绢各5		15
	宣义郎	12		绢各5		15
	承事郎	10		绢各5		15
	承奉郎	8				
	承务郎	7				

续表6-2

官名		料钱/贯			衣赐		
					春冬绢、绫/匹	春罗/匹	绵/两
幕职州县官	承直郎	25	10	米六斗，面一石五斗	40，20	1	绢6，绵12
	儒林郎	20	10	米六斗，面一石五斗	20，15		绢5，绵10
	文林郎	15	10	米六斗，面一石五斗	20，15		绢5，绵10
	从仕郎	15	10	米、麦各二石			
	从政郎	15	10				
	修职郎	15	10				
	迪功郎	12	10	米、麦各一石五斗			
以上钱折支中给一半见钱，一半折支。每贯折见钱七百文，厘务日给，满替日住①							

总的来看，南宋时大体上沿用了北宋元丰之后所定的俸禄之法的基本内容，仍以寄禄官阶为料钱发放的主要依据，且单从料钱数额上来看，开府仪同三司从一百二十降到一百，自金紫光禄大夫而下，除有七阶②有所减少以外（但减少幅度在五贯钱以内，并不大），其余保持不变。

纵览两宋时期俸禄之法的沿革路径，大体经历了下述三个变化阶段：自《嘉祐禄令》颁布起，俸禄之法相较于前朝而言有了跨越式发展，开始以本官为料钱发放的主要依据；至元丰改制，俸禄之法呈现出极具宋廷特色的以寄禄官阶为料钱发放依据，且同时考虑具体职任的双轨并行；再到南宋时期，因战争等不利因素的影响以及国家财政紧缩的现状，宋廷虽一度缩减官员俸禄，但也

① ［元］马端临：《文献通考》卷六十五，中华书局2011年版，第1967页。
② 七阶：宣奉大夫，正奉大夫，正议大夫，通议大夫，太中大夫，通直郎，宣教郎。

只是权宜之计，官员俸禄名目更加繁多。虽然俸禄之法不断发生着变化，但始终没有脱离"益俸"这根主线，这与两宋时期优遇职官，企图通过"经济赎买"的策略实现对职官的拉拢和管理息息相关。在两宋君主看来，只有以丰富的物质为饵，吸引职官坚定地投身于国家建设，忠心不二，才是增加中央向心力和实现政权稳固的重要途径。

二、对皇亲宗室厚禄以养

在《嘉祐禄令》中还可以看到对皇亲宗室所施行的厚禄以养的设计。这是为防止皇亲宗室干政情况的发生而制定的驭人之策，将由政治上的防范所产生的内部矛盾为经济上的优厚待遇所中和。因此，皇亲宗室的俸禄数额远远高于百官，对比如表6-3：

表6-3　皇室宗亲充任武职情况对比①

官名	人员类别	料钱/千	衣赐		
			春冬绫、绢/匹	罗/匹	绵/两
观察使	一般武职充任	200	绢 10		50
	皇族充任	300	绢 15，绫 10	1	50
诸卫上将军	一般武职充任	60	绫 5，绢 10	1	50
	皇子充任	200	绫 10，春绢 10，冬绢 20	1	50
大将军	一般武职充任	25	绫 3，绢 7	1	30
	皇亲任大将军、遥领刺史	80	绫 10，绢 15		50
	皇亲任大将军	60	绫 10，春绢 15		50
诸卫将军	一般武职充任	20	绫 2，绢 5	1	20
	皇亲充任	30	绫 2，绢 5	1	40

---

① 数据来源：[元] 脱脱等：《宋史》卷一百七十一，中华书局 1985 年版，第 4103—4105 页；龚延明编著：《宋代官制辞典》附表 27，中华书局 1997 年版，第 704—709 页。

续表6-3

官名	人员类别	料钱/千	衣赐		
			春冬绫、绢/匹	罗/匹	绵/两
太子率府率	一般武职充任	13	绢5	1	15
	皇族充任	20	绫2，绢5	1	40
诸太子率府副率	一般武职充任	13	绢5	1	15
	皇族充任	15	绫2，绢5	1	40

通过表6-3的内容可以发现，仅就《嘉祐禄令》中部分官职作以对比，且仅以俸料和衣赐二项为主，就可以看出在同一官职之下，由皇亲宗室充任所获得的经济待遇是高于由其他一般武职充任的。而这种对于宗室的优宠，虽然是赵宋王朝巩固其统治的措施之一，但正如朱熹所言[1]，使得国家财政负担日益严重。

三、高、低级职官俸禄之入多寡悬殊

构成两宋时期官员俸禄的名目非常多，主要有三：正俸、加俸、职田。而其中任何一个名目，都能体现高级官员与低级官员之间的俸入差距悬殊。

（一）正俸

正俸中的料钱和衣赐在上文中已经有所涉及，接下来主要讨论的是关于禄粟的问题。禄粟主要由米和麦组成，是官员所获粮食的来源，共计十八等，如表6-4所示：

---

① 史载："宗室俸给，一年多一年。骎骎四五十年后，何以当之？"参见〔宋〕黎靖德编《朱子语类》卷第一百一十一，王星贤点校，中华书局1986年版，第2720页。

表6-4 北宋官员禄粟情况①

官名		禄粟/石	等级
枢密使带使相，节度使同中书门下平章事以上及带宣徽使，前两府官员除节度使，枢密使、副、知院事带节度使		200	1 等
三公、三少等		150	2 等
观察、防御使，皇族任节度使，宰相，参政，枢密使等，宣徽使，签枢，检校太保，尚书左、右丞，太尉等		100	3 等
权三司公事，团练使等		70	4 等
刺史等		50	5 等
权发遣三司使		35	6 等
刺史中除皇族及军班以外正任者		30	7 等
内客省使，两省都知、押班，通侍大夫遥领刺史等		25	8 等
诸卫大将军、将军遥领刺史		10	9 等
赤县令		7	10 等
畿县知县	一等畿县知县	6	其中：一等畿县知县；二等畿县知县，一等县令，京府司录参军，一等诸州（转下页）
	二等畿县知县	5	
	三等畿县知县	4	
	四等畿县知县	3	

① 数据来源：［元］脱脱等：《宋史》卷一百七十一，中华书局1985年版，第4119—4121页；龚延明编著《宋代官制辞典》附表30，中华书局1997年版，第714—715页。其中：自将军遥领刺史至节度使，其禄米一石中给六斗，米、麦各半；其中管军支六分米，四分麦。同时，表中职官官名多用简称或别名。简称和别名主要参考龚延明编著：《宋代官制辞典》，中华书局1997年版。

续表6-4

官名		禄粟/石	等级
县令	一等县令	5	录事参军；三等畿县知县，二等县令，二等诸州录事参军，一等司理、司法参军，四京军巡、判官等；四等畿县知县，三等诸州录事参军，二等诸曹参军，二等司理、司法参军，一等诸县主簿、尉；二等县主簿、尉，二等司户参军，军、监判官，防团练推官，灵台郎，保章正等。分别为 11、12、13、14、16 等。分别为 6 石、5 石、4 石、3 石、2 石
	二等县令	4	
	三等县令	3	
录事参军	京府司录参军	5	
	一等诸州录事参军	5	
	二等诸州录事参军	4	
	三等诸州录事参军	3	
诸曹参军	一等诸曹参军	4	
	二等诸曹参军	3	
司理、司法参军	一等司理、司法参军	4	
	二等司理、司法参军	3	
司户参军	一等司户参军	3	
	二等司户参军	2	
诸县簿、尉	一等诸县簿、尉	3	
	二等诸县簿、尉	2	
内侍省黄门内品在京人事		2.5	15 等
内侍省黄门，入内内侍省打牧祗应		1.5	17 等
入内内侍省云韶部内品，内侍省入内小黄门，殿头内侍，入内高班		1	18 等

根据表 6-4 的内容可以看出，在禄粟方面，官员差距非常大。最高一等的官员可得 200 石，而最低一等的官员却只有 1 石，中间相差了 200 倍，尤其是低阶选人，任职于州县的官员，禄粟更是少得可怜。熙宁四年（1071 年），虽然颁布了试图增加选人的禄粟的诏令，然而增加的数额只是量的多少，并没有实质性地改变差距过大这一事实。其中 376 名县令和录事参军，米麦从 3 石升至 4 石；2513 名主簿、县尉以及司户、司法和司理，米麦从 2 石升至 3 石；172 名防

御、团练、军事推官等米麦从 2 石升至 3 石。这样一来，每月总计增加米麦支出 3070 余石。[1]

(二) 加俸

加俸是官员在正俸之外的另一项重要收入，名目更是繁多，是官员俸禄的重要组成部分。

1. 职钱

职钱的发放对象主要是在京职事官。主要内容如表 6-5 所示：

表 6-5　由北宋至南宋，职钱对比情况[2]

官名	北宋			南宋		
	职钱/贯			职钱/贯		
	行	守	试	行	守	试
开封府尹	100	90	80	100		
御史大夫，六部尚书	60	55	50	60	55	50
六曹侍郎	55	50	45	55	50	45
翰林学士承旨，翰林学士	50			50		
太子宾客、詹事	50	47	45	50	47	45
给事中，中书舍人	50	45	40	50	45	40
左、右谏议大夫	45	40	37	45	40	37
秘书监	42	38	35	42	38	35
中书、门下省检正诸房公事，尚书左、右司郎中	40	37	34	40	37	35
太常、宗正卿	38	35	32	38	35	32
起居，舍人，侍御史，左司员外郎，右司员外郎，尚书六曹郎中	37	35	32	37	35	32

---

① 参见［元］脱脱等：《宋史》卷一百七十一，中华书局 1985 年版，第 4121 页。
② 数据来源：［元］马端临：《文献通考》卷六十五，中华书局 2011 年版，第 1969—1970 页；黄惠贤、陈锋：《中国俸禄制度史》（修订版）表 6-6，武汉大学出版社 2012 年版，第 240—241 页。

续表6-5

官名	北宋			南宋		
	职钱/贯			职钱/贯		
	行	守	试	行	守	试
七寺卿，国子祭酒	35	32	30			
太常，宗正少卿，秘书少监				32	30	28
太子少詹事	35	32	30	35	32	30
太子左、右谕德	32	30	29	33	30	29
殿中侍御史，左、右司谏	35	32	30	35	32	30
诸司员外郎	35	32	30	35	32	30
少府、将作、军器监	32	30	28	30	28	25
左、右正言	32	30	27	32	30	27
监察御史	32	30	27	32	30	27
少府、将作、军器少监	30	28	25	30	28	25
国子司业	32	30	28			
太子侍读，太子侍讲	25	22	20	25	22	20
秘书丞，大理正，著作郎，太医令	25	22	20	25	22	20
太常、宗正、知大宗正丞	25	22	20			
太子中舍，太子舍人	22	20	18	20	19	18
七寺丞	20	20	18	22	20	
秘书郎，著作佐郎	20	20	18	20	20	18
太常博士	20	20	18	22	20	
大理司直、评事	22		18	22		18
国子监丞	22	20		22	20	
宗学、太学、武学博士	20	18	16	20	18	16
少府、将作、都水监丞	20	18		20	18	
御史检法官，主簿	20	18		20	18	
太学正、录，武学谕	18	17	16	18	17	16
律学博士	18	17	16	18	17	16
秘书省校书郎	18	16	14	18	16	14

续表6-5

官名	北宋			南宋		
	职钱/贯			职钱/贯		
	行	守	试	行	守	试
太常寺太祝、郊社令	18	16		18	16	
秘书省正字	16	15	14	16	15	14
太常寺奉礼郎	16			16		

根据表6-5将北宋时期和南宋时期官员职钱情况作一对比，可以发现除了部分数量上的细微调整以外，没有太大变化。

2. 元随傔人衣粮和餐钱

两宋时期，不仅任职官员有相应的俸禄，并且对于官员的随从，国家亦给予相应的福利待遇，这样一来，国家替这些配有随身、傔人之官①减轻了一部分负担，是优遇百官的另一种表现形式。同时，根据不同职任等级，确定不同的随身、傔人数量，其中位居宰相、枢密使之职者可有70人②，使相可达100人之多，而"录事"等官却只有1人③。关于傔人的餐钱，其中二府、三司等官员的随从配有衣粮，但剩下官员的随从却只有餐钱。④ 这种给为官之人随从衣粮和餐钱的规定，一定程度上缓解了官员的经济压力，出发点和落脚点仍是以优越的待遇条件优宠百官。这种以国家财政为支撑所形成的后备补给，一定程度上也成了官员俸禄的一种变形。当然应该看到，不仅仅是职官俸禄有等级差异，他们的随从亦有等级之别，高级别官员的随从有衣粮，低级别官员的随从却只有餐钱，真可谓将等级制贯彻得非常彻底。

---

① 史载："任宰相执政者有随身，任使相至正任刺史已上者有随身，余止傔人。"参见 [元] 脱脱等：《宋史》卷一百七十一，中华书局1985年版，第4122页。

② 史载："宰相旧五十人衣粮，二十人日食，后加。"参见 [元] 脱脱等：《宋史》卷一百七十一，中华书局1985年版，第4122页。

③ [元] 脱脱等：《宋史》卷一百七十一，中华书局1985年版，第4123页。

④ 史载："中书、枢密、宣徽、三司及正刺史已上，皆有衣粮，余止给餐钱。"参见 [元] 脱脱等：《宋史》卷一百七十一，中华书局1985年版，第4123页。

3. 茶酒厨料与薪炭盐诸物

宋廷不仅给职官发放茶酒以及厨料①，还负责给官员发放薪、炭、盐等，具体情况如表 6-6 所示：

表 6-6　薪、炭、盐诸物发放情况②

官名	薪/束	蒿/束	炭/秤	盐/石	给马刍粮/匹	纸
宰相，枢密使	1200		自十月至正月二百秤，剩下月份为100秤	7	给马刍粟者，共 7 等：自 20 匹至 1 匹	中书，枢密，宣徽，三司，宫观副使，判官，谏官，皆月给焉③
参知政事，宣徽使等	400		30	2		
三部副使，枢密都承旨	150					
枢密副都承旨，中书提点五房	100					
开封判官，节度判官	20	40				
开封推官，掌书记，支使，留守、节度推官，防、团军事判官	15	30				
留守判官	20	30				
防、团军事推官	10	20				
文明殿学士，资政殿大学士，龙图阁学士			15			
都承旨			20			
节度使				7		
留后，观察，防御，团练，刺史				5		

① 史载："学士、权三司使以上兼秘书监，日给酒自五升至一升，有四等，法、糯酒自一升至二升，有二等。又官观副使，文明殿学士，（即观文。）资政殿大学士，龙图、枢密直学士，并有给茶。节度使、副以下，各给厨料米六斗，面一石二斗。"参见［元］脱脱等：《宋史》卷一百七十一，中华书局 1985 年版，第 4124 页。

② 数据来源：［元］脱脱等：《宋史》卷一百七十一，中华书局 1985 年版，第 4124—4125 页。

③ ［元］脱脱等：《宋史》卷一百七十一，中华书局 1985 年版，第 4125 页。

从表6-6可以看出，单就薪一项来说，宰相和枢密使可获得1200束的薪，而参知政事、宣徽使等则只有400束薪，相差了3倍之多，到防、团军事推官则只有10束薪，且夹杂有20束蒿了，薪与蒿虽然都可以燃烧，但是燃烧效果和耐烧度却是不一样的，这中间体现的不仅仅是数量上的差别，更是待遇上的天地之别。再看炭、盐、纸和给马的粮草，宰相基本上都是有的，而越往下，即便是三部副使，也没有炭了。

（三）职田

职田至北宋咸平年间开始正式恢复，其间又经历了仁宗庆历和神宗熙宁年间的不断调整，沿用至南宋，是在职官员的一种重要补贴。

咸平二年（999年），宰相张齐贤陈乞外任官员分配职田，以作补贴之用。①至庆历三年（1043年），颁布《定职田诏》，具体情况如表6-7所示：

表6-7 《定职田诏》②

分类	官员	职田/顷
大藩	长吏	20
	通判	8
	判官	5
	幕职官	4
节镇	长吏	15
	通判	7
	判官	4
	幕职官	3.5

---

① 史载："两京、大藩府四十顷，次藩镇三十五顷，防御、团练州三十顷，中上刺史州二十顷，下州及军、监十五顷，边远小州、上县十顷，中县八顷，下县七顷"。参见〔宋〕李焘：《续资治通鉴长编》卷四十五，中华书局2004年版，第955页。

② 数据来源：《宋大诏令集》卷第一百七十八，司义祖整理，中华书局1962年版，第642页；〔元〕脱脱等：《宋史》卷一百七十二，中华书局1985年版，第4146页。

续表6-7

分类	官员		职田/顷
防、团以下州军	长吏		10
	通判		6
	判官		3.5
	幕职官		3
其余军、监	长吏		7
	判官		3.5
	幕职官		3
诸州府军监辖下	县令	万户以上	6
		五千户以上	5
		不满五千户	4
	簿、尉	万户以上	3
		五千户以上	2.5
		不满五千户	2

通过对咸平、庆历和熙宁[①]年间的职田变化情况进行梳理，可以发现：

其一，由自咸平年间以行政区划为主要划分标准变为庆历年间始以具体官员为职田支付标准。咸平职田从两京、大藩府至下县共分为 8 等，职田分配根据行政区划分为 40 顷至 7 顷不等。至庆历之后职田的划分依据转化为具体官员，根据官员所知、所任藩府州县的大小以及级别等级的不同，而给予相应不同的职田数额。

---

① 史载："凡知大藩府（三京、京兆、成都、太原、荆南、江宁府，延、秦、扬、杭、潭、广州。）二十顷，节镇十五顷，余州及军（淮阳、无为、临江、广德、兴国、南康、南安、建昌、邵武、兴化。）并十顷，余小军、监七顷。通判，藩府八顷，节镇七顷，余州六顷。留守、节度、观察判官，藩府五顷，节镇四顷。掌书记以下幕职官三顷五十亩。防御、团练军事推官，军监判官三顷。令、丞、簿、尉，万户以上，县令六顷，丞四顷；不满万户，令五顷，丞三顷；不满五千户，令四顷，丞二顷五十亩。簿、尉减令之半。藩府、节镇录参，视本州判官，余视幕职官。藩府、节镇曹官，视万户县簿、尉，余视不满万户者。"参见 ［元］ 脱脱等：《宋史》卷一百七十二，中华书局 1985 年版，第4147 页。

其二，咸平年间以行政区划为划分标准，并在此基础之上做了种种规定，但是在政策落地的过程中，外任之官往往多占田地，剥削民力，"致民无告"①。真宗皇帝遂于大中祥符九年（1016 年）颁布《诫约职田遵守元制诏》②，令百官遵守规制，如遇灾害之年，更要体恤百姓。正是因为在施行过程中有如此多的不利因素，使得本就分配不均的职田更是存在多占和滋扰客户的现象，故而在其后的仁宗年间开始历经变革。天圣七年（1029 年），仁宗皇帝因忧于职田不均，遂颁布《罢职田诏》，废罢天下职田，以每岁所收租课入三司，以时价评估，"均给之"③。然而这边朝廷的诏令还未完全施行开来，那边仁宗皇帝在审核狱讼的时候就发现，官员多是收受贿赂，败坏狱讼者甚多，"恻然伤之"④，遂又恢复了职田之制，以惠官员，并且在《复职田诏》中要求官员不得多占职田，滋扰佃户，如有违者"以枉法论"⑤。又十余年后，庆历三年（1043 年），颁布《定职田诏》⑥，开始以具体职官得田多少为划分依据。之后神宗熙宁年间亦有关于职田的规定，但划分依据没有过多变化。总体来看，整个职田的废立主要围绕着是否惠官而进行，虽然在这个过程中对百姓的利益有所兼顾，但宋廷从"顾全大局"的角度考虑，念兹在兹的仍然是以惠百官，也就是说，职官群体的利益才是君主真正关切的重点。

其三，划分依据变化所带来的影响。由于咸平年间是以行政区划为标准的，而到了庆历年间却以具体的官员为支给标准，这样一来，职田数量就大大增加了，咸平年间规定大藩镇为 40 顷，而庆历年间则为长吏 20 顷，通判 8 顷，判官 5 顷，幕职官 4 顷，简单相加已是 37 顷，更不能算具体官吏人数，更是在 40 顷之上，是故已是"三倍"⑦ 于旧数了。这样一来，看似更为合理的改革背后是

① ［元］脱脱等：《宋史》卷一百七十二，中华书局 1985 年版，第 4146 页。
② 史载："自今天下群官职田，并须遵守元制，无扰客户，遇灾渗且蠲省之。"参见《宋大诏令集》卷第一百七十八，司义祖整理，中华书局 1962 年版，第 641 页。
③ 《宋大诏令集》卷第一百七十八，司义祖整理，中华书局 1962 年版，第 641 页。
④ ［元］脱脱等：《宋史》卷一百七十二，中华书局 1985 年版，第 4146 页。
⑤ 《宋大诏令集》卷第一百七十八，司义祖整理，中华书局 1962 年版，第 642 页。
⑥ 《宋大诏令集》卷第一百七十八，司义祖整理，中华书局 1962 年版，第 642 页。
⑦ ［宋］李焘：《续资治通鉴长编》卷一百四十五，中华书局 2004 年版，第 3511 页。

给予职官更厚的优待，带给百姓更重的负担；同时随着职官人数日益增多，职田数量也是越发扩增，百姓养官的担子也是越发沉重。

至南宋绍兴年间，为缓解职田不均所带来的矛盾，诏令诸路宪司总体负责调拨之事。同时令通判、县令负责复核监督，防止盘剥百姓，若有不法行为，由监司监察"坐以赃罪"①。

纵观两宋时期的职田之法，可以发现如下特点：

其一，职田不均问题一直存在。无论是咸平、庆历、熙宁，还是至南宋时期对于职田的改革，都不能完全使职田分配公平，多是照顾特定行政区域内的高级官僚，而对于偏远地区的基层官员照顾甚少，即使有所顾及，其与高级官员之间的差距也不是一星半点。这种深层次的矛盾使职田之法无论怎么更革，都不可能实现真正的公平。

其二，职田之法对百姓利益的侵夺。纵观两宋，任何一道与职田相关的诏令都规定官员不许非法侵夺民利，这种反复的强调正是因为社会存在这样的问题，且官员做不到不渔利百姓，而他们对于百姓的渔利使得农民的负担又加一层，基层民众的生活更为艰苦。看似惠官的职田之策的背后，是百姓逐渐被压得直不起来的脊梁。

其三，职田之法的总目标是惠官、拢官、得官。总的来说，虽然君主意识到了职田之法确实存在侵害百姓利益的一面，而且也有分配不均的问题存在，但是确实扩宽了官员的俸禄来源，为入仕之官尤其是外任之官提供了又一重保障，既鼓励了官员积极出领外任，又能达到惠官、拢官、得官之效。而种种措施归根结底就是为了增强职官对中央的向心力和对君主的忠诚度，而由此所产生的种种弊端则可作为次要矛盾。

此外，在正俸、加俸和职田之外，两宋时期给予官员在政务活动中的经济保障也是非常丰厚的，不仅有公使钱，还有给券等。

其一，公使钱。公使钱为专门用以官员之间公务往来的活动经费。由于这

①　[元] 脱脱等：《宋史》卷一百七十二，中华书局1985年版，第4151页。

项费用可以由官员自行支配，故而又成了一项收入来源。公使钱的设置，在初期确实要求严格，需知、通二人"连署以给用"①，而后期由于吏治败坏，腐化现象严重，公使钱由原来的常规公务开支逐渐演变成了滋生官员之间大兴宴请、馈赠之风的温床，仅淳熙年间，范致能一行人一次吃饭的费用就高达"千余缗"②。这种拿着公使钱大肆铺张浪费的现象不绝于此。公使钱在设立之初，是为了进一步提高官员待遇，使其在公务宴请等正常的对公事务中免于自掏腰包，但是却被不法之官用于交结私情，大肆挥霍，这种在实际使用中的偏离，使宋廷本已入不敷出的经济状况雪上加霜，而为了满足日益增多的公使钱支出，朝廷只能变本加厉地盘剥手无寸铁的百姓，致使社会底层民众有苦难说，不堪其扰，生活多艰。

其二，给券。给券是给予官员在上任或者因公差旅途中所住、所食等的证明凭证，持有驿券、仓券或馆券的官员可以在所经之地免费吃、住，并且这种给券不仅可保证官员本人使用，对于其随行人员的吃住甚至所用牲口之饲料亦有规定。

根据不同官员的等级，给券的内容、范围亦有差别。③ 并且根据赴任地区的不同，给券情况亦有差别。④

给券的设立，对于因公在途的官员来说可谓减少了后顾之忧，使官员免于担忧途中所需，尤其对于俸禄本就不高的低级官员来说，更是体现了国家对他们的经济照顾，这种给予官员优厚待遇的方式，更是将宋廷以经济方式拉拢、赎买百官忠心的意图展现得淋漓尽致。

综上，两宋时期的官员俸禄水平从总体上来看是非常高的，这与宋廷对职官的优遇之策相关，但是具体来看，官员内部的俸禄差距也是非常大的，宋廷

① ［元］脱脱等：《宋史》卷一百七十二，中华书局 1985 年版，第 4144 页。

② ［宋］李心传：《建炎以来朝野杂记》甲集卷十七，徐规点校，中华书局 2000 年版，第 395 页。

③ 史载："中书、枢密、三司使有随身而无牙官、军将随；诸司使以上有军将、橐驼。余皆有牙官、马驴，惟节、察有宾幕。诸州及四夷贡奉使，诸司职掌祗事者，亦有给焉。"参见［元］脱脱等：《宋史》卷一百七十二，中华书局 1985 年版，第 4145 页。

④ 史载："赴任川峡者，给驿券，赴福建、广南者，所过给仓券，入本路给驿券，皆至任则止。"参见［元］脱脱等：《宋史》卷一百七十二，中华书局 1985 年版，第 4145 页。

对于高级职官的待遇确实非常优厚，无论是货币还是实物甚至是随从的配备都令下层官僚可望而不可即。这是因为高级职官位高权重，距离权力的核心位置较近，对皇权的潜在威胁也就更大，既然高俸是一种经济收买，自然要着重收买高级职官，而厚俸的背后渗透的是君主的驭下之心，希望以收买之途，博臣下感恩之心，灭不臣之心。

虽然整个官僚队伍的俸禄水平呈整体的上升趋势，但是在其内部又高下悬殊。仅看元丰时期的规定，在朝官内部，特进的料钱为九十千，而通直郎却只有二十千，中间差了四倍之多；在京官内部，宣教郎为十七千，承务郎为七千，相差二倍多。而朝官与京官之间的差距也是非常之大的，朝官最低的料钱也比京官最高的料钱多三千，再看南宋时期，朝官最低料钱收入与京官最高料钱收入亦有三千之差。可见无论是朝官内部还是京官内部，或是朝官与京官之间的官员俸禄差距都是明显的，而这也仅是料钱一项。而选人的料钱，更是与京朝官差距悬殊。熙宁四年（1071 年），朝廷也意识到了选人俸薄且不均，贫穷至无法自养之窘境，试图增加俸禄额度，改善选人境遇。[①] 然而这种增加并不足以缩小其与京朝官俸禄之间的悬殊差距。

此外，据元祐元年（1086 年）上官均统计之数据来看，自朝议大夫而下至承务郎的京官人数，总计 2800 余人，而选人却有"一万余人"[②]，选人占比在北宋时期就已经达到了 80% 左右，根据《嘉定四选总数》中的统计，尚左一共2392 人，侍左一共 17006 人，选人占文职官员总数的比例也已经达到了约87.7%。[③] 这些占据文官绝大部分的群体却处于俸禄的低水平线上，这种严重的不平衡也造成了官员内部的不稳定，悬殊的俸禄差距不仅激起了官员大肆盘剥百姓的"积极性"，更在中上层官员和低层官员之间埋下了矛盾的种子。

---

① 史载："增县令、录事参军俸钱至十五千、米麦四石，司理司法司户参军、主簿、县尉、防团军事推官、军监判官钱十二千、米麦三石，每月通增俸钱一万二千余缗、米麦二千八十余石。其三班使臣短使并押纲运，并靡费不易，欲令三司勘会，开画以闻。"参见 [宋] 李焘：《续资治通鉴长编》卷二百二十六，中华书局 2004 年版，第 5515—5516 页。

② [宋] 李焘：《续资治通鉴长编》卷三百八十六，中华书局 2004 年版，第 9401 页。

③ 参见 [宋] 李心传：《建炎以来朝野杂记》乙集卷十四，徐规点校，中华书局，2000 年版，第 757—758 页。

四、影响两宋职官俸禄制形成的因素

赵宋一朝的整体经济状况一度达到了自汉唐以来之峰值，为国家推行"益俸"之策，给予职官厚俸提供了较好的物质基础和经济保障，正向促进了职官厚俸的不断发展；与此同时，物价水平自国初的"至贱"开始一路呈现上涨趋势，迫使宋廷不得不提高职官的俸禄水平，以求保障职官自养。这种厚俸政策一方面反映了宋廷对于职官之优待，但另一方面也可以看出通货膨胀的出现。而这种试图依靠不断增加的俸禄额度对冲不断上扬的物价水平的做法，使国家财政负担日益严重。

（一）经济状况

从经济繁荣与发展的角度来看，两宋时期可谓古代社会商品经济的发展黄金期。开放的土地政策加速了土地流转，土地私有与交易得到了法律的肯定与保护，农民的人身束缚关系进一步减弱，自耕农出现。随着自耕农数量增多，农业发展迅速，农民安居乐业，辛苦耕作，为国家赋税的征收提供了保障。同时，手工业与商业也恰逢繁荣与发展的机遇期。而商业的发展主要集中于城市中，大城市的出现为商业的发展奠定了基础，并且出现了夜市，商业区与居民区亦没有如唐朝般严格的区域界定。

总体来看，两宋时期的经济发展形势是非常好的，这种良好的经济发展趋势为国家积累了雄厚的物质财富，使政府有财力为职官的厚俸提供保障。因此两宋时期高度发达的经济状况是职官厚俸的物质基础。

（二）物价水平

两宋时期的物价整体水平虽中间小有起伏，但总体上涨趋势并没有改变。

1. 北宋中前期

北宋初期物价总水平维持在一个较低的基准之上。北宋中期，随着宋与西夏战事的打响，物价一路上涨。

就北宋初期而言，米、麦价格都是很低廉的。比如山西地区的米价一斗只需"十余钱"①。至大中祥符元年（1008 年），米价一斗不过"钱七、八"② 而已。故而总的来看，北宋初期的米价基本在十余钱上下，不超其数。而麦价每斗也不到"十钱"③。然而，由于两宋时期一个官员背后往往承担的是一个家族的基本生活所需，故而面对庞杂的开支，即使再贱的物价，官员仍会感觉力不从心，这也是身居要职的杨亿宁可舍弃知制诰之职，也恳请赴任物价较低之地的原因。

至北宋中期，受与西夏开战之影响，物价开始呈持续上涨的趋势，包拯在《请免陈州添折见钱》中写道，小麦价格已经达到每斗要价"五十文"④，江浙区域米价更是贵出十倍有余。

2. 神宗朝至北宋末年

由于王安石变法的施行，一些经济政策得以短暂落实，物价暂时回落，然而随着变法的失败，徽、钦二朝战争又起，物价更是再次扬升。⑤ 根据记载，靖康二年（1127 年）三月，在京城被敌军围困的半年之中，米、麦、羊肉、猪肉、驴肉等价格甚高。⑥

总的来看，到北宋末年，单就米价而言，增长幅度不可谓不大，从北宋立国之初斗米只有几钱，到了靖康年间一石米可达两千甚至三千，这种物价膨胀是惊人的。

3. 南宋时期

宋廷南迁，战事仍未断，流民失其土地与居所，很多田土亦是荒芜，无人

①　［清］俞樾：《茶香室四钞》卷二十五，中华书局 1995 年版，第 1873 页。
②　［宋］李焘：《续资治通鉴长编》卷七十，中华书局 2004 年版，第 1567 页。
③　［宋］李焘：《续资治通鉴长编》卷七十，中华书局 2004 年版，第 1570 页。
④　［宋］包拯：《包拯集编年校补》卷一，杨国宜整理，黄山书社 1989 年版，第 14 页。
⑤　史载："熙、丰以前，米石不过六七百，时盐价斤为钱六七十，今米价石两千五百至三千。"参见［元］脱脱等：《宋史》卷一百八十二，中华书局 1985 年版，第 4451 页。
⑥　史载："斗米二千，斗麦二千四百，羊肉一斤七千，猪肉一斤四千，驴肉一斤二千五百，酱一斤五百，油一斤一千八百。"参见王仲荦：《金泥玉屑丛考》卷八，郑宜秀整理，中华书局 1998 年版，第 261 页。

耕作，加之自然灾害的影响，生产力出现不足，通货膨胀更甚。① 到南宋末年，物价水平更是攀升至峰值②。

要而言之，从北宋到南宋，物价虽时有波折，但总体的上升趋势并没有改变，这种不正常的持续攀升，一方面使得国贫民困，社会矛盾激增；另一方面迫使宋廷不断调整职官俸禄，用以保障官员的物质生活水平。

五、对俸禄制实施效果之评估

不可否认的是，两宋的职官俸禄制确实起到了惠官、拢官、诱官的作用，尤其对于高级官员而言，可谓优待至厚，对于俸禄制的优势在上文中已有说明，兹不赘述，下面笔者主要对实施中的缺陷进行评估。

（一）对财政之影响

1. 厚俸之下，积贫日重

我们应该看到，一国之经济纵使如何繁荣，但是这种经济发展所能提供的物质支持并不是毫无限度的，一旦国家的财政支出远远超过了收入增长的速度，超出了国家财政所能承受的必要限度，那么即使再繁荣的经济发展亦不足以保障国家财政不陷入积贫之困境。两宋亦然，虽然经济空前发达，但是庞大的俸禄开支使得国家财政入不敷出，再发达的经济所带来的物质收入亦抵不过官俸增长的速度和数额，久而久之，积贫成了两宋财政实际状况的代名词。

一方面职官员数激增。宋自立国之初，大开科举之门，入仕官员激增。此外，官、职、差遣分授，更是增加了职官员数；另一方面两宋推行"益俸"之策。职官员数和厚俸二者共同作用，影响并导致了国家财政积贫现象的出现，即不断增加的官员数量的背后就意味着不断增加的职官俸禄开支，而高额的养

---

① 史载："观太平兴国至熙宁止百余年，熙宁至今亦止百余年，田价、米价乃十百倍蓰如此。"参见［宋］岳珂：《愧郯录》卷第十五，朗润点校，中华书局 2016 年版，第 200 页。

② 参见黄惠贤、陈峰：《中国俸禄制度史》（修订版），武汉大学出版社 2012 年版，第 281 页。

官费用来自国家财政支出，当这笔费用超过整个财政体系所能承受的限度之时，必然使国家财政入不敷出，造成巨大负担。

2. 厚俸迫使国家加大了对百姓的赋税征收力度，加重了百姓的负担

根据史书记载，北宋初期至南宋光宗时期的岁收之数是呈倍增之势增长的。① 同时，在熙宁年间，财政收入虽倍数增长，却"费尽之"②。此外，单就景德、庆历两个时期的商税、酒课、盐课三税进行对比：

表 6-8　景德和庆历两个时期三税对比情况③

三税	年份		增长
	景德	庆历	
商税	450 余万缗	1975 万余缗	约 4.39 倍
酒课	355 万余缗	1710 万余缗	约 4.82 倍
盐课	355 万余缗	715 万余缗	约 2.01 倍

通过表 6-8 可以看出，仅真宗至仁宗短短数十年间，三税就增加了两至四倍不等，可见对于百姓剥削力度的增强。而王夫之在总结官员侵扰百姓的三方面原因时，占首条的便为赋税。④ 单就二税之数额，也是唐朝的七倍有余。⑤

从北宋至南宋，岁入之数持续上涨，尤其是从北宋徽宗时期开始征收的经、总制钱，虽然增加了国家财政收入，但也加重了人民的负担。而刺激国家加大

---

① 史载："国朝混一之初，天下岁入缗钱千六百余万，太宗皇帝以为极盛，两倍唐室矣。天禧之末，所入又增至二千六百五十余万缗。嘉祐间，又增至三千六百八十余万缗。其后月增岁广，至熙、丰间，合苗、役、易、税等钱，所入乃至六千余万。元祐之初，除其苛急，岁入尚四千八百余万。渡江之初，东南岁入不满千万，逮淳熙末，遂增六千五百三十余万焉。今东南岁入之数，独上供钱二百万缗，此祖宗正赋也；其六百六十余万缗，号经制，盖吕元直在户部时复之；七百八十余万缗，号总制，盖孟富文秉政时创之；四百余万缗，号月桩钱，盖朱藏一当国时取之。自经制以下钱，皆增赋也。合茶、盐、酒、算、坑冶、榷货、籴本、和买之入，又四千四百九十余万缗，宜民力之困矣。"参见〔宋〕李心传：《建炎以来朝野杂记》甲集卷十四，徐规点校，中华书局 2000 年版，第 289 页。

② 〔元〕脱脱等：《宋史》卷三百五十五，中华书局 1985 年版，第 11194 页。

③ 数据来源：蒙文通著，蒙默编：《蒙文通全集·古史甄微》，巴蜀书社 2015 年版，第 230 页。

④ 参见〔清〕王夫之：《宋论》卷一，舒士彦点校，中华书局 1964 年版，第 19 页。

⑤ 参见〔元〕脱脱等：《宋史》卷一百七十三，中华书局 1985 年版，第 4170 页。

赋税征收的原因除了宣和年间的战事频起以外，还有就是官员俸禄等开支的不断增加。并且，随着这种对于增加财政收入的渴求力度的不断增强，对于地方官员的考核情况亦出现向经济方面的侧重，意图通过赏罚分明的各项举措充分调动官员征敛的积极性。

这种来自中央层面的支持更加导致地方官员偏离为官之道，地方官员由百姓父母之官逐渐沦为国家敛财的工具。这种舍本逐末的方式，无异于饮鸩止渴，短期来看虽然起到了缓解财政危机的作用，却使民怨四起，待中央统治渐趋薄弱之时，就可呈爆发之势。

总的来说，官员俸禄是国家财政支出的重要组成部分，而厚俸之下往往是国家财政难以为继之困境，这就迫使朝廷以国家带头许可的方式加速对百姓的盘剥，压榨农民，因此厚俸不仅造成了严重的国家财政危机，亦形成了一个恶性影响模式：职官数量庞大+益俸之策—官俸数额激增—国家财政开支巨大—入不敷出—加重赋税—民不堪其困。在这一过程中尤为值得注意的是，当职官的优厚待遇确实超过了百姓所能够"奉养"的必要限度之时，也是潜在隐患埋藏之际。

（二）对厚俸养廉之效果评估

总体来看，两宋时期的职官俸禄无疑是优厚的。[①] 然而我们不禁需要思考这样一个问题：厚俸是否真的可以起到养廉之效？

关于这一问题，基于两宋俸禄水平呈现的是整体厚俸，但职官内部差距悬殊之特点，我们应从两个方面加以考量：第一，对于上层职官，尤其是宰执等重臣，享有真正厚俸者是否能够做到廉洁自守；第二，对于底层职官，俸禄微薄，是否能够做到贫贱不移，足以自养。先来看第一方面：一般来说，一个王朝立国之初，往往是吏治最为清明之际，也是君主最重法制的时期，那么就以开国宰相赵普为例，看看太祖皇帝是如何对待贪腐之臣的。根据司马光在《涑

---

① 史载："恩逮于百官者惟恐其不足，财取于万民者不留其有余。"参见［清］赵翼：《廿二史札记校证》卷二十五，王树民校证，中华书局2013年版，第534页。

水记闻》中的记载，有一天太祖皇帝忽而幸临赵普府邸，恰逢钱俶送金瓜子与赵普，被太祖皇帝发现，然而就在赵普诚惶诚恐向皇帝认罪之时，太祖却宽慰赵普，恕其无罪，但取无虑。最后，赵普的府宅竟是用这些金子"所修"。① 此外，面对雷得骧弹奏赵普强占田宅、聚敛受贿一事，太祖皇帝竟然斥责了雷得骧，认为此乃小事而已。② 从赵普一例，我们可以看出两点：一是位居相位如赵普，官俸可谓人臣之最了，但依然收受贿赂；二是皇帝对贪腐之臣，并没有采取立竿见影之惩罚，反而是姑息纵容之。再来看第二个方面，对于置身底层的职官群体而言，他们的俸禄水平原本不高，那么是否能够自养呢？据《续资治通鉴长编》中的记载，至道二年（996年），以进士及第的查道被除授馆陶县尉一职，然而却因实在贫困，不得不与妻子商量，试图辞去官职，以"卖药"③为生，可见纵使千难万难以进士入仕，却不得不在生活面前妥协，忍痛辞官以求温饱。如果说查道为官之年份尚处北宋初年，官俸不高，那么再来看南宋时期的情况如何。南宋高宗绍兴年间，四川有一知府亡殁后，其女因无钱安葬，不得已卖身为妾。④ 可见此时的官俸虽也几经调整，但是仍然无法满足底层职官甚至是知府的基本生活需求。那么在此种情况下，官员是否能做到贫贱不移呢？对于底层职官来说，"鲜不穷窘"⑤，基本的生活都无法得到保障，何谈礼义廉耻与贫贱不移呢？这也就导致了底层之官甘冒风险受赃，以赊贷过活，有些官员甚至不以经商贩卖为耻，"与民争利"⑥。

　　根据上述两方面的分析，我们可以看出，上至高官宰辅，下至知府、县尉，纵然有俸禄高下厚薄之分，但在贪腐一事上却是"不谋而合"的。正如陈遘在上书中认为，正是为官之人太过"贪污嗜利"⑦，导致在方腊起义中大肆屠杀官员的事件屡有发生。可见宋廷奉行的厚俸、益俸之策并没有使绝大多数职官廉

---

① ［宋］司马光：《涑水记闻》卷第三，邓广铭、张希清点校，中华书局1989年版，第41页。
② 参见［宋］李焘：《续资治通鉴长编》卷九，中华书局2004年版，第210页。
③ ［宋］李焘：《续资治通鉴长编》卷三十九，中华书局2004年版，第831页。
④ 参见［元］脱脱等：《宋史》卷四百一十五，中华书局1985年版，第12452页。
⑤ ［宋］吕祖谦编《宋文鉴》卷第四十三，齐治平点校，中华书局1992年版，第659页。
⑥ ［宋］李焘：《续资治通鉴长编》卷一百四十三，中华书局2004年版，第3438页。
⑦ ［元］脱脱等：《宋史》卷四百四十七，中华书局1985年版，第13182页。

洁自守，也就是说给予职官厚俸与打造廉洁队伍之间并没有必然的因果联系，厚俸并不能达到养廉的预期效果。

如此一来，我们不禁要问，厚俸并未达养廉之效的原因为何？笔者认为原因有五：

一是就宋廷君王而言，纵使有贪腐之臣，其对政治统治的危害也要比武将轻得多。因此对于赃罪之臣，往往姑息纵容，即使有被绳之以法之人，在此后也往往会因恩赦等缘由得到宽宥，甚至有些又被重新起用。这是因为对赵宋君主来说，贪官、奸臣、赃吏纵使有万般不是，但是只要没有威胁到政治安全，便不足为道，不值一提。即使有惩办贪赃的案例出现，导火索往往也是政治斗争，只是假借经济犯罪的外衣排除异己。

二是就职官而言。首先是职官入仕目的不纯。所谓"千钟粟""黄金屋"，抑或"颜如玉"大概是大多数士大夫们对仕进之路渴望的原始驱动力，这是人之本性使然，因此求官求的是利，然后才是名，而求廉者则在少数。其次是人情导致的官官相护。在人情社会中，官与官之间的关系错综复杂，且由于两宋时期盛行监察之法，每个职官既是监察者，亦是被监察者，"水至清则无鱼"，每个职官自身都不可能做到毫无污点，那么给他人留有余地，也是为了自己将来打算，在这种官场氛围下，纵使有再细密的防范之网，亦架不住人情的渗透。最后是职官内部上行下效。居官位之上者，枉法贪腐，那么居下位者也效仿之，与此同时，上位者依靠下位者之上供而自肥，那么下位者只有掠夺更下位者，甚至渔利百姓，方可满足自身和供上，形成了大鱼吃小鱼之恶性循环。

三是法律、政策的变相支持。两宋时期对于职官施行宽刑、轻罚之策，体现在立法和各项国家政策的制定与推行过程始终，对贪腐之官予以从轻发落，更有甚者，对于未发而自首者，竟然可以不予处罚，正所谓贪吏日多"盖由宽法所致"[1]。

四是厚俸之策的设立初衷是以利诱官、得官。厚俸之策本就是从宋初的

---

① 曾枣庄、刘琳主编《全宋文》第十七册，上海辞书出版社、安徽教育出版社 2006 年版，第 410 页。

"经济赎买"之策演化而来，因此，设立的初衷并不是保证职官队伍的廉洁，而是通过经济方式将政治斗争化为无形，拉拢臣子，稳固政权。因此，在厚俸之下，君主对职官的最主要要求是忠心，是顺从，是听话，只要达到这个目标，厚俸的目的就实现了。

五是社会大环境的影响。首先是现实情况。对于底层大多数职官来说，俸禄并不厚，自养尚且不易，更遑论在宗族盛行的社会中，一人可能要承担背后数十口的日常开支，更是难上加难，这一实际情况直接导致职官基于生存本能不可能真正做到贫贱不移。其次是商品经济的快速繁荣。在两宋高速发展的商品经济之下，社会物质资源前所未有地丰富了起来，职官所处的社会经济环境较之前朝有了很大的变化，即更加开放，出现了更多的商品交易活动，很多职官利用职务之便暗行经商之勾当，这为职官贪腐埋下了隐形的祸根。最后是物价上扬。虽然宋廷总体上是推行"益俸"之策的，但是与此同时，物价水平亦是一路上扬的，这也就意味着，俸禄的增高始终要面临着被抬升的物价抵消的风险，这也就变相滋生了职官贪腐的可能性。

综上，厚俸之策本是由经济赎买演变而来，试图通过经济方式提升职官个人的政治素养，这显然是行不通的。也就是说，即使有再高的俸禄，亦不能换得为官者之清廉，这就等同于说只要职官个人富裕了，那么腐败问题就迎刃而解了，这显然是一个伪命题。相反，在现代社会，某些经济发达地区的位高权重之人，发生腐败问题的亦不在少数，经济上的富有反倒更易滋生贪腐。这是因为，人的欲望是无止境的，在俸禄满足自养之后，贪污腐化而得便是满足奢侈之用了。同时，我们也不能将底层官员因贫困而贪腐作为其可以得到宽宥的理由和借口，这是将是非善恶颠倒的一种错误逻辑，更是要不得的。因此，我们应该看到，提升职官俸禄水平等举措无法规避贪腐的风险，更不可能达到澄清吏治的效果。在古代中国，吏治清浊与否受制于君臣素养、法律执行情况等诸多因素。由于人治社会的特征，官员腐化问题不可能彻底被根治。相反，一味盲目地提升职官经济待遇，反倒会错误引导为官之目的，更加激起为官之人的贪腐之欲，呈现的效果与初衷背道而驰。

要而言之，两宋所定俸禄之制较之唐制相比呈现出诸多变化，这种变化标志着俸禄制度的进一步发展。两宋君王在满目疮痍、战争四起、藩镇盘踞的基础上建立天水一朝，如何稳定政治局势，维持统治，使王朝不似五代十国般昙花一现，是其亟须面对和迫切需要解决的问题。在这种复杂的环境中，就形成了既希望百无遗漏地防范百官，又给予百官优厚待遇的双面性和矛盾性特征。当然，也正是因为这种双面性和矛盾性造成了两宋职官法的特殊性，从而影响了俸禄之法。在"益俸"之下，官员的待遇得到了空前提高，虽然在高俸的推进过程中产生了或多或少的矛盾与冲突，但是其主要目的从来没有被动摇过，即试图通过"益俸"以达优遇百官之效，而这一初衷也是评价两宋俸禄之法成功一面的主要因素之一。

第二节　两宋职官致仕制的特色

职官致仕，是为职官政治生涯的告一段落，远离了政治舞台的中央，自然也就远离了权力的中心，这对于大多数出身于寒士的宋官来说，是一个绝不愿意面对的场景。而宋朝时期，为了实现新老交替，完成职官队伍的更新换代，在职官致仕中，设计了颇多独到的法律条文，在保障职官既得利益的前提之下，实现了职官队伍新鲜血液的补充。

一、两宋职官致仕制所体现出的法律强制性色彩

由于两宋对职官的待遇甚为优厚，很多官员虽已老迈，但不舍退者比比皆是，这就给国家财政造成了极大的负担；同时，由于官冗员众，员阙矛盾异常尖锐，也促使宋廷不得不出台相关法律，赋予职官致仕制以强制性色彩。

（一）对官员致仕条件的法定限制

对官员致仕条件的法定限制，主要体现在年龄和有无赃罪方面。

其一，对于年龄的限制性规定。中国古代社会基本上沿袭的是七十而致仕之规定，此之谓"礼也"①。宋初仍沿用七十而致仕之规定，但是由于官员人数不多，且开国之时正是用人之际，故而对于年龄超过七十却仍在其位的官员并没有太多的限制性和惩罚性措施，甚至很多官员最后竟老死于官。至咸平五年（1002年）以诏令形式颁布规定，对于年及七十的官员，"许致仕"②。天圣四年（1026年），曹修古上呈《内外官年七十并令致仕奏》，谈及近年以来，有官员年近八十却仍未辞官，这些人心衰力竭，已经毫无治事精力；陈请除功勋元老之臣外，强制要求官员年满七十则须自陈致仕，若有未按规定自陈之官，则由审官院、三班院、吏部审核年龄，"特与致仕"③。然而，官员致仕就意味着离开了为之奋斗一生的权力关系网，故而对于权与利的贪恋使他们很难做到自觉自愿地自陈致仕。

总的来说，对于官员致仕年龄的限制性规定经历了一个从软性规定到硬性规定的转变，即从国初虽在习惯上继续沿袭七十而致仕之规定，却没有强制性要求，到真宗、仁宗朝开始接连颁布诏令，特令御史台督察符合条件却未自陈之官。而这种转变与逐渐形成的官冗员阙的政治环境是分不开的。此外，受人治社会的影响，对于年满七十而致仕的限制，亦有一些例外情况，如一些功勋元老之臣并不在受限之例，这些对朝廷有卓越贡献之人在君主许可的情况下，是可以突破法律的限制，年过七十亦无须致仕。

其二，对于有无赃罪的限制性规定。在对官员致仕条件的审核中，历任有无过犯情况也在考虑之列。咸平五年（1002年）规定，如官员七十可致仕者，

---

① ［宋］王巩：《清虚杂著三编》附录，张其凡、张睿点校，中华书局2017年版，第348页。
② ［宋］王林：《燕翼诒谋录》卷五，诚刚点校，中华书局1981年版，第54页。
③ 曾枣庄、刘琳主编《全宋文》第十六册，上海辞书出版社、安徽教育出版社2006年版，第192页。

若因疾病或任内有犯赃情况发生者"不在此限"①。大中祥符九年（1016年），诏令审官院审核陈乞致仕官员的任职履历，勘验有无赃犯情况，并由吏部负责"申上取旨"②。勘验陈乞致仕官员在任期间的负犯情况，一方面是针对符合致仕年龄要求的官员而言，由于宋廷制定了对致仕之官较为完善的优恩政策，如自陈致仕可获得相应的政治和经济优待，而那些有负犯的官员是不在此列的，故而要核验这些官员的负犯情况，以求赏罚分明；另一方面是针对一些因在任职期间触犯法律规定、企图用寻医侍养等方式提前致仕的官员，这些官员通过致仕的方式来逃避法律的制裁，而在风声过后，很多官员又通过各种渠道再次入仕，但他们之前在历任之中的负犯情况却被忽略，故而对于他们的历任情况予以核查，可以使赃吏无所遁形。

（二）致仕官员的俸禄规定

淳化元年（990年），颁布《致仕官给半俸诏》，对已致仕的文武官员，给以半俸，由官员所在州县支付，"以他物充"③。景祐三年（1036年），颁布《致仕官给俸诏》，规定每年的寒食节，赐予致仕官2头羊、1石米、1石面和2瓶酒，并令致仕官所在州县长官常加慰问，自今而后"依此例"④。两宋时期大体沿用了致仕官给半俸的规定，但有时也会通过给全俸的方式鼓励官员，作为一种赏赐。《续资治通鉴长编》中记录了一些致仕官员给全俸的情况，如表6-9所示：

表6-9　部分致仕官员全俸情况

年份	官员	原因	俸禄
咸平三年（1000年）⑤	赵加超	宣祖旧里	全俸

---

① ［宋］王栐：《燕翼诒谋录》卷五，诚刚点校，中华书局1981年版，第54页。
② ［宋］王栐：《燕翼诒谋录》卷五，诚刚点校，中华书局1981年版，第54页。
③ 《宋大诏令集》卷第一百七十八，司义祖整理，中华书局1962年版，第640页。
④ 《宋大诏令集》卷第一百七十八，司义祖整理，中华书局1962年版，第642页。
⑤ 参见［宋］李焘：《续资治通鉴长编》卷四十七，中华书局2004年版，第1018页。

续表6-9

年份	官员	原因	俸禄
咸平四年（1001 年）①	朱昂	从未以私事请托于皇帝	全俸
大中祥符二年（1009 年）②	王中正	瑞异必先告	全俸
天圣四年（1026 年）③	晁迥	志行修洁，上欲留	全俸
熙宁九年（1076 年）④	王猎	先帝藩邸旧臣	全俸
元祐六年（1091 年）⑤	获有战功，且曾经转两官以上的致仕官员		全俸

从表6-9 中可以看出，官员致仕以后，若因在任期间政绩突出，或因身份特殊等，作为一种赏赐可得全俸，以示其得皇帝之心，受朝廷优宠。

总的来说，致仕官员在无其他规定或情况的前提下是得半俸的，而在特殊情况，朝廷通过全俸的方式给少数官员以独特的优待，既彰显了爱臣之心，又表达了怜臣之意，但并未立为常制。当然也正是因为致仕官员全俸制度未立为常制，才在给予官员时显得与众不同，体现赏赐之意。

（三）其他法律规定

《庆元条法事类》卷第十二《职制门九·致仕》中有关于职官致仕的相关法律规定。

1. 程序性条文

首先是文书递交的时间限制。⑥ 根据法律规定，对于缘边知州而言，递交陈

---

① 参见［宋］李焘：《续资治通鉴长编》卷四十八，中华书局 2004 年版，第 1059 页。
② 参见［宋］李焘：《续资治通鉴长编》卷七十一，中华书局 2004 年版，第 1594 页。
③ 参见［宋］李焘：《续资治通鉴长编》卷一百四，中华书局 2004 年版，第 2428 页。
④ 参见［宋］李焘：《续资治通鉴长编》卷二百七十四，中华书局 2004 年版，第 6701 页。
⑤ 参见［宋］李焘：《续资治通鉴长编》卷四百六十八，中华书局 2004 年版，第 11183 页。
⑥ 《庆元条法事类》卷第十二《职制门九·致仕》中规定："诸缘边知州，乞致仕已发奏，（兵将官自发奏同。）不于当日申经略安抚、钤辖司者，以违制论。诸官司受品官乞致仕文书，不即时入马递申发者，杖八十。"参见［宋］谢深甫等修：《庆元条法事类》，戴建国点校，载杨一凡、田涛主编《中国珍稀法律典籍续编》第一册，黑龙江人民出版社 2002 年版，第 218 页。

乞致仕文书以及申报官司的时间均有限制；而对于收受品官陈乞致仕文书的官司而言，也应在第一时间上递，如有违者则处以杖八十的处罚。由于大多陈乞致仕之官都已到古稀之年，身体健康状况并不乐观，而中国古代社会的交通并不发达，在路上的往返时间就需要花费多日，如果官员在病情危急之时陈乞致仕，未等到受敕之日就亡故的，那么他陈乞致仕的时间就显得尤为重要，直接影响该官员的子孙是否可以得到荫补等，故而要对文书递交时间予以严格限制。

其次是审核程序。① 根据法律规定，相关部门审核勘验陈乞致仕官员的在任负犯情况时，若无法律明令禁止的事项，则允许离任。这样一来，既防止了有所负犯的官员通过致仕来逃避法律制裁的企图，又保证了赏罚分明，厘清责任归属，使能够获得致仕优恩的官员得偿所愿，不符合条件者也休想浑水摸鱼。

2. 对归明之人陈乞致仕的规定②

根据法律规定，对于外蕃首领归顺而任职者，在陈乞致仕应离本处时，要求该官所在州听候旨意。也就是说，这些特殊官员的去留问题由皇帝亲自决定。这是因为这些官员本就是归顺之人，因此需着重留意之。

3. 官员再仕的规定③

法律规定了对再仕官员的要求，首先是对负犯情况的规定，即不是因有所负犯而陈乞致仕。其次是时间规定，即致仕满三年以上且年龄不及七十。再次是程序要求，即需自陈或经人荐举。最后是其他限制性规定，即若已经因陈乞

---

① 《庆元条法事类》卷第十二《职制门九·致仕》中规定："诸文臣任签判以下，大使臣任监当若小使臣、承直郎以下，乞致仕者，所属勘验，无规避放离任，（小使臣及承直郎以下非在任者，所在州保明正身及有无罪犯。）仍问原降告敕所在，奏。余人具奏（自上表若奏同。）听旨。以上应荫补者，仍申尚书省。"参见［宋］谢深甫等修：《庆元条法事类》，戴建国点校，载杨一凡、田涛主编《中国珍稀法律典籍续编》第一册，黑龙江人民出版社 2002 年版，第 218—219 页。

② 《庆元条法事类》卷第十二《职制门九·致仕》中规定："诸命官、下班祗应系归明徭人，乞致仕及应离本处者，并指所诣见任或所在州具奏听旨。"参见［宋］谢深甫等修：《庆元条法事类》，戴建国点校，载杨一凡、田涛主编《中国珍稀法律典籍续编》第一册，黑龙江人民出版社 2002 年版，第 219 页。

③ 《庆元条法事类》卷第十二《职制门九·致仕》中规定"诸命官不因罪犯致仕及三年以上，年未七十，愿再仕者，许荐举或进状自陈。如已得所乞恩泽及因致仕得升朝官经封赠，或乞乞致仕而涉诈冒者，（谓有所规避之类。）不用此令。"参见［宋］谢深甫等修：《庆元条法事类》，戴建国点校，载杨一凡、田涛主编《中国珍稀法律典籍续编》第一册，黑龙江人民出版社 2002 年版，第 219 页。

致仕而获得恩泽、封赠，或陈乞时有诈冒情况的，则不适用此规定。

4. 对基层官员的优待规定①

承直郎以下的官员，主要为幕职官、州县官，这些人在任期间本就俸禄不高，政治地位较低，因此他们在致仕之后，享受的待遇不会有很大提高和改善。故而，特命其所在路的监司或州府知州、通判保明察实，若有"廉贫悼独"②且没有归处之人，可除官致仕。这项规定保证了基层生活不易的官员的基本生存，彰显优遇之策，落实优遇之实。

二、致仕官员所获得的朝廷优恩

（一）致仕改官与升转官资

致仕改官主要是针对幕职官、州县官而言的，由于选人改京朝官，身份和政治待遇可得到很大提升，故而符合条件的选人在致仕时可改为京朝官，不仅是对他们任职期间的一种肯定，更是给那些在选海中苦苦挣扎的官员以一丝希望。《吏部条法·改官门》中对于致仕改官的任职年限、出身以及有无负犯等情况都有规定，本书第三章第二节中已有了详细的分析，兹不赘述。

升转官资是指官员致仕时仍可晋升一阶或循一资，并且官员在致仕以后，遇有大礼等重大活动之时，与现任官一样享受升转官资的恩泽，甚至年满 80 岁以上的致仕官员仍然可以升一级官资。元丰改制后，官阶作为职官相对稳定的等级评定标准，是官员享受政治待遇和经济待遇的主要依凭，对于致仕官员升转官资的恩赏，不仅保障了官员荣休之后的物质待遇，更使致仕官的政治待遇获得了提升。

---

① 《庆元条法事类》卷第十二《职制门九·致仕》中规定："诸承直郎以下在任老病昏懦不堪厘务者，监司或知州、通判体量实状奏。其廉贫悼独而无可归者，保明乞除官致仕。"参见 [宋] 谢深甫等修：《庆元条法事类》，戴建国点校，载杨一凡、田涛主编《中国珍稀法律典籍续编》第一册，黑龙江人民出版社 2002 年版，第 219 页。

② [宋] 谢深甫等修：《庆元条法事类》，戴建国点校，载杨一凡、田涛主编《中国珍稀法律典籍续编》第一册，黑龙江人民出版社 2002 年版，第 219 页。

（二）致仕荫补，叙封、封赠与回授

官员不愿意主动陈乞致仕的一个重要原因就是担心失去权力的庇护，丧失权力所带来的利益。很多寒门士子步入仕途后，其代表的不仅仅是个人荣辱得失，更重要的是承载了身后家族的整体利益。故而官员致仕后，影响的不单单是个体，还关系着整个家族的兴衰。因此，为保证官员致仕之后家族利益仍可得以延续，免除官员后顾之忧，保护官僚阶层的既得利益，宋廷规定官员在致仕以后可以陈乞恩泽或荫补子孙。

致仕荫补至仁宗朝始有较为明确的规定①，南宋时期对于官员致仕荫补的规定更是详尽，本书第二章第二节已有说明，兹不赘述。荫补致仕确立后，致仕之官按期荣休，既可保证维护既得利益，又可延续家族利益和荣耀，一举两得。

此外，官员致仕之后还可根据直系亲属在世与否之情况乞请叙封或封赠官爵，或为自己的祖父母回授官爵、封号，加赐章服等。②

两宋时期构建了极具特色的职官待遇保障体系，仅从俸禄和致仕两个方面而言就为入仕职官免除了绝大部分后顾之忧。基于经济的发达与繁荣，宋廷有实力亦有底气为职官提供丰厚的物质保障，使得两宋时期的职官待遇堪称历朝最优的，正是这种优遇职官的政策，为君主得官、拢官提供了有利条件。

其一，两宋职官俸禄制的特色有三：一是不断推进益俸的立法。从《嘉祐禄令》的颁布为始，改以本官确定俸禄。至元丰改制，为适应官制的调整，而形成了元丰时期的俸禄之法——以寄禄官阶作为官员正俸的主要给付依据，但同时又考虑具体职任。至南宋时期，大体相沿北宋规定，主要法律规定有

---

① 史载："郎中以上致仕，与一子官。……又诏员外郎以上致仕者，录其子为秘书省校书郎，三丞以上为太庙斋郎。……又诏三丞以上致仕，无子，听官嫡孙若弟侄一人，降一等。"参见［宋］王栐：《燕翼诒谋录》卷五，诚刚点校，中华书局1981年版，第54页。

② 史载："文武前任、见任官，并与加恩。文武常参官，内诸司使、副，内殿崇班，禁军都指挥使已上，藩镇马步军都指挥、行军使，诸道节度副使、行军司马，父、母、妻并与叙封，亡父、母即与追赠。"参见［宋］钱若水修：《宋太宗皇帝实录校注》卷第七十六，范学辉校注，中华书局2012年版，第642页。

《绍兴重修禄秩新书》《绍兴重修禄秩敕令格》等。总的来看，职官俸禄虽经历了不断的调整，但"益俸"之策却未被根本动摇，以"经济赎买"解决政治问题的方式依然被赵宋君主运用得得心应手。二是对皇亲宗室厚禄以养。从《嘉祐禄令》中可以看到，在同样充任武职的情况下，皇室宗亲的俸料和衣赐是高于普通官员的。三是高、低级职官俸禄水平多寡悬殊。从职官俸禄的主要构成正俸、加俸、职田三方面进行着重梳理可以发现，虽然与历朝相比，两宋职官俸禄是非常优厚的，但是在职官集团内部，职官等级不同，导致的差距亦是非常大的。

同时，还应看到，影响两宋职官俸禄制形成的因素，除了君主为了惠官、得官、诱官、拢官之外，两宋发达的经济和物价水平亦是影响俸禄制的重要原因。两宋时期的经济状况一度达到了自汉唐以来之峰值，这就为国家益俸政策的出台提供了经济基础。此外，由于物价水平自宋初开始，除中间小有波动外，一路上涨，也迫使宋廷不得不提高职官俸禄，以保障职官实现自养。

在对俸禄制的实施效果进行评估时可以发现，虽然存在着稳定职官群体、保障职官物质生活、体现朝廷优遇之策等诸多优势，但在实施过程中产生的缺陷亦是不容回避的。一是对财政、经济之影响颇为消极。纵使两宋经济如何繁荣，但是这种经济发展所能提供的物质支持并不是毫无限度的，一旦国家财政支出的速度远远超过了收入增长的速度，超出了国家财政所能承受的必要限度，那么再繁荣的经济发展亦不足以保障国家财政不陷入积贫之困境。同时厚俸之下迫使国家加大了对百姓的赋税征收力度，加重了百姓的负担，加速了对百姓的盘剥，压榨农民，民不堪其困。二是综合宋廷君主、职官、法律政策的变相支持、厚俸设立的初衷、现实因素五方面考量，以厚俸试图实现养廉之效，显然是不现实的。

其二，两宋职官致仕制的特色主要有二：一是体现了法律的强制性色彩。由于两宋对职官的待遇甚为优厚，很多官员虽已老迈，但不舍退者比比皆是，这就给国家财政造成了极大的负担；同时，由于官冗员众，员阙矛盾异常尖锐，也促使宋廷不得不出台相关法律，赋予职官致仕制以强制性色彩。主要体现在对职官致仕条件的法定限制、致仕官员的俸禄规定、有关致仕的程序性规定、对归明之人陈乞致仕的规定、官员再仕的规定、对基层官员的优待规定等方面。二是致仕官员所获得的朝廷优恩亦是非常多的，不仅有致仕改官，升转官资；还有致仕荫补，叙封、封赠与回授。

第七章

两宋职官法之得失评价与史鉴价值

两宋职官法可谓中国历史中最为浓墨重彩的一笔，书写了三百二十余年间对治官的理性思考，展现了中国古人的法律智慧，凝结了赵宋君主的政治结晶和治官体验，是非常值得后世之人研究和总结的。

两宋职官法为维系赵宋王朝的稳定，约束职官的履职行为，厘定职官的权、责、利、罚，保障良才贤吏的涌流提供了重要的法律支撑、制度保障，这一职官集团更可被称为支撑赵宋政权的强大支柱。

当然，囿于制度性原因和时代环境，两宋职官法亦显示出了诸多不足之处，遗留下来许多问题，而这些问题自然揭示出赵宋君主在治官过程中的不足。以史为鉴，可知兴替。在历史的问题与不足中找寻时代的答案，为当下良法、贤吏、善治的形成提供借鉴，方是良策。

第一节　两宋职官法在治国理政中的作用愈益凸显

职官集团作为两宋政权的重要统治根基，职官法的制定与落地更是起到了不可或缺的作用，在职官法的指引和规范之下，职官集团的作用获得了极大的发挥，职官管理愈益法制化、规范化。

一、为君主实现控制、约束职官集团的目的提供法律依据

古代中国，一个最为典型的特征便是人治，而要想实现人治，单单依靠君主的个人力量是不可能达成的，故而职官的重要性也就愈益显现。纵览历史发展，吏治的好坏关系着一个王朝的治乱兴衰，历代君王要想有所作为，必然需要控制和约束庞大的职官集团，以此通过治官、控官达到治民、控民之效。而君主对于职官集团的控制和约束主要是通过一套系统化的法律规定实现的，同时受君主个人政治素养的高低、立国环境的变化与治国方针的差异性等因素的影响，每一个朝代，甚至同一朝代的不同时期，职官法的制定内容都会有所更革，而在这更革之中，蕴含着王朝最高统治者的驭官智慧，反映着每一个时期对职官的不同要求。

通过对两宋职官法的内容进行梳理可以发现，其极具赵宋性格，体现了赵宋立国后，历任君主对于如何控制、约束职官的总结性思考。两宋时期，对职官集团的控制和约束的各环节可谓丝丝入扣，将君主意志渗入入仕、铨选、考课、监察、俸禄和致仕各阶段，以驭臣心，以笼臣心。

就入仕而言，科举之制较之前朝更为开放和民主，收拢了大批寒门士子进入职官队伍，取士层次显著下移，这样一来，通过科举取士的形式，将王朝的治国思想渗入这些读书人的日常生活中，使他们在还未真正步入仕途时便接受了儒家思想的润化，深受礼制文化的熏陶，受君臣等级和忠于君主的理念教化，同时这种思想管控随着取士层次的下移而向更为宽广的社会中下层渗入，整个王朝政权统治的思想基础得以扎得更稳、更牢。同时，以荫补的方式解决了中上层职官子弟、亲属的入仕问题，在延续他们既得利益的同时，又以不起波澜的方式限制了这些以荫补入仕者的仕进之路。就铨选而言，先后颁布了《四时参选条件》和《少尹幕职官参选条件》，将职官尤其是幕职官纳入了中央的统一管理之中。同时，两宋官制最突出的特点就是官、职、差遣分授，体现着君主对职官权力最严密的控制与防范，职官的"身份"与"职任"相互分离，又以

"权知"方式派遣中央官员出领外任，意为"权不久任"，这种相当于不赋予任何一个职官以实际权力的方式，实际上就将职官真正定义为替君主办差的"办事员"性质，而没有实际权力就意味着没有真正的反叛实力，就不会构成对政权的真正威胁，也就利于实现君主对职官集团的控制。此外，基于官、职、差遣分授之特点，整个职官铨选呈现出叙迁与关升两大系统，以"资"和"资序"为主轴，被资格之法笼罩，缓和了仕进矛盾。又以荐举之制拔擢贤才良吏。就考课而言，虽然后世多形容两宋考课之法渐成虚文，但无论是考课还是磨勘，抑或历纸之制的推行，都是来自中央层面对职官的定期考察，体现着中央对职官人事权的收拢。就监察而言，两宋最大的特色就是形成了台谏合一，监司巡检，监司互监法，通判、知州并置的体系。其中台谏合一的方式，将谏官的言君之权向察官之权转变，放松了对君权的监督，加强了对百官的监察；监司巡检与监司互监法的推进，将中央权力分寄于诸路监司，同时又分散了监司之间的权力，使监司之间互相平级，互不隶属，在加强中央对地方控制的同时，又有效约束了监司权力。就俸禄和致仕而言，虽然规定的是职官的待遇问题，却也体现着君主控制、约束职官的智慧。北宋立国初期，太祖以"杯酒释兵权"的方式解除了开国大将之兵权，将本应疾风骤雨的权力收缴化为润物细无声的物质交换，而这种"经济赎买"的方式也被两宋历任君主得心应手地运用在了对职官集团的管理之中。从经济角度来看，作为一个以小农生产为主的自然经济体，不可能实现现代化的大规模生产，直接导致了农业产出的有限性和供给的不平衡性，这也就决定了整个经济体系不可能承受王土之上所有臣民的经济支出，也就无法完全、彻底地实现对所有臣民的经济掌控。但是职官群体的出现就解决了这一问题，国家可以通过承受官僚机器的开支，实现对职官体系的控制，从而最大限度地实现皇权对社会的控制。同时，优厚的待遇恰好能弥补高压防范下带给职官的不适感，更能使职官由被迫臣服变为心甘情愿地顺从。因此，从这两个层面来讲，也就可以理解为何两宋时期对职官的待遇最为优厚，俸禄整体水平亦是历朝所未及的。同时，还应注意，这种厚俸的本质是得官、用官、拢官、驭官。

总的来看，两宋时期这套职官法十分细密，体现着两宋治理职官的精髓，为君主控制、约束职官提供了重要指引和法律依据。

二、强制约束职官自身的行为，厘定职官责、权、利

职官作为整个国家治理环节的中间层，负有十分重要的桥梁和纽带作用。因此，只有以法律强制性的方式约束职官自身的行为，调整职官内部矛盾，厘定职官的责、权与利，才能保证整个职官群体的内部稳定，才能最大程度地发挥职官在治国理政中的工具性价值。

其一，强制约束职官自身的行为，使其当好"父母官"。占两宋职官群体数量多数的仍是基层州县守令，这些官员的政务服务对象主要是手无寸铁的百姓，他们不仅代表皇权管理一方百姓，更是担负着教化一方百姓的责任。因此这些职官的行为举止，其实就是代表着一个王朝的政治气象，往往百姓对政权表现出的不满意，最直观的体现就是对基层职官施政能力的不满意。两宋政权自建立之初就秉持求稳之策，十分看重基层社会的稳定，而百姓作为基层社会的主体，只有百姓安，政权方能稳固，在古代中国，官逼民反的例子不胜枚举，其根源之一就在于没有很好地约束职官行为，导致这些基层官员变成危害一方的罪魁祸首。因此，两宋时期，以法律的形式强制性地规范并约束职官的自身行为，以法律监督职官的具体履职过程，保证职官的每一项行政行为都能找到法律依据。这样一来，不仅有效地安抚了民心，更是加强了对职官的约束和控制。

其二，培养职官的"边界感"，厘定责、权、利。每一个职官，每一个职位都应有与其对应的责、权与利，若无法律明文规定，则很容易出现权责侵紊之乱象。同时，由于两宋时期对内实行空前的集权中央的统治，就更需要将职官的责、权、利限定在法律规定的框架之内，使得职官的一切行为具有可控性与可预期性。值得注意的是，两宋职官法本质上是受君主意志调适的，是君主治官的法律依据，同时也是皇家治理职官的法律规定，因此厘定职官的责、权、利，归根结底还是将对职官的评判标准牢牢掌握在了君主手中，职官的责任是

由君主根据治理需要预先设定的，职官的权力是君权赋予的，职官能够获得利益也是君主恩赐的，职官的"边界感"实质上是要对君权忠诚，因此对责、权、利的厘定，最终的落脚点是使职官更听话，对君主唯命是从，而这也符合了两宋的立国主张。

总的来说，由于两宋时期的职官群体异常庞大，行政机构叠床架屋，若不以法律形式强制性约束并管理职官队伍，整个官僚体系就会成为一盘散沙；若没有对责、权、利的全方位规定，职官群体就会毫无"边界感"，也没有任何违法成本的可预期，这与稳内的目标是不相符的。此外，由于职官是距离权力核心最近的人，也是最有可能威胁政权统治的人，只有严格管理，才能达到防范之效。

三、职官法为两宋时期良才贤吏的涌流提供了重要保障

两宋是良才贤吏涌流的时代，亦是人才高产的王朝，这种现象的形成绝非偶然，不仅有赖于政治环境的宽松，更是因为宋廷制定了非常多的有利于士大夫们施展才华的法律规定作以保障。

首先，重文轻武。这样的政策使士大夫们获得了空前广阔的发展平台，开始走向了政治舞台的中央，同时整个国家崇尚文治，文臣士大夫在政治领域获得了空前高的礼遇，使他们得以凭借满腔的自豪感指点江山，在大宋的山河之中，谱写出最华美、最壮丽的治事之篇。

其次，不杀士大夫。两宋时期给予文臣士大夫的优遇是空前的，也是历朝所未及的。其中不杀士大夫方针的制定，营造了较为宽松的政治环境，使这些文臣士大夫敢于直言劝谏，敢于直抒胸臆，为人才的涌流提供了条件。

最后，开放民主的科举之制，责任互保的荐举之法，考课与监察的互相作用，优厚的俸禄与致仕待遇，不仅广收天下英才，更是对人才施行规范化、法制化管理，同时却又不失优遇。多措并举之下，宋廷为职官的发展和晋升提供了相对公平的环境，畅达了他们的仕进之路。

　　纵览两宋时期的历史人物，无论是北宋时期的范仲淹、吕蒙正、欧阳修、苏轼、司马光、文彦博，还是南宋时期的四大名臣等，都为国家的治理披荆斩棘，出谋划策，呕心沥血，鞠躬尽瘁。即使在南宋覆灭之时，亦有忠臣文天祥誓死未屈、从容就义，有陆秀夫身负幼帝壮烈投海，有张世杰以死明志，更为可歌可泣的是，在厓山一役后，竟有二十余万民众随末帝一同入海殉国，何其壮烈！

　　总的来说，两宋政权在内忧外患之中建造了一代盛世，虽然未见汉唐之风华，但亦可独领风骚。在这一时期，士大夫们入仕为官绝不仅仅是为了一碗官饭、一袭官衣，更多的是为了施展报国之才干，报答那个时代所给予他们的知遇之恩。正是基于此，两宋时期的忠臣可谓多矣，他们以一己之身、一躯之力，捍卫着王朝的统治，维护着赵氏基业，而这种由内而生的自发性与这一套职官法的建构不无关系。

四、愈益完备的职官法成了支撑赵宋政权的强大支柱

　　两宋职官法，无论从技术层面还是内容层面都显得愈益完备，成了两宋法律体系之重要构成，亦成了支撑赵宋政权的强大支柱。两宋时期的政治环境其实是十分复杂的，对内承继的是唐末五代以来遗留下来的藩镇割据的乱局，对外始终面临着非常严峻的战争压力，而在这种生于忧患且成长于忧患的环境中，宋人以其独特的政治智慧，屹立于中国历史版图中长达三百多年而未倾覆，纵使有宋廷南迁之变，亦未重蹈唐安史之乱后之覆辙，更是未见赵氏血脉之断，切切实实、真真正正地实现了三百多年之统治，这与赵宋君主致力于缔造并完善的这套职官法的助力是分不开的。

　　两宋职官法在整体设计上遵循着三项基本原则：以强化中央集权为主线，重文轻武，防范与优遇并用。这三项基本原则体现了两宋职官法区别于其他朝代职官法的最大不同。首先，职官法的内容设计紧紧围绕着以强化中央集权为主线而展开，这就有效防止了唐末地方官员逐渐脱离中央掌控的局面再度发生，

尤其是幕职官，更是由藩镇长官的私属变为地方行政序列的一部分；其次，重文轻武使文职官员获得了重要发展，有效防止了武人专权、武人乱国情形的发生；最后，以防范和优遇并用，虽有高压防控，却不失待臣之优，双管齐下，以保万全。这样一来，虽然外患频仍，但职官内部未出大乱；虽有农民起义不断，但职官仍坚定地站在君主一侧；虽宋廷南迁，但职官拥护的仍是赵宋山河。

两宋职官法，立法严密，颇具特色，对保证赵宋王朝国家机器的正常运行，在叠床架屋的行政机构中协调各方关系，督励职官尽忠职守，整顿吏治，维护社会稳定等发挥了巨大作用，这套在实践中得到验证的治吏之法，行之有效地维系了赵宋王朝的现实统治，亦拔擢并培养了一批文职官员，使其成为两宋政权的中坚力量和治国之栋梁。这套凝聚着赵宋精神的职官法不断缓和着王朝内部的矛盾，支撑着政权在重重危机下坚定向前。

第二节　两宋职官法中存在的问题

囿于制度性因素，两宋职官法不可避免地存在一些缺陷和不足之处，这就必然导致职官法在运行过程中会产生或多或少的问题，而这些问题也会直接影响国家的治理。

一、有法不依，以权凌法，职官法备难保清明吏治

在古代中国，王朝纵使有再严密的法律制度，依然难逃以权坏法、以权凌法、有法不依之困局，而君主和职官群体便是造成这一困局的两大主体。

其一，皇权处于一切运行的核心、支配地位。两宋时期，受空前强化的中央集权之影响，赵宋君王更是拥有对权力的极度控制力和掌控欲，而职官法的整体制定活动和内容设计更是在皇权的制约下进行的，其中对职官的选拔、铨选、考课、监察等一系列举措均是自上而下进行的，因此两宋时期的职官实质

上并不是对人民负责，而是对君王负责，受君王摆布。君主的喜怒哀乐左右着职官仕宦生涯的起落沉浮，甚至人身性命。比如名臣范仲淹、欧阳修、苏轼、王安石、司马光、寇准等，哪一个没有享受过皇恩浩荡时的恩宠，亦都遭遇过雷霆般的贬谪，这正是雷霆和雨露均为君恩的鲜活体现。

两宋时期，虽然有历任君王遵守的"祖宗家法"，却没有实质意义上的治君之法，这就使得君主可以堂而皇之地视法律为无物，凌驾于法律之上。纵使有贤臣直言劝谏，也要取决于君主是否善于纳谏；即使君主有绕开法律而任意为之的行为，为臣之人也只能是无可奈何。比如，徽宗一朝频频内降的御笔，就是鲜明一例。

其二，职官充分扩张自身权力，满足私欲。当职官掌握有一定的权力之时，往往会将该权力用作侵害百姓权益之工具，同时亦会将政府颁布的行政举措变成为自身谋取利益之勾当。透过两宋职官法的内容设计我们可以看到，尽管帝王是职官集团的最高领导者和管理者，但是鞭长莫及，这些大小职官形形色色，有些往往会利用职务便利侵渔百姓。这些人依托于皇权所带给他们的优势地位，一方面紧紧维护着皇权的统治，因为这是他们作威作福的权力基础；另一方面则充分运用甚至扩张自身权力，以满足私欲。

两宋职官法虽十分严密，但立法的最终目的是实现政权的稳定统治，为君主更好地控制和约束官员提供法律依据。因此，纵使职官法在两宋时期已经获得了进一步的发展，但对职官违法行为的惩治力度依然不大，甚至失之宽贷，职官贪腐等行为依旧屡禁不止，吏治澄清的希冀依然无法实现，而这也是人治社会的必然，有法是一回事，而法律是否能发挥应有的效果就又是一回事了，有法制，却无法治，职官法再完善最终亦敌不过人治。更进一步说，在人治社会中，再完善的规定也要臣服于统治阶层的权力意志，在实践中也难以发挥行之有效的作用，而法律的失效导致违法者的行为并不必然受到处罚，降低了他们违法的成本，造成了更多官员铤而走险，不断挑衅法律，成了吏治败坏的原因之一。

要而言之，无论是两宋时期还是历史上的任一朝代，都有清正廉明之时，亦有世风污浊之时，而这一切却在人不在法，行政决策成败和国家安危均系于君主和各级职官的个人政治见解以及政治素质之高下，因此只有获得了真正适合的政治环境，法律制度才能发挥完全的效能。

二、官冗严重，开支巨大，百姓负担过于沉重

两宋时期由冗官而带来的冗费问题是非常严重的：一方面入仕人数激增，宋廷以科举和荫补二途，就吸收了相当多数量的人员进入职官队伍，有多少数量的职官人数，就意味着有多少人可以享受国家财政给予的俸禄；另一方面两宋时期给予职官的经济待遇是十分优厚的，虽然内部有鲜明的等级差距，但是相较于前朝后世来看依然足以称得上厚俸。因此，庞大的职官数量就意味着巨大的国家财政开支，一定程度上来看，两宋职官集团对民众的压榨和消耗是非常厉害的，职官人数越庞大，官俸支出越多，平摊到民众身上的赋税数额就越大，民众的压力就越大，导致更多的民众从自耕农变为流民，继而揭竿而起。膨胀的职官集团打破了君主和民众之间剥削与被剥削关系的平衡性，国家只有通过不断加大对民众的剥削和压榨力度来维持职官集团的发展，维系日益削弱的国家财政基础，而这又反过来更加削弱了日益衰微的社会基础，这种无异于杀鸡取卵的做法激起了社会发展的内在矛盾冲突，成了加速王朝走向覆灭的催化剂。

要而言之，在两宋时期，不断扩充的职官员数背后意味着不断增加的财政支出，而不断增加的财政支出就需要政府加大对百姓的敛夺力度，无形之中加大了百姓的赋税负担，职官的员数与百姓的承受限度之间明显失衡，这也是两宋农民起义频繁发生的原因之一。

三、党争乱法，内斗频发，政务推行举步维艰

两宋时期的党争，于仁宗年间显现端倪，在英宗、神宗年间进一步发展，

至王安石变法开始，更是成为新旧党派之间交锋的主战场，此后一直蔓延到哲宗年间，及至南宋，党派斗争不仅体现在政治领域，在学术主张方面亦有波及。

在景祐党争之中，范仲淹和吕夷简可谓政见不合的代表性人物。景祐三年（1036 年），范仲淹上呈百官图，把官员叙迁标注得明明白白，图中言明哪些人是正常叙迁，哪些人是非正常叙迁，直指吕夷简，使吕夷简大为不悦。因当时吕夷简身居相位，且谏官言者多为其亲信，故而大肆抨击范仲淹，并列一众人等为范仲淹同党，而范仲淹本是指向吕夷简一人之行为，竟也演变成了影响后世的景祐党争，最后范仲淹知饶州，且大家因畏惧宰相之威而很少有人愿意"送仲淹"①。同时，一众为范仲淹喊冤之人也因朋党之名相继遭到了落职等处罚。元祐党争则起源于王安石变法。王安石之变法锐意革新，很有魄力，任用了一批能人贤士，由于司马光、苏轼对变法持反对意见而屡遭排挤。而在王安石变法的背后离不开神宗皇帝的大力支持。到哲宗继位，新帝年幼，尚未亲政，实则背后是高太后主持朝政，而高太后欣赏司马光之才干，全盘否定新政，主导复旧，对于支持王安石一派的朝臣一概不看才能与否，全部打压。

党争不仅影响了分立于两个不同阵营的职官个体，更是对整个日常行政事务的处理都产生了恶劣影响，以致被苏轼判罚的颜氏兄弟，借着元祐党人的余波，不守法度，有司稍有所治，便直指其为元祐一党、苏轼亲旧，使得虽然监司等官明知颜氏兄弟二人有罪，却畏缩不敢处罚，"解纵乃已"②。乾坤朗朗之下，竟然出现了国家官员惧怕不法分子、姑息纵容的乱象。

两党在争抢权力的过程中，不仅以阴险狠辣之手法著称，更是党内有党，同一党派之间也是党派林立，斗争尖锐，乌合容易，作鸟兽散时亦容易。党争从原本的不同政见、学术之争逐渐演变为政治迫害。比如王安石变法初期，属于新法阵营的大批官员获得了提拔重用，并任于要职，而反对势力则多被贬斥，甚至担任祠禄官这一闲职；又如高太后摄政时期，司马光等守旧派掌权，又将王安石等新法人员一律贬斥。这种提拔官员的不正之风严重败坏了朝廷选人用

---

① ［宋］李焘：《续资治通鉴长编》卷一百十八，中华书局 2004 年版，第 2784 页。
② ［宋］陆游：《老学庵笔记》卷四，李剑雄、刘德权点校，中华书局 1979 年版，第 54 页。

人的良好秩序，使得职官为了有所升迁，全然不顾礼义廉耻。

同时，党争的各方势力意图将自身的权力转化为私利，这是必然的。追随党派的人大多是投机之徒，将改革和站队视为押宝，作为仕进之路的锦上添花，企图升官发财。在党争过程中，追随当权派的一方往往是为了获得一个好差遣，所谓的名节只当是耳旁风而已。而在整个变法推进的过程中，真正愿意为民办事的官员少之又少，越往后越演变为个人之间的相互倾轧、攻讦。而这种相互倾轧和攻讦根本上还是为了实现自己的个人利益。

就以王安石变法期间推出的免役法为例，在当时确实起到了减轻底层人民负担、于民生有利的效果，然而在司马光等人上台之后，全然不顾免役法之中的利民因素，对新法内容全盘否定，此时的党派之间的斗争完全变成了个人的意气用事，而在新法尤其是免役法被废的消息传到已经居于江宁的王安石耳朵中时，已入生命末期的垂垂老者不无惋惜地叹道："我与先帝讨论了足足有两年之久的免役法，就这样被废除了！"言语之中多是不甘和无奈！同时再看苏轼的仕宦之途，他终其一生，饱受党争之害。初期苏轼由于反对王安石变法，被划入了旧党之列，然而在免役法推进的过程中，苏轼由于看到了该法中的利民、利国因素，又在司马光等人全盘否定时，大力反对废除免役法，故又为旧党所弃，从此陷入了不融于两党之困局。在党争之下，国家政策再好，只要是对立派的主张，一概否定之，因为这是政治立场问题。这种对利益、得失的争夺，完全失去了士大夫们本应有的气节。

两宋时期的党争可谓从未断绝过，这是基于君主"异论相搅"之需要，臣子之间只有形成相互不睦、相互制衡的态势，君主才能更好地驭下，这也是君主驭官之智的一种展现，即不能只有一种声音、一种力量，要培植与之实力相当的对立面，使他们之间相互牵制、相互防范、相互监督，最终使君主获渔翁之利。党派的权力如"翻烧饼"式此消彼长，并没有永远的胜者，亦没有永远的失败方，并且终两宋之世始终没有孕育出威胁皇帝统治的不利之果，党派之间的争斗终归是在官僚体系内部，并未越界，这也是空前强化的中央集权之功用。

四、有兵不能用，有官不善用，政权稳固难以长久

在古代中国，政权的稳固需要两大支柱，一个是庞大的军队，一个是稳定的官僚队伍。这二者在两宋时期都是具备的，但是值得注意的是，在条件都已具备的情况下，两宋的国运并没有延续千世、万世，这是为什么呢？笔者认为原因有二：一是有兵不能用，二是有官不善用。

其一，有兵不能用。两宋时期，中央上收兵权，扩充禁军数量，一度握有百万大军，但是这些军队却并没有发挥应有的作用，反倒是在敌军来犯时，往往溃不成军，这是由于两宋对兵将关系的调整所造成的。基于唐末五代以来的武将专政之弊，北宋自立国之初，就着重防范武将权力，重文轻武，不仅以文臣任武事，甚至在中央，枢密院名为"二府"之一，但与中书的地位并不平等，二者关系并未达到实质的平衡，仍然是中书为主。同时，为防止领兵之将和士兵形成关系网，以"更戍法"的方式，使将不熟悉兵，兵亦不认识将。虽然这起到了很好的防范武将的效果，剥夺了武将手中的实际掌兵权，却犯了兵家大忌。领兵之将在实战之前根本做不到知己，又如何能量才而用呢？

其二，有官不善用。两宋君主为有效防范官员揽权谋政，不断调整官制，实行官、职、差遣分授，分割了百官的权力，虽然避免了权臣谋国的局面，但也造成了官制的紊乱和行政机构的叠床架屋。两宋官制乱象比比皆是：有居其位的官不知道自己职任的；有居高官任低差遣的；有从中央调往地方任职，忽视地方本土职官任用的……这些职官纵使有再好的治事才能，也只能故步自封，不敢有所建树，亦没有可以施展建树的空间。

同时，由于官制的紊乱以及扩大录取规模的做法，冗官问题成了两宋亟待解决的矛盾之一，有官无任、守官待阙的现象无可避免，青年才俊最终老死于选调的例子更是不胜枚举。这些人空有报国热情，却一生苦于无报国之路，最终只能抑郁而终。此外，受员阙矛盾的影响，两宋职官的任期也逐渐呈现出缩短的趋势，没有一个较长和稳定的任期，官员就很难有所建树，尤其对于地方

官员而言，到一地首先需要了解的就是风土民情、民生疾苦，需要进行实地调研，知道百姓需要的是什么，政府需要解决的问题是什么，这样才能在施政过程中"对症下药"，但是由于任期过短，完全阻断了官员了解一方民情的机会和可能，官员甫及上任，"席不暇暖"，便又要考虑下一个地方要去哪里了，何谈地方治理呢？

其三，优遇之下，职官群体不思进取。两宋职官待遇之厚前所未有，但是在这"蜜罐"里成长起来的职官们并没有发愤图强，居安思危，相反只是一味地沉浸在赵宋君主为他们构筑的"舒适窝"中，安安静静、本本分分地做官，只求能够一直做下去即可，虽不能说是"混日子"，但也相差无几。虽然这样的职官队伍在太平时期并不会显示出过多的弊端，但一遇乱世，国家存亡之际，往往就显得如贪生蝼蚁般，毫无治事能力可言，因为他们在"温水"里煮得太久，在"温室"里待得太久，不仅失去了对王朝政权的"反心"，更是失去了面对外敌时的锐气，这样的职官队伍，又何谈保家卫国呢？

第三节　以史为鉴，良法、贤吏、善治应统一

两宋是文官政治高度发展的时代，因此也是职官法最具代表性的历史时期。虽然在施行的过程中产生了诸多缺陷与不足，使职官法的实际功用大打折扣，但是，两宋职官法是治官经验与智慧的结晶，不仅体现着两宋时期立法技术的进一步提升，亦代表着古代中国法制建设的进一步发展。因此，两宋职官法中依然存在着不少值得后世理性看待的经验和从中汲取可裨益于当下的积极之果。

一、去芜存菁，制定治官之良法

两宋职官法在制定时，虽对唐制有所继承，但着重于变化，并没有对唐制完全照抄照搬，亦没有完全抛掷不用，这种去芜存菁的立法设计，体现着赵宋

君主的立法经验和政治智慧。

北宋初期，《宋刑统·职制律》可谓较为集中地体现了职官法的内容。值得注意的是，《宋刑统·职制律》虽大体承袭了《唐律疏议》的内容，却没有完全照抄照搬，而是又增加了不少从唐、五代、宋初承袭的敕、令、起请等。这些内容虽然并不是北宋立法编纂者的新创，却是他们有意识的筛选，而在这筛选的背后，体现着北宋治官的侧重点和变化性。其中，最值得关注的就在于对监临官受财枉法的定罪量刑。按照唐代法律中的规定，满十五匹者就要被处以绞刑，然而在《宋刑统·职制律》中却规定，满二十匹才被处以绞刑。由唐至宋，处罚之间已有五匹之差，深刻反映了宋廷对职官处罚之宽贷。与唐相较，两宋时期虽有严密的职官法，但是所谓的"严治官"却是非常有限度的，程度也是相对较轻的。这也正符合了宋廷"不杀士大夫"的国策，同时，也彰显了两宋对文臣士大夫之优待。

同时，两宋职官法中还存在着大量对唐制的改良与发展之策。首先，以差遣制为例，差遣制并不是两宋凭空而来，在唐玄宗时期，使职差遣就已经大量涌现，国家机器的运转严重依赖于使职差遣，很多官员开始带本官赴任地方。至北宋初期，宋廷进一步对使职差遣进行整理并延续下来，形成了差遣制。其次，以考课标准和内容要求为例。唐朝时期对官员的考课分为"四善""二十七最"，虽然涉的官员非常广泛，但考核内容却过于空泛。至北宋，在"四善"不变的基础上，不断细化考核内容，不仅有考核州县官的"四善四最"，亦有考核监司的法定内容，同时还有考核的法定标准，使考课官员更具有操作性。此外在两宋时期，又进一步形成了磨勘和历纸制，使年劳和资格成了考课官员的重要标准。再次，以监察官为例。唐朝时期，御史台和谏院的职能是分开的，谏官并不能算是真正意义上的监察官，而至两宋，台谏在职能上趋于混同，台谏官统领对百官的监察，谏官亦成为监察官中的重要一员，发挥着非常重要的作用。最后，以唐之道与宋之路为例。唐朝时期，在地方州县之上设道，但道所承担的最主要的功能还是监察权，且在唐中后期，中央逐渐丧失对地方的掌控力之时，道亦为地方藩镇势力的形成提供了便利条件。至北宋初，在道的基础之上进行改良，设路级机构，路上又并置帅、漕、宪、仓司等长官，互不从属，互相监察，共同对中央负责，且又都有管理所部州县的权力以及互相监察的权力，这就有效分割了路级长官的事权。

上述这些职官法内容的变迁，既反映了唐宋职官法之间的连续性与传承性，亦显示了两宋职官法对唐朝经验与教训的深刻认识和总结。

两宋职官法并不是一蹴而就的，体现着三百多年间历任君主对稳社稷、清吏治、强国基、安民生等方面的智慧结晶。在当下，有关"吏"的问题仍是国家治理的题中之义。习近平总书记反复强调要"以史为鉴"，只有将跨越历史时空的宝贵经验与现实治理相融合，汲取其中的科学性、合理性规律，去芜存菁，才能把中华优秀法文化之精髓变成渗入肌理、连入血脉之宝贵给养，转化为当下国家治理之动力，并将之发扬光大。

二、立法应与社会环境变化和制度改革相适应

两宋职官法并不是终宋之世未曾改变的，而是在不断适应官制改革和社会环境变化的过程之中逐渐走向完备的。

首先，两宋职官法的调整适应了差遣制。两宋官制最突出的特征就是形成了差遣制，因此职官法在设计时亦紧紧契合了差遣制的要求。以职官铨选为例。在差遣制的影响下，职官铨选分为两大系统：一是依资叙阶，二是关升资序。其中就依资叙阶而言，主要就是指幕职官、州县官的改转官，京朝官的转官，关系着职官官阶的上升；就关升资序而言，主要有"常调"和"出常调"两种路径，关系着职官的差遣注拟。同时，这二者之间亦不是完全分立的，仍可互相影响。又以职官俸禄为例。立国初期，官制呈现出了官、职、差遣分授之局面，官失其守，因此在《嘉祐禄令》中可以很明显地就看出有以本官为依据的正俸。至元丰改制，施行"以阶易官"，俸禄立法亦随之调整，形成了元丰禄秩。

其次，职官法由北宋至南宋不断调整，暗合了由北宋至南宋社会环境的不

断变化。一来，由北宋至南宋，国家吏治逐渐败坏，职官经济犯罪的数量显著提升，故而不得不加强对职官经济犯罪的管控力度。二来及至南宋时期，随着国家财政的日益紧缩，朝廷不得不对职官加码，加紧对职官在征收赋税方面的考核力度。北宋时期，职官法集中体现在《宋刑统》中，至南宋时期，从《庆元条法事类》和《吏部条法》所载来看，对职官的要求又与北宋时期大不一样。不仅尤为重视对职官经济职能的考核，更加大了对经济犯罪的防范力度。比如漕、宪、仓司，本是为民之官，至南宋时期，却成了替国家征敛赋税的有力帮手。而通判一职，在北宋时期，本是为防范知州而设立的，至南宋时期，其监察职能却逐渐减弱，经济职能亦显著提升。具体到对地方职官的考课历纸中可以发现，对夏、秋二税等有关经济方面的批书内容规定得非常详细，这就更进一步体现出国家对职官经济考核的侧重。同时，在南宋时期，朝廷不仅详细规定了对职官经济犯罪的处罚，更是对职官亲属、子弟利用影响力犯罪进行了明文规定，体现了对职官的层层经济防范。

三、着力培育奉法、品端、为民的职官队伍

中国古人很早便意识到了职官在国家治理中的重要地位，所谓"官为民依"[1]。两宋时期，尤为重视职官队伍建设。大中祥符二年（1009 年）颁布了《文臣七条》，首先就提出了要求百官"奉法居先"[2]，其次又详细列出了对职官的具体要求，主要为："清心，奉公，修德，责实，明察，劝课，革弊。"[3] 至庆历四年（1044 年）又颁布了《诫百官举行真宗文武七条诏》[4]，进一步重申了

---

[1] ［清］缪荃孙编《续碑传集》卷二十三，王兴康等整理，上海人民出版社 2019 年版，第 817 页。

[2] 《宋大诏令集》卷第一百九十一，司义祖整理，中华书局 1962 年版，第 701 页。

[3] 史载："今赐诸道牧守及知军知州知军通判知监知县七条如左：一曰清心。谓平心待物，不为喜怒爱憎之所迁，则庶事自正。二曰奉公。谓公直洁己，则民自畏惮。三曰修德。谓以德化人，不必专尚威猛。四曰责实。谓专求实效，勿竞虚誉。五曰明察。谓勤察民情，勿使赋役不均，刑罚不中。六曰劝课。谓劝谕下民，勤于孝弟之行，农桑之务。七曰革弊。谓求民疾苦而厘革之。"参见《宋大诏令集》卷第一百九十一，司义祖整理，中华书局 1962 年版，第 701 页。

[4] 《宋大诏令集》卷第一百九十三，司义祖整理，中华书局 1962 年版，第 709 页。

真宗年间的要求。可见,自北宋始,君主就将培育贤才良吏列为国家治理之重点。

综合分析《文臣七条》中的内容可以发现,两宋时期对职官的要求主要体现在职官个人品德和治事水平两大方面。其中就个人品德而言,不仅要求职官待人接物应以平和之心,不应为自身喜怒爱憎所左右,凡事讲求公正;而且要求职官应注重自己的道德修养,以德教民,以德化民,而不应用刑罚威慑百姓。就治事水平而论,主要分为奉公、责实、明察、劝课、革弊五个方面。在这五方面中,又以为民、治民为要。奉公是为了使民主动畏服;责实是为了讲求实绩,不弄虚作假;明察是为了能够体察民情,使赋役均平,刑罚得当;劝课是为了发展农桑,鼓励百姓行孝道礼仪之风;革弊是为了兴利除害,造福百姓。可见,只有符合上述七条标准,才是宋廷君主心中之贤才良吏之人选。

因此,在宋人眼中,贤吏的标准可主要概括为三点:奉法,品端,为民。

其一,奉法。"吏不良,则有法而莫守。"① 可见,贤吏是使良法得以发挥最大功效之重要推动力。而要想营造奉公守法的社会环境,吏首先应起模范带头作用,以奉法为先。这就要求在职官法的制定中加强对职官的监察力度和考核力度,使奉法成为职官履职之常态,使弃法之官得到相应处罚。

其二,品端。职官法再完备,亦是以法律强制性的方式规束职官言行,若想真正实现贤吏之涌流,还需要加强对职官选任机制的完善力度,从入仕选官层面严格把控,沙汰掉一批品行不端之人,使流毒从源头上得以清除。这样一来,能够进入仕途的官员,大多是自身修养甚高的,对自己的要求也是极为严格的,这种自内而发的对自身品德的严格要求,会大大提升整个职官队伍的素质。

其三,为民。对于"以民为本",古人有诸多经典论述。元仁宗认为:"民

---

① 曾枣庄、刘琳主编《全宋文》第六十五册,上海辞书出版社、安徽教育出版社2006年版,第40页。

为邦本，无民何以为国。"① 及至清朝，康有为亦认为："一切礼乐政法皆以为民也。"② 可见，无论是开明君主，抑或贤才良士，都对"人民实乃国家治理的重心"之一论题有着空前一致的认同。习近平指出："江山就是人民、人民就是江山。打江山、守江山，守的是人民的心。"③ 也就是说，要想守住江山，就要靠牢牢守住人民，虑人民所需，虑人民所急，以民为本。回顾历代王朝，凡是盛世时期，必是养民、惠民、利民的时期。很多情况下，国家颁布的政策确实是惠民、利民、为民的，但是在具体落实的过程中，由于职官是这些政策的主要执行者和落实者，一旦职官在具体履职的过程中出现偏差，就会使好的政策变味，人民享受不到真正的福祉。因此，要时刻不忘将"民本思想"渗入对职官的考察评定标准中，以民之所需为重要的治官导向。

要而言之，两宋职官法，为王朝的稳定和发展确实发挥了不可泯灭的积极作用，尤其在北宋初期，职官法的作用得到了最大程度的发挥，仅从嘉祐二年（1057 年）来看，宋廷就涌现出了诸多贤吏良才。当然，随着王朝逐渐走向末期，吏治败坏严重，职官法的效用亦大打折扣，但不可否认，其始终是维系宋王朝坚定走过三百多年之重要支柱。因此，对这些优秀的法经验、法文化作以总结，不仅可以使我们更为清楚地认识古人古事，更为当下的国家治理提供了裨益于国计民生的重要思考和建议。由于国家治理是一个系统化、复杂性的宏大工程，更要充分考量各方因素，凝聚力量，共同发力。因此，不仅需要制定治官之良法，为管理职官提供重要的法律依据；更需要在职官法的框架下，依法合规选拔职官，严格职官铨选，拔擢得当，明定职官赏罚，加强职官考课与监察，使职官的培育在法律许可的范围之内，这样一来，就增加了职官被培育为贤吏的可能性，这就使得职官队伍更有可能被塑造为奉法、品端、为民的最理想之状态。同时，良法和贤吏的共同作用就为善治之形成提供了法制和人才

---

① ［明］宋濂等：《元史》卷二十四，中华书局 1976 年版，第 541 页。

② ［清］康有为：《孟子微》卷一，楼宇烈整理，中华书局 1987 年版，第 20 页。

③ 习近平：《在庆祝中国共产党成立 100 周年大会上的讲话（2021 年 7 月 1 日）》，《求是》2021 年第 14 期。

的双重保障，增加了实现善治的可能性。综上，只有将良法、贤吏、善治有机统一，有机联结，三者"共同为治，才能实现国家长治久安"①。

两宋职官法在中国法制的发展史上占据着重要的席位，不仅遵循着历朝职官立法的发展规律，更具有很多与其他朝代有别的赵宋特色，体现了浓郁的传承与兴革。

其一，随着中央集权的空前强化和重文轻武的政策推进，文官集团的地位在两宋获得了空前的发展，官僚体系进一步成熟，职官法在治国理政中的作用愈益凸显。两宋时期通过不断发展和愈益完备的职官法，为君主实现控制、约束百官提供了强有力的法律依据，同时，以国家强制性的方式约束了职官自身的行为，厘定了职官的责、权、利，不断缓解和调节着职官内部所产生的矛盾。还应看到，两宋时期良才贤吏涌流，不仅得益于政治环境之宽松，更是因为制定了非常多的有利于士大夫们施展才华的法律规定作以保障。综观两宋之世，在内忧外患之下，纵使面临宋廷南迁、偏安一隅的困境，也依然坚强地走过了一个多世纪的历史岁月，与这一套愈益完备的职官法的建设所起到的支柱性功用是密不可分的。

其二，虽然两宋职官法无论在内容层面还是立法技术层面都显得愈益完备，但是依然难逃诸多困局：譬如权法之间的矛盾与冲突，以权坏法的现象导致职官法的实效性大打折扣；冗官厚俸所带来的官费巨额开支，使得本来经济发达的两宋入不敷出，而宋廷加紧对百姓的征敛却没有考虑百姓的实际承受力，导致两宋农民起义不断；同时，党争问题纵贯两宋，党派之间意气用事、互相倾轧，造成了治国良策不仅得不到很好的推行、反遭全然否决之局面；有兵不能用、有官不善用，由于两宋时期对于职官和军队的过分防范，虽有庞大的官僚体系和数量甚多的部队，却在外敌面前毫无反抗能力，地方官员无权亦无责，领兵之将亦无实际兵权。正是因为这些问题的存在，导致两宋时期虽有十分严

---

① 张晋藩：《论中国古代的良法、贤吏与善治的统一性》，《中共中央党校（国家行政学院）学报》2018 年第 6 期。

密的职官法，却无法实现国运永昌。

其三，两宋职官法虽有诸多缺陷与不足，却凝聚着非常丰富的治官经验与智慧结晶，值得后世理性看待，并从中汲取裨益于当下的积极之果。两宋职官法并不是一蹴而就，其中不仅有对唐律的继承，亦有进一步的发展。同时，职官法在制定的过程中，紧贴官制和两宋社会的发展，不仅适应了差遣制的完善，更是由北宋至南宋不断调整，暗合社会前进之需要。此外，通过真宗朝颁布的《文臣七条》和仁宗朝颁布的《诫百官举行真宗文武七条诏》可以发现，自北宋始，宋廷对贤才良吏的评价标准就集中体现为奉法、品端、为民三个方面。综合而论，通过对两宋职官法中的积极因素进行分析可以发现，在当下的国家治理中，应尤为注重将良法、贤吏、善治有机统一在一起，共同为治，使良法美意得到最为充分的发挥，这才是保证国家长治久安之良策善举。

结　语

　　两宋是文官政治高度发展的时代，文官获得了极大的施展政治才能的空间。同时，两宋又是极为重视法制、崇尚务实的时代。因此，在这一时期，职官法的内容日臻完备，不仅体现了两宋历任君主对治官的思考，更是对前朝职官法内容的一次总结和升华。两宋法律体系在唐朝的基础上进一步完备，虽然两宋并不存在"职官法"类似的法典，但是涉及职官的法律条文非常细密，多以律、令、格、式、（编）敕、御笔、申明、例等法律形式表现出来。本书通过对这些法律形式进行系统梳理，将对职官法的考察放置于两宋时期的社会、政治大环境下，紧密围绕职官法制定的三大基本原则，对两宋职官法进行系统研究，并进一步考察由唐至宋、由北宋至南宋时期职官法的变迁性。通过上述研究，可得出如下结论：

　　其一，两宋法律体系较之唐朝更为完备，立法技术进一步发展，职官法的表现形式更为多样。

　　北宋初期，法律体系基本上还是沿袭唐朝，至元丰后，两宋的法律体系发生了极大的变化，不仅编敕活动更为活跃，且令、格、式被赋予了新的内容，敕的性质发生了变化。同时，申明、指挥、例等亦大量出现。此外，为适应中央集权的需要，强化皇权的重要地位，又有大量御笔手诏的出现。同时，南宋为便于法律条文的查阅和使用，又以"条法事类""条法总类"的编纂方式，分门修纂。这就使得职官法的法律形式更为多样，立法技术更为完善。同时职官法的条文不仅集中体现在《宋刑统·职制律》中，还体现在《庆元条法事类》所载"职制敕""职制令""考课令""考课格""荐举令""荐举格",以及"式"中。亦有专门规范吏部选任职官的《吏部条法》。同时,《宋大诏令集》较为集中地呈现了规范监察官的御笔手诏。此外,还有散见于《宋史》等历史资料中的职官法条文。

其二,两宋职官法始终紧紧围绕着以中央集权为主线、重文轻武、防范与优遇并用这三项基本原则而展开。

有鉴于两宋所处之时代背景,宋廷对职官的管理和要求出现了与前朝不同的侧重,这就决定了职官法的制定原则也应做出相应调整并立为定制。首先就是要强化中央集权,使君主能够有效控制、管理庞大的职官队伍。比如上级行政机构对下级官署所发布的"指挥",将下级对上级的服从和政务履行赋予了行政法律的效力。又如赵宋君主时常以"御笔"的方式断罪量刑,将皇权凌驾于法律之上,对于职官的黜陟赏罚由君主决定,如有异议者,则以"违御笔论"。甚至在南宋时期,对于监司的考课内容中将"奉行手诏有无违戾"[①] 列为首条。这一系列举措,都为加强君主对职官的管理和约束、实现中央集权的强化提供了重要的法律依据,使得两宋职官在举手投足之间"辄有法禁"[②]。其次是重新调整文武关系,重文轻武,不仅给予文官非常广阔的施展政治才能的空间,更是以文官掌"武"事、文官察"武"事的方式实现了对武臣的防范,使文官集团成了两宋政权的重要支柱。最后是防范与优遇并重,宋廷虽然制定了层层严密的法律规定,用以规束职官言行,却给予职官极其优厚的待遇条件,在一"防"一"优"之间,方显帝王手段。

因此,综合整理可以发现,纵使两宋职官法在不断发生变化,都没有脱离这三项基本原则,尤其是职官法在不断的变化过程中,显示出了对这三项基本原则更为紧密的围绕与贯彻。

---

① [宋] 谢深甫等修:《庆元条法事类》,戴建国点校,载杨一凡、田涛主编《中国珍稀法律典籍续编》第一册,黑龙江人民出版社 2002 年版,第 66 页。
② [宋] 叶适:《叶适集》卷之十二,刘公纯、王孝鱼、李哲夫点校,中华书局 2010 年版,第 789 页。

其三，虽然两宋职官法具有无可回避的缺陷，但对于两宋政权的稳固仍然发挥了举足轻重的作用，对当下的国家治理依然可以提供宝贵的历史经验。

囿于时代的限制，两宋职官法在制定与实施的过程中遭遇了无可避免的局限，使得职官法的实际效用大打折扣。然而，对于两宋职官法的效果评价应是瑕瑜互见，除了诸多缺陷外，两宋职官法依然存在诸多值得肯定之处。当下，国家治理是一项长期性、复杂性的宏大工程，更需要我们充分凝聚各方力量，使良法、贤吏、善治获得统一，使良法美意得到真正的贯彻与施行。

参考文献

一、基础史料类

1. ［汉］班固：《汉书》（全十二册），中华书局 1962 年版。

2. ［汉］司马迁：《史记》（第 2 版）（全十册），中华书局 1982 年版。

3. ［唐］杜佑：《通典》（全五册），王文锦等点校，中华书局 1988 年版。

4. ［唐］房玄龄等：《晋书》（全十册），中华书局 1974 年版。

5. ［唐］李林甫等：《唐六典》，陈仲夫点校，中华书局 1992 年版。

6. ［唐］李百药：《北齐书》（全二册），中华书局 1972 年版。

7. ［唐］李延寿：《北史》（全十册），中华书局 1974 年版。

8. ［唐］柳宗元：《柳宗元集校注》（全十册），尹占华、韩文奇校注，中华书局 2013 年版。

9. ［唐］吴兢：《贞观政要集校》（第 2 版），谢保成集校，中华书局 2009 年版。

10. ［后晋］刘昫等：《旧唐书》（全十六册），中华书局 1975 年版。

11. ［宋］包拯：《包拯集编年校补》，杨国宜整理，黄山书社 1989 年版。

12. ［宋］陈亮：《陈亮集》（增订本）（全二册），邓广铭点校，中华书局 1987 年版。

13. ［宋］陈均编《皇朝编年纲目备要》（全二册），许沛藻等点校，中华书局 2006 年版。

14. ［宋］陈师道：《后山诗注补笺》（全二册），任渊注，冒广生补笺，冒怀辛整理，中华书局 1995 年版。

15. ［宋］程颢、程颐：《二程集》（第 2 版）（全二册），王孝鱼点校，中华书局 2004 年版。

16. ［宋］程大昌：《演繁露校证》（全二册），许逸民校证，中华书局 2018 年版。

17. ［宋］蔡绦：《铁围山丛谈》，冯惠民、沈锡麟点校，中华书局 1983 年版。

18. ［宋］窦仪等：《宋刑统》，吴翊如点校，中华书局 1984 年版。

19. ［宋］范镇：《东斋记事》，汝沛点校，中华书局 1980 年版。

20. ［宋］洪迈：《夷坚志》（第 2 版）（全四册），何卓点校，中华书局 2006 年版。

21. ［宋］洪迈：《容斋随笔》（全二册），孔凡礼点校，中华书局 2005 年版。

22. ［宋］李心传：《建炎以来系年要录》（全四册），中华书局 1988 年版。

23. ［宋］李心传：《建炎以来朝野杂记》（全二册），徐规点校，中华书局 2000 年版。

24. ［宋］李焘：《续资治通鉴长编》（第 2 版）（全二十册），中华书局 2004 年版。

25. ［宋］刘挚：《忠肃集》，裴汝诚、陈晓平点校，中华书局 2002 年版。

26. ［宋］刘攽：《彭城集》（全二册），逯铭昕点校，齐鲁书社 2018 年版。

27. ［宋］刘克庄：《刘克庄集笺校》（全十六册），辛更儒笺校，中华书局 2011 年版。

28. ［宋］吕祖谦编《宋文鉴》（全三册），齐治平点校，中华书局 1992 年版。

29. ［宋］柳开：《柳开集》，李可风点校，中华书局 2015 年版。

30. ［宋］黎靖德编《朱子语类》（全八册），王星贤点校，中华书局 1986 年版。

31. ［宋］陆游：《老学庵笔记》，李剑雄、刘德权点校，中华书局 1979 年版。

32. ［宋］罗大经：《鹤林玉露》，王瑞来点校，中华书局 1983 年版。

33. ［宋］欧阳修：《欧阳修全集》（全六册），李逸安点校，中华书局 2001 年版。

34. ［宋］欧阳修：《欧阳修集编年笺注》（全八册），李之亮笺注，巴蜀书社 2007 年版。

35. ［宋］欧阳修：《新五代史》（全三册），中华书局 1974 年版。

36. ［宋］欧阳修：《归田录》，李伟国点校，中华书局 1981 年版。

37. ［宋］欧阳修、宋祁：《新唐书》（全二十册），中华书局 1975 年版。

38. ［宋］彭乘：《墨客挥犀》，孔凡礼点校，中华书局 2002 年版。

39. ［宋］钱若水修：《宋太宗皇帝实录校注》（全三册），范学辉校注，中华书局 2012 年版。

40. ［宋］苏轼：《苏轼文集》（全六册），孔凡礼点校，中华书局 1986 年版。

41. ［宋］苏轼：《东坡志林》，王松龄点校，中华书局 1981 年版。

42. ［宋］苏轼：《苏轼文集编年笺注》（全十二册），李之亮笺注，巴蜀书社 2011 年版。

43. ［宋］苏辙：《苏辙集》（全四册），陈宏天、高秀芳点校，中华书局 1990 年版。

44. ［宋］苏颂：《苏魏公文集》（全二册），王同策等点校，中华书局 1988 年版。

45. ［宋］司马光：《司马温公集编年笺注》（全六册），李之亮笺注，巴蜀书社 2009 年版。

46. ［宋］司马光：《涑水记闻》，邓广铭、张希清点校，中华书局 1989

年版。

47. [宋] 司马光编著：《资治通鉴》（全二十册），中华书局 1956 年版。

48. [宋] 宋敏求编《唐大诏令集》，中华书局 2008 年版。

49. [宋] 沈括：《梦溪笔谈》，金良年点校，中华书局 2015 年版。

50. [宋] 田况：《儒林公议》，张其凡点校，中华书局 2017 年版。

51. [宋] 田锡：《咸平集》，罗国威校点，巴蜀书社 2008 年版。

52. [宋] 王栐：《燕翼诒谋录》，诚刚点校，中华书局 1981 年版。

53. [宋] 王楙：《野客丛书》，王文锦点校，中华书局 1987 年版。

54. [宋] 王素：《王文正公遗事》，中华书局 2017 年版。

55. [宋] 王巩：《清虚杂著三编》，张其凡、张睿点校，中华书局 2017 年版。

56. [宋] 王溥：《唐会要》（全三册），中华书局 1960 年版。

57. [宋] 王溥：《五代会要》，中华书局 1998 年版。

58. [宋] 王应麟：《通鉴地理通释》，傅林祥点校，中华书局 2013 年版。

59. [宋] 王钦若等编纂：《册府元龟（校订本）》（全十二册），周勋初等校订，凤凰出版社 2006 年版。

60. [宋] 文莹：《玉壶清话》，郑世刚、杨立扬点校，中华书局 1984 年版。

61. [宋] 文彦博：《文彦博集校注》，申利校注，中华书局 2016 年版。

62. [宋] 魏泰：《东轩笔录》，李裕民点校，中华书局 1983 年版。

63. [宋] 徐自明：《宋宰辅编年录校补》（全四册），王瑞来校补，中华书局 1986 年版。

64. [宋] 谢深甫等修：《庆元条法事类》，戴建国点校，载杨一凡、田涛主编《中国珍稀法律典籍续编》第一册，黑龙江人民出版社 2002 年版。

65. [宋] 薛居正等：《旧五代史》（全六册），中华书局 1976 年版。

66. [宋] 辛弃疾：《稼轩词注》，邓红梅、薛祥生注，齐鲁书社 2009 年版。

67. [宋] 叶适：《叶适集》（第 2 版）（全三册），刘公纯、王孝鱼、李哲夫点校，中华书局 2010 年版。

68. ［宋］叶梦得：《石林燕语》，中华书局 1984 年版。

69. ［宋］叶绍翁：《四朝闻见录》，沈锡麟、冯惠民点校，中华书局 1989 年版。

70. ［宋］杨万里：《杨万里集笺校》（全十册），辛更儒笺校，中华书局 2007 年版。

71. ［宋］岳珂：《愧郯录》，朗润点校，中华书局 2016 年版。

72. ［宋］佚名：《皇宋中兴两朝圣政辑校》（全五册），孔学辑校，中华书局 2019 年版。

73. ［宋］佚名编《续编两朝纲目备要》，汝企和点校，中华书局 1995 年版。

74. ［宋］袁枢：《通鉴纪事本末》（全十二册），中华书局 2015 年版。

75. ［宋］曾巩：《曾巩集》（全二册），陈杏珍、晁继周点校，中华书局 1984 年版。

76. ［宋］赵升编《朝野类要》，王瑞来点校，中华书局 2007 年版。

77. ［宋］周密：《癸辛杂识》，吴企明点校，中华书局 1988 年版。

78. ［宋］周密：《齐东野语》，张茂鹏点校，中华书局 1983 年版。

79. ［宋］詹大和等：《王安石年谱三种》，裴汝诚点校，中华书局 1994 年版。

80. ［宋］庄绰：《鸡肋编》，萧鲁阳点校，中华书局 1983 年版。

81. ［宋］朱彧：《萍洲可谈》，李伟国点校，中华书局 2007 年版。

82. ［宋］郑樵：《通志二十略》（全二册），王树民点校，中华书局 1995 年版。

83. ［元］马端临：《文献通考》（全十四册），中华书局 2011 年版。

84. ［元］脱脱等：《宋史》（全四十册），中华书局 1985 年版。

85. ［明］冯梦龙编著：《古今谭概》（修订本），栾保群点校，中华书局 2018 年版。

86. ［明］李贤等：《大明一统志》（全八册），方志远等点校，巴蜀书社

2017 年版。

87. ［明］宋濂等：《元史》（全十五册），中华书局 1976 年版。

88. ［清］阿克当阿修，［清］姚文田等纂：《（嘉庆）重修扬州府志》（全五册），刘建臻点校，广陵书社 2014 年版。

89. ［清］毕沅编著：《续资治通鉴》（全十二册），中华书局 1957 年版。

90. ［清］董诰等编《全唐文》（全十一册），中华书局 1983 年版。

91. ［清］黄以周等辑注：《续资治通鉴长编拾补》（全四册），顾吉辰点校，中华书局 2004 年版。

92. ［清］黄宗羲原著，［清］全祖望补修：《宋元学案》（全四册），陈金生、梁运华点校，中华书局 1986 年版。

93. ［清］黄本骥：《黄本骥集》，刘范弟点校，岳麓书社 2009 年版。

94. ［清］康有为：《孟子微》，楼宇烈整理，中华书局 1987 年版。

95. ［清］李蕊：《兵镜类编》，李维琦等点校，岳麓书社 2007 年版。

96. ［清］梁章钜：《称谓录》，冯惠民、李肇翔、杨梦东点校，中华书局 1996 年版。

97. ［清］缪荃孙编《续碑传集》（全十册），王兴康等整理，上海人民出版社 2019 年版。

98. ［清］阮元校刻：《十三经注疏（清嘉庆刊本）》（全五册），中华书局 2009 年版。

99. ［清］沈家本：《历代刑法考》（全四册），邓经元、骈宇骞点校，中华书局 1985 年版。

100. ［清］孙诒让：《温州经籍志》（全四册），潘猛补点校，中华书局 2011 年版。

101. ［清］吴乘权等辑《纲鉴易知录》（全八册），施意周点校，中华书局 1960 年版。

102. ［清］王夫之：《宋论》，舒士彦点校，中华书局 1964 年版。

103. ［清］王鸣盛：《十七史商榷》，载陈文和主编《嘉定王鸣盛全集》第四—六册，中华书局 2010 年版。

104.［清］王梓材、冯云濠编撰：《宋元学案补遗》（全十册），沈芝盈、梁运华点校，中华书局 2012 年版。

105.［清］王懋竑：《朱熹年谱》，何忠礼点校，中华书局 1998 年版。

106.［清］王先慎：《韩非子集解》，钟哲点校，中华书局 1998 年版。

107.［清］魏源：《皇朝经世文编》，载《魏源全集》第十三—十九册，岳麓书社 2004 年版。

108.［清］徐松辑《宋会要辑稿》（全十六册），刘琳等校点，上海古籍出版社 2014 年版。

109.［清］徐松：《登科记考》（全三册），赵守俨点校，中华书局 1984 年版。

110.［清］姚莹：《康輶纪行》，欧阳跃峰整理，中华书局 2014 年版。

111.［清］俞樾：《茶香室四钞》，中华书局 1995 年版。

112.［清］张廷玉等：《明史》（全二十八册），中华书局 1974 年版。

113.［清］郑志鸿：《常语寻源》，载［清］钱大昭等：《迩言等五种》，颜春峰、叶书奇点校，中华书局 2019 年版。

114.［清］赵本植修纂：《（乾隆）新修庆阳府志》，庆阳市地方志办公室整理，张玺等点校，中华书局 2013 年版。

115.［清］赵翼：《廿二史札记校证》（第 2 版）（全二册），王树民校证，中华书局 2013 年版。

116.［清］周城：《宋东京考》，单远慕点校，中华书局 1988 年版。

117. 包伟民、郑嘉励编《武义南宋徐谓礼文书》，中华书局 2012 年版。

118. 丁传靖辑《宋人轶事汇编》（第 2 版）（全二册），中华书局 2003 年版。

119.《吏部条法》，刘笃才点校，载杨一凡、田涛主编《中国珍稀法律典籍续编》第二册，黑龙江人民出版社 2002 年版。

120. 刘俊文：《唐律疏议笺解》（全二册），中华书局 1996 年版。

121.《名公书判清明集》，中国社会科学院历史研究所宋辽金元史研究室点校，中华书局 1987 年版。

122.《清史列传》（全二十册），王钟翰点校，中华书局 1987 年版。

123.《宋大诏令集》，司义祖整理，中华书局 1962 年版。

124.《宋史全文》（全九册），汪圣铎点校，中华书局 2016 年版。

125.《天一阁藏明钞本天圣令校证：附唐令复原研究》（全二册），天一阁博物馆、中国社会科学院历史研究所天圣令整理课题组校证，中华书局 2006 年版。

126. 王利器：《颜氏家训集解》（增补本），中华书局 1993 年版。

127. 曾枣庄、刘琳主编《全宋文》（全 360 册），上海辞书出版社、安徽教育出版社 2006 年版。

128. 曾枣庄主编《宋代序跋全编》（全八册），齐鲁书社 2015 年版。

二、著作类

1. 包伟民：《宋代地方财政史研究》，上海古籍出版社 2001 年版。

2. 程树德编《中国法制史》，河南人民出版社 2016 年版。

3. 陈长征：《唐宋地方政治体制转型研究》，山东大学出版社 2010 年版。

4. 陈茂同：《中国历代选官制度》，昆仑出版社 2013 年版。

5. 陈峰：《武士的悲哀：崇文抑武与北宋兴亡》，重庆出版社 2021 年版。

6. 陈峰等：《宋代治国理念及其实践研究》，人民出版社 2015 年版。

7. 陈秀宏：《唐宋科举制度研究》，北京师范大学出版社 2012 年版。

8. 陈顾远：《中国法制史概要》，商务印书馆 2011 年版。

9. 陈寅恪：《隋唐制度渊源略论稿》，上海古籍出版社 1982 年版。

10. 陈仲安、王素：《汉唐职官制度研究》，中华书局 1993 年版。

11. 丁建军：《宋朝地方官员考核制度研究》，人民出版社 2014 年版。

12. 刁忠民：《宋代台谏制度研究》，巴蜀书社 1999 年版。

13. 邓小南：《祖宗之法：北宋前期政治述略》，生活·读书·新知三联书店 2006 年版。

14. 邓小南主编《过程·空间：宋代政治史再探研》，北京大学出版社 2017 年版。

15. 邓小南主编《政绩考察与信息渠道：以宋代为重心》，北京大学出版社 2008 年版。

16. 邓小南：《宋代文官选任制度诸层面》，河北教育出版社 1993 年版。

17. 邓小南：《课绩·资格·考察——唐宋文官考核制度侧谈》，大象出版社 1997 年版。

18. 戴建国：《唐宋变革时期的法律与社会》，上海古籍出版社 2010 年版。

19. 戴建国：《秩序之间：唐宋法典与制度研究》，上海人民出版社 2020 年版。

20. 杜文玉：《五代十国制度研究》，人民出版社 2006 年版。

21. 杜文玉：《唐宋时期职官管理制度研究》，科学出版社 2020 年版。

22. 傅璇琮、张剑主编《宋才子传笺证　北宋后期卷》，辽海出版社 2011 年版。

23. 龚延明编著：《宋代官制辞典》，中华书局 1997 年版。

24. 龚延明：《宋史职官志补正》（增订本）（全二册），中华书局 2009 年版。

25. 郭东旭：《宋代法制研究》，河北大学出版社 2000 年版。

26. 高明士：《隋唐贡举制度》，文津出版社 1999 年版。

27. 黄惠贤、陈锋：《中国俸禄制度史》（修订版），武汉大学出版社 2012 年版。

28. 何忠礼：《宋代政治史》，浙江大学出版社 2007 年版。

29. 胡宝华：《唐代监察制度研究》，商务印书馆 2005 年版。

30. 贾玉英：《宋代监察制度》，河南大学出版社 1996 年版。

31. 贾玉英：《唐宋时期中央政治制度变迁史》，人民出版社 2012 年版。

32. 贾芳芳：《宋代地方政治研究》，人民出版社 2017 年版。

33. 金观涛、刘青峰：《兴盛与危机：论中国社会超稳定结构》，法律出版社 2011 年版。

34. 刘海峰、李兵：《中国科举史》，东方出版中心 2004 年版。

35. 吕志兴：《宋代法律体系与中华法系》，四川大学出版社 2009 年版。

36. 吕思勉：《中国政治思想史》，四川人民出版社 2018 年版。

37. 吕思勉：《中国制度史》（全二册），吉林人民出版社 2018 年版。

38. 鹿谞慧、曲万法、孔令纪主编《中国历代官制》（增订本），齐鲁书社 2013 年版。

39. 林冠夫：《中国科举》，东方出版社 2016 年版。

40. 李铁：《中国文官制度》，中国政法大学出版社 1989 年版。

41. 李治安主编《中国五千年中央与地方关系》，人民出版社 2010 年版。

42. 梁庚尧编著：《宋代科举社会》，东方出版中心 2017 年版。

43. 楼劲、刘光华：《中国古代文官制度》（修订本），中华书局 2009 年版。

44. 罗炳良：《宋史瞥识》，北京师范大学出版社 2011 年版。

45. 苗书梅：《宋代官员选任和管理制度》，河南大学出版社 1996 年版。

46. 蒙文通著、蒙默编：《蒙文通全集》（全六册），巴蜀书社 2015 年版。

47. 宁欣：《唐代选官研究》，文津出版社 1995 年版。

48. 漆侠：《王安石变法》，上海人民出版社 1979 年版。

49. 瞿同祖：《中国封建社会》，商务印书馆 2015 年版。

50. 钱大群：《唐律与唐代法律体系研究》，南京大学出版社 1996 年版。

51. 邱永明主编《中国历代职官管理制度》，杭州大学出版社 1998 年版。

52. 桑子：《宋代文官集团研究》，中国社会科学出版社 2011 年版。

53. 沈松勤：《北宋文人与党争——中国士大夫群体研究之一》，人民出版社 1998 年版。

54. 孙季萍、冯勇：《中国传统官僚政治中的权力制约机制》，北京大学出版社 2010 年版。

55. 田志光：《宋代政治制度史研究》，人民出版社 2017 年版。

56. 王瑞明：《宋代政治史概要》，华中师范大学出版社 1989 年版。

57. 王义保：《中国古代专制主义的政治学分析》，中国社会科学出版社 2012 年版。

58. 王桐龄：《中国历代党争》，桑希臣译，中国文史出版社 2011 年版。

59. 王亚南：《中国官僚政治研究》，商务印书馆 2010 年版。

60. 王仲荦：《金泥玉屑丛考》，郑宜秀整理，中华书局 1998 年版。

61. 吴宗国：《唐代科举制度研究》，辽宁大学出版社 1992 年版。

62. 吴宗国主编《中国古代官僚政治制度研究》，北京大学出版社 2004 年版。

63. 吴晓玲：《宋明理学视野中的法律》，群众出版社 2006 年版。

64. 汪圣铎：《两宋财政史》（全二册），中华书局 1995 年版。

65. 许树安：《古代的选士任官制度与社会》，天津人民出版社 1985 年版。

66. 徐忠明：《包公故事：一个考察中国法律文化的视角》，中国政法大学出版社 2002 年版。

67. 薛梅卿、赵晓耕主编《两宋法制通论》，法律出版社 2002 年版。

68. 虞云国：《宋代台谏制度研究》，上海人民出版社 2014 年版。

69. 俞鹿年：《中国政治制度通史》（第五卷　隋唐五代），人民出版社 1996 年版。

70. 叶林生、丁伟东、黄正术：《中国封建官僚政治研究》，南京大学出版社 2009 年版。

71. 杨鹤皋：《宋元明清法律思想研究》，北京大学出版社 2001 年版。

72. 杨随平：《中国古代官员选任与管理制度研究》，中国社会出版社 2010 年版。

73. 游彪：《宋代荫补制度研究》，中国社会科学出版社 2001 年版。

74. 张金鉴：《中国吏治制度史概要》，三民书局 1981 年版。

75. 张希清：《中国科举制度通史·宋代卷》，上海人民出版社 2017 年版。

76. 张晋藩主编《中国古代监察制度史》（修订本），中国方正出版社 2019 年版。

77. 张晋藩主编《中国古代监察法制史》（修订版），江苏人民出版社 2017 年版。

78. 张晋藩：《中国法律的传统与近代转型》（第四版），法律出版社 2019 年版。

79. 张晋藩：《中华法制文明史》（古代卷），法律出版社 2013 年版。

80. 张晋藩：《中国监察法制史》，商务印书馆 2019 年版。

81. 张晋藩：《中国古代法律制度》，中国广播电视出版社 1992 年版

82. 张晋藩：《依法治国与法史镜鉴》，中国法制出版社 2015 年版。

83. 张晋藩：《中华法文化要略》，法律出版社 2019 年版。

84. 张晋藩、林中：《法史钩沉话智库》，中国法制出版社 2016 年版。

85. 张国刚：《唐代官制》，三秦出版社 1987 年版。

86. 赵晶：《〈天圣令〉与唐宋法制考论》，上海古籍出版社 2014 年版。

87. 赵晓耕主编《北宋士大夫的法律观：苏洵、苏轼、苏辙法治理念与传统法律文化》，北京大学出版社 2020 年版。

88. 赵沛主编《中国古代行政制度》，南开大学出版社 2008 年版。

89. 朱瑞熙：《宋代社会研究》，中州书画社 1983 年版。

90. 朱瑞熙：《嘐城集》，华东师范大学出版社 2001 年版。

91. 朱瑞熙：《中国政治制度通史》（第六卷　宋代），人民出版社 1996 年版。

92. 中国历史大辞典·宋史卷编纂委员会编《中国历史大辞典·宋史卷》，上海辞书出版社 1984 年版。

93. ［德］迪特·库恩：《儒家统治的时代：宋的转型》，李文锋译，邵君安校译，中信出版社 2016 年版。

94. ［日］仁井田升：《唐令拾遗》，栗劲等编译，长春出版社 1989 年版。

95. ［日］平田茂树：《宋代政治结构研究》，林松涛、朱刚等译，上海古籍

出版社 2010 年版。

96. ［日］千叶正士：《法律多元——从日本法律文化迈向一般理论》，强世功等译，中国政法大学出版社 1997 年版。

97. ［日］浅井虎夫：《中国法典编纂沿革史》，陈重民译，中国政法大学出版社 2007 年版。

三、期刊类

1. 白文固：《北宋文武官员恩荫制度探究》，载《史学月刊》2002 年第 3 期。

2. 陈朝云、常乐：《北宋前期孔宗尧墓志铭考释》，载《中原文物》2016 年第 1 期。

3. 陈景良：《法律史视野下的唐宋社会变革——从"皇权统治国家，士绅构建社会"说起》，载《公民与法》2012 年第 2 期。

4. 陈景良：《两宋法制历史地位新论》，载《史学月刊》1989 年第 3 期。

5. 陈景良：《"文学法理，咸精其能"（下）——试论两宋士大夫的法律素养》，载《南京大学法律评论》1997 年春季号。

6. 陈峰：《宋朝的治国方略与文臣士大夫地位的提升》，载《史学集刊》2006 年第 1 期。

7. 陈峰：《宋朝开国史与士人的记忆及改造——以宋朝"崇文"气象为中心的考察》，载《人文杂志》2010 年第 5 期。

8. 陈峰：《政治选择与宋代文官士大夫的政治角色——以宋朝治国方略及处理文武关系方面探究为中心》，载《河南大学学报》（社会科学版）2007 年第 1 期。

9. 陈忠海：《宋代铜钱的"国际化"》，载《中国发展观察》2016 年第 12 期。

10. 邓小南：《宋代文官差遣除授制度研究》，载《中国史研究》1989 年第

4 期。

11. 邓小南：《试论北宋前期任官制度的形成》，载《北京大学学报》（哲学社会科学版）1990 年第 2 期。

12. 邓小南：《试论宋代资序体制的形成及其运作》，载《北京大学学报》（哲学社会科学版）1993 年第 2 期。

13. 戴建国：《宋代官员告身的收缴——从武义徐谓礼文书谈起》，载《浙江学刊》2016 年第 4 期。

14. 戴建国：《〈宋刑统〉制定后的变化——兼论北宋中期以后〈宋刑统〉的法律地位》，载《上海师范大学学报》（哲学社会科学版）1992 年第 4 期。

15. 戴建国：《〈永乐大典〉本宋〈吏部条法〉考述》，载《中华文史论丛》2009 年第 3 期。

16. 戴建国：《天一阁藏明抄本〈官品令〉考》，载《历史研究》1999 年第 3 期。

17. 戴建国：《宋〈天圣令〉"因其旧文，参以新制定之"再探》，载《史学集刊》2017 年第 5 期。

18. 董名杰：《析探宋代"恩科"之弊》，载《黑龙江教育学院学报》2015 年第 8 期。

19. 刁忠民：《关于北宋前期谏官制度的几个问题》，载《中国史研究》2000 年第 4 期。

20. 冯会明、刘佩芝：《试论宋代对科考舞弊的防范》，载《江西社会科学》2004 年第 1 期。

21. 方宝璋：《宋代对官吏经济政绩的考核》，载《福建师范大学学报》（哲学社会科学版）1992 年第 3 期。

22. 龚延明：《宋代官吏的管理制度》，载《历史研究》1991 年第 6 期。

23. 龚延明：《论宋代皇帝与科举》，载《浙江学刊》2013 年第 3 期。

24. 龚延明：《南宋文官徐谓礼仕履系年考释》，载《中国史研究》2015 年第 1 期。

25. 龚延明：《两宋官制源流变迁》，载《西南师范大学学报》（哲学社会科学版）1992 年第 3 期。

26. 郭欣欣：《台谏对北宋仁宗年间党争的危害》，载《陕西学前师范学院学报》2017 年第 6 期。

27. 高进、应弘毅：《监察之监察：宋代的监司互察》，载《廉政文化研究》2019 年第 6 期。

28. 关履权：《宋代的恩荫与官僚政治》，载《文史知识》1983 年第 11 期。

29. 桂齐逊：《〈唐律·职制律〉沿革考》，载《通识研究集刊》2007 年第 12 期。

30. 顾吉辰：《北宋前中期物价波动对比研究》，载《学术月刊》1985 年第 12 期。

31. 何忠礼：《宋代殿试制度述略》，载《中国史研究》1988 年第 1 期。

32. 何忠礼：《宋代官吏的俸禄》，载《历史研究》1994 年第 3 期。

33. 何忠礼：《宋代的封建统治与赃吏》，载《浙江大学学报》（人文社会科学版）1993 年第 1 期。

34. 何忠礼：《论宋代士大夫的"共治"意识》，载《国际社会科学杂志》2020 年第 3 期。

35. 何忠礼：《略论宋代士大夫的法制观念》，载《浙江学刊》1996 年第 1 期。

36. 何忠礼：《关于北宋前期的粮价》，载《中国史研究》1985 年第 1 期。

37. 胡坤：《宋代基层文官的初仕履历——以〈武义南宋徐谓礼文书〉为中心》，载《史学月刊》2014 年第 11 期。

38. 胡坤：《宋代荐举之弊》，载《云南社会科学》2012 年第 5 期。

39. 胡兴东：《宋朝"格"的立法成果和性质问题考述》，载《云南大学学报》（社会科学版）2017 年第 3 期。

40. 胡兴东：《宋代判例问题考辨》，载《云南师范大学学报》（哲学社会科学版）2016 年第 1 期。

41. 江晓敏：《宋代中央政府对地方官员的任用、管理与监察》，载《南开学报》（哲学社会科学版）1994 年第 1 期。

42. 金旭东：《试论宋代的恩荫制度》，载《云南社会科学》1985 年第 3 期。

43. 金圆：《宋代监司制度述论》，载《上海师范大学学报》（哲学社会科学版）1994 年第 3 期。

44. 贾玉英：《试论北宋的官、职、差遣分授制度》，载《河南大学学报》（社会科学版）1987 年第 4 期。

45. 贾玉英：《略论宋代御史六察制度——兼与刁忠民同志商榷》，载《史学月刊》2002 年第 12 期。

46. 贾玉英：《宋代台谏合一之势探析》，载《河北学刊》1991 年第 6 期。

47. 贾芳芳：《宋代地方官员的考课制度及其弊端》，载《保定学院学报》2010 年第 4 期。

48. 季盛清：《论宋代中央权力架构中监察权的地位与作用》，载《中共浙江省委党校学报》2009 年第 4 期。

49. 季盛清：《宋代台谏合一考述》，载《杭州大学学报》（哲学社会科学版）1992 年第 2 期。

50. 姜锡东、胡坤：《宋代台谏官荐举新论——以〈宋史·本纪〉的记载为切入点》，载《河北学刊》2009 年第 2 期。

51. 焦春鑫：《唐律宋律反腐制度之比较》，载《山东青年》2019 年第 7 期。

52. 孔学：《〈庆元条法事类〉研究》，载《史学月刊》2000 年第 2 期。

53. 孔学：《论宋代律敕关系》，载《河南大学学报》（社会科学版）2001 年第 3 期。

54. 李裕民：《寻找唐宋科举制度变革的转折点》，载《北京大学学报》（哲学社会科学版）2013 年第 2 期。

55. 李全德：《从〈武义南宋徐谓礼文书〉看南宋时的给舍封驳——兼论录白告身第八道的复原》，载《中国史研究》2015 年第 1 期。

56. 李俊：《〈宋刑统〉的变化及法史料价值探析》，载《吉林大学社会科学学报》1998 年第 5 期。

57. 李俊清：《宋代对政府官员的法律监督》，载《中国行政管理》1998 年第 3 期。

58. 李旦、张传亮：《宋代官吏的致仕制度研究》，载《玉溪师范学院学报》2006 年第 9 期。

59. 李清章、阎孟祥：《宋代行政法对唐制的传承与变革》，载《河北学刊》2014 年第 2 期。

60. 李宜春：《使职与差遣：中国古代政治制度变迁的一个基本路径》，载《深圳大学学报》（人文社会科学版）2019 年第 6 期。

61. 李贵录：《宋朝"右文抑武"政策下的文臣与武将的关系——以余靖与狄青关系为例》，载《中山大学学报》（社会科学版）2002 年第 4 期。

62. 刘立夫：《论宋代冗官之成因》，载《华中科技大学学报》（社会科学版）1997 年第 3 期。

63. 刘笃才：《宋〈吏部条法〉考略》，载《法学研究》2001 年第 1 期。

64. 刘翠英：《浅谈宋代的台谏制度》，载《广东青年干部学院学报》1999 年第 3 期。

65. 卢玮：《文官政治对宋代法制成熟期形成之影响评析》，载《湖北社会科学》2013 年第 10 期。

66. 吕志兴：《宋代法律体系研究》，载《现代法学》2006 年第 2 期。

67. 穆朝庆：《论宋代的官员致仕制度》，载《许昌师专学报》（社会科学版）1989 年第 2 期。

68. 穆朝庆：《论宋代的殿试制度》，载《许昌师专学报》（社会科学版）1984 年第 1 期。

69. 穆朝庆：《宋代糊名法和誊录法的若干问题》，载《中州学刊》1983 年第 5 期。

70. 穆朝庆：《论宋代的职田制度——兼评"厚俸养廉"政策》，载《中州学刊》1992 年第 4 期。

71. 苗书梅：《宋代县官，怎么选任？怎么监督？》，载《人民论坛》2015 年第 5 期。

72. 莫家齐：《具有特色的宋代监司巡检制度》，载《政法论坛》1989 年第 3 期。

73. 聂崇岐：《中国历代官制简述》，载《新华月报》1962 年第 7 期。

74. 任敬：《论宋代恩荫制度的特点和影响》，载《文教资料》2011 年 1 月号中旬刊。

75. 束保成：《从〈徐谓礼文书〉看〈吏部条法〉所载南宋常调差遣关升制度》，载《浙江学刊》2021 年第 1 期。

76. 束保成：《北宋官、职、差遣制新论》，载《阜阳师范学院学报》（社会科学版）2014 年第 6 期。

77. 孙果：《宋代台谏、宰执与皇帝三者之间的关系探析》，载《西江文艺》2017 年第 11 期。

78. 孙秀华：《从〈宋刑统〉看宋代司法官责任追究与司法公正》，载《兰台世界》2015 年 8 月下旬刊。

79. 石声伟：《徐谓礼文书签押附注词考》，载《中华文史论丛》2016 年第 4 期。

80. 汤毅平：《宋代台谏合流论》，载《湖南社会科学》2003 年第 1 期。

81. 田小森：《官民之间：宋代对县及知县资序的重视》，载《西安文理学院学报》（社会科学版）2018 年第 4 期。

82. 田志光：《宋朝士大夫"以法治国"观论析》，载《安徽师范大学》（人文社会科学版）2010 年第 1 期。

83. 魏峰：《宋代印纸批书试论——以新发现"徐谓礼文书"为例》，载《文史》2013 年第 4 辑。

84. 王宇：《〈武义南宋徐谓礼文书〉与南宋地方官员管理制度的再认识——以知州的荐举和考课为例》，载《文史》2013 年第 4 辑。

85. 王志强：《〈名公书判清明集〉法律思想初探》，载《法学研究》1997

年第 5 期。

86. 王晓龙、杜敬红：《宋代监司对宋代法律文明建设的贡献》，载《河北大学学报》（哲学社会科学版）2012 年第 6 期。

87. 王晓如：《宋代重文轻武国策对士风的影响》，载《青海社会科学》2013 年第 3 期。

88. 王曾瑜：《宋朝的文武区分和文臣统兵》，载《中州学刊》1984 年第 2 期。

89. 文畅平：《宋代"冗官"现象的形成及其影响》，载《衡阳师专学报》（社会科学）1999 年第 2 期。

90. 习近平：《在庆祝中国共产党成立 100 周年大会上的讲话（2021 年 7 月 1 日）》，载《求是》2021 年第 14 期。

91. 徐东升：《论宋代的监司关系——以转运、提点刑狱和提举常平司为中心》，载《江西社会科学》2008 年第 5 期。

92. 薛存心：《宋代监司出巡制度内涵解析》，载《殷都学刊》2020 年第 1 期。

93. 肖建新：《宋朝的风闻监察述论》，载《西北师大学报》（社会科学版）1998 年第 2 期。

94. 肖建新：《宋代的监察机制》，载《安徽史学》2006 年第 2 期。

95. 肖建新：《论宋代举官责任追究制度》，载《安徽师范大学学报》（人文社会科学版）2012 年第 2 期。

96. 邢琳、李艳玲：《宋代知县、县令考课制度述论》，载《许昌学院学报》2004 年第 1 期。

97. 谢波、余清清：《宋代"申明"考析》，载《贵州师范学院学报》（社会科学）2010 年第 2 期。

98. 余蔚：《分部巡历：宋代监司履职的时空特征》，载《历史研究》2009 年第 5 期。

99. 虞云国：《宋代台谏系统的破坏与君权相权之关系》，载《学术月刊》

1995 年第 11 期。

100. 虞云国：《宋代台谏的职事回避》，载《上海师范大学学报》（哲学社会科学版）1996 年第 1 期。

101. 姚培锋、齐陈骏：《宋代选举用人制度述论》，载《西北师大学报》（社会科学版）2009 年第 3 期。

102. 游彪：《宋代荐举制度的利弊得失》，载《人民论坛》2018 年 8 月下半月刊。

103. 杨阳：《"天禧诏书"对宋代台谏制度的影响》，载《郑州航空工业管理学院学报》（社会科学版）2012 年第 1 期。

104. 杨翠兰：《论宋代法律文献的编纂成就》，载《湖南科技学院学报》2006 年第 12 期。

105. 杨雄威：《政治常识的建构——唐宋变革视野下的北宋台谏"风闻言事"特权化》，载《社会科学》2017 年第 6 期。

106. 岳纯之：《论〈宋刑统〉的形成、结构和影响》，载《兰州学刊》2013 年第 11 期。

107. 袁一堂：《北宋钱荒：从财政到物价的考察》，载《求索》1993 年第 1 期。

108. 张晋藩：《考课与监察：中国古代职官管理的法律传统》，载《中国应用法学》2018 年第 5 期。

109. 张晋藩：《考课——中国古代职官管理的重要制度》，载《行政法学研究》2015 年第 2 期。

110. 张晋藩：《中国古代的治国之要——监察机构体系与监察法》，载《中共中央党校（国家行政学院）学报》2018 年第 5 期。

111. 张晋藩《论中国古代的良法、贤吏与善治的统一性》，载《中共中央党校（国家行政学院）学报》2018 年第 6 期。

112. 张晋藩：《中国古代官员的任免与考选》，载《人民法治》2019 年 10 月上半月刊。

113. 张春兰、祁玉勇:《北宋中下层官员恩荫入仕个案考释——以〈刘唐工墓志铭〉为例》,载《保定学院学报》2019 年第 1 期。

114. 张希清:《宋太祖"不诛大臣、言官"誓约考论》,载《文史哲》2012 年第 2 期。

115. 张本顺:《宋代监察权运作的制衡法理及价值》,载《安徽师范大学学报》(人文社会科学版) 2019 年第 5 期。

116. 张英:《论宋代台谏特点及对文人贬谪的影响》,载《武陵学刊》2018 年第 4 期。

117. 张凤雷:《论宋代监司出巡制度》,载《湖北警官学院学报》2015 年第 7 期。

118. 张全明:《也论宋代官员的俸禄》,载《历史研究》1997 年第 2 期。

119. 张金岭:《晚宋士大夫无耻与财政危机》,载《中华文化论坛》2001 年第 4 期。

120. 郑志强:《论宋代官吏考核制度及对当代的借鉴意义》,载《华东交通大学学报》2006 年第 6 期。

121. 朱瑞熙:《宋朝官员行政奖惩制度》,载《上海师范大学学报》1997 年第 2 期。

122. 朱国庆、陈海涛:《宋朝经济发展浅议》,载《三峡论坛》2017 年第 3 期。

123. 赵彦昌、朱效荣、朱宝君:《南宋武义徐谓礼文书研究》,载《兰台世界》2015 年 11 月上旬刊。

124. 祝尚书:《论宋初的进士行卷与文学》,载《四川大学学报》(哲学社会科学版) 2003 年第 2 期。

125. 周淑文:《宋代冗官问题的思考》,载《江苏广播电视大学学报》1999 年第 4 期。

126. 周启志:《宋代的"益俸"政策及反思》,载《南京林业大学学报》(人文社会科学版) 2002 年第 1 期。

127. 周佳：《南宋基层文官履历文书考释——以浙江武义县南宋徐谓礼墓出土文书为例》，载《文史》2013 年第 4 期。

128. ［韩］裴淑姬：《论宋代的特奏名制度》，载《湖南大学学报》（社会科学版）2007 年第 4 期。

四、学位论文类

1. 李曙光：《晚清职官法研究》，中国政法大学 1990 年博士学位论文。

2. 韩瑞军：《宋代官员经济犯罪及防治研究》，河北大学 2008 年博士学位论文。

3. 裴会涛：《敕与北宋立法关系研究》，河南大学 2011 年博士学位论文。

4. 王瑞蕾：《宋代官吏渎职犯罪与惩治研究》，河北大学 2011 年博士学位论文。

5. 王艳：《宋朝物质赏赐研究》，河南大学 2013 年博士学位论文。

6. 王丽：《宋代元丰官制改革后吏部研究——以法令和文书为中心》，河南大学 2014 年博士学位论文。

7. 王文涛：《宋例与宋代法律体系研究》，华东政法大学 2015 年博士学位论文。

8. 包娟：《宋代法律体系研究》，南京师范大学 2009 年硕士学位论文。

9. 王瑞：《北宋官员任期制度研究——以宰相与知州、知府为重点》，河北大学 2010 年硕士学位论文。